Alexandra Reinwarth

Das Glücksprojekt

Alexandra Reinwarth

Das
GLÜCKSPROJEKT

*Wie ich (fast) alles versucht habe,
der glücklichste Mensch der Welt
zu werden*

mvgverlag

Bibliografische Information der Deutschen Nationalbibliothek:
Die Deutsche Nationalbibliothek verzeichnet diese Publikation in der
Deutschen Nationalbibliografie; detaillierte bibliografische Daten sind im
Internet über http://d-nb.de abrufbar.

Für Fragen und Anregungen:
alexandrareinwarth@mvg-verlag.de

3. Auflage 2011

© 2010 by mvg Verlag, ein Imprint der Münchner Verlagsgruppe GmbH,
Nymphenburger Straße 86
D-80636 München
Tel.: 089 651285-0
Fax: 089 652096

Redaktion: Mareike Fallwickl, Rif bei Hallein
Umschlaggestaltung: Maria Wittek, München
Satz: HJR, Jürgen Echter, Landsberg am Lech
Druck: CPI – Ebner & Spiegel, Ulm
Printed in Germany

ISBN 978-3-86882-205-2

Weitere Infos zum Thema:
www.mvg-verlag.de
Gerne übersenden wir Ihnen unser aktuelles Verlagsprogramm.

INHALT

EINLEITUNG

Dies ist kein Glücksratgeber. Ratgeber bringen überhaupt nichts, glauben Sie mir, ich habe viele davon. Manche habe ich auch gelesen. Wenn es nach meinem Bücherregal ginge, wäre ich schon längst schlank im Schlaf geworden, ich wäre die perfekte Liebhaberin und ein Kommunikationsprofi, ich wüsste Wege in die Entspannung, es wäre egal, wen ich heirate, denn ich würde mich selbst lieben, und ich würde mich nicht sorgen, sondern leben.

Dies ist ein Erfahrungsbericht. Ich habe mich auf den Weg gemacht und es tatsächlich versucht: das Glück zu finden. Schritt für Schritt. Wie ich auf dieses schmale Brett gekommen bin? Ich hatte da mal einen lichten Augenblick …

Manchmal hat man die größten Lichtblicke in den blödesten Momenten. Eine ganz wichtige Erkenntnis kam mir zum Beispiel, als ich spätnachts vor meiner Toilette kniete und kotzte, was das Zeug hielt. In diesem Moment wurde mir klar, dass ich mit L. die Liebe meines Lebens getroffen hatte. Die Liebe meines Lebens kniete dabei neben mir und reichte mir Klopapier. Zugegeben, das war nicht exakt die Situation, die ich mir für so eine Erkenntnis vorgestellt hatte. In meiner Fantasie spielten eine sternenklare Sommernacht, ein Vollmond und eine Laube im Park die tragenden Rollen – und nicht eine Porzellanschüssel von Ideal Standard mit lila Kloumpüschelung. Außerdem sollte ich zu dieser Gelegenheit ein traumhaftes Kleid tragen und meine Blahniks, die ich dann ausziehen könnte, wenn wir ›total verrückt‹ in den nächsten Springbrunnen stiegen. L. würde mich verliebt ansehen und mir eine Strähne meines fluffigen, aber kraftvollen Haars aus dem Gesicht streifen. In der Realität sah mich L. verliebt an, während er mir den Pferdeschwanz hielt, damit der nicht ins Klo hing. Auch romantisch, aber anders.

Meiner Freundin Jana dämmerte während eines Einkaufs im Supermarkt, dass ihr Markus, der gerade verzweifelt versuchte, eine von diesen Obst- und Gemüsetüten aus dem Spender auseinanderzufalten, der Mann ihres Lebens war. Was folgte, war eine rührende Szene vor dem Kopfsalat. Auch Jana hatte sich diesen Moment anders vorgestellt. »Mit weniger Obst und Gemüse im Hintergrund«, sagt sie. Kurzum: Erkenntnisse kommen, wann sie wollen. Wie Pickel.

Das war bei der folgenden Erkenntnis nicht anders. Es war wieder so weit. Ich besuchte meine Oma im Altenheim. Sie ist die beste Oma der Welt. Sie ist klein und zart, wie ein Vogel, der aus dem Nest gefallen ist. Wenn ich sie drücke, bin ich sehr vorsichtig, um ihr nicht aus Versehen das Rückgrat zu brechen. Sie freut sich sehr über meine Besuche und bereitet immer einen Kaffeetisch vor. Es muss sie viel Zeit und Kraft kosten, den Tisch zu decken und Kaffee zu kochen, aber wenn ich ihr am Ende meines Besuchs helfen will, wieder abzuräumen, lässt sie mich nicht. »So kann ich deinen Besuch noch ein bisschen nachschmecken«, sagt sie, und dann kullern ihr ein paar Tränchen aus den Augen, weil ich gehe, und mir kullern ein paar Tränchen aus den Augen, weil die Oma heult. So laufen meine Besuche normalerweise ab.

Als wir dieses Mal auf dem Oma-Sofa sitzen, sagt sie plötzlich: »Weißt du, Kind, ich habe heute in den Spiegel geschaut und ich sehe aus wie eine alte Frau.« (Sie ist 83.) Und noch bevor ich altklug darauf hinweisen kann, dass das in diesem Alter gar nicht so unwahrscheinlich ist, sagt sie: »Aber ich fühle mich gar nicht anders als früher! Ich fühle mich nicht alt.« Und dann sagt sie noch: »Nütz' die Zeit, sie geht so schnell vorbei.«

Als ich mich verabschiede und nach unserem Traditionsheulerchen mit der Tram nach Hause fahre, kommt sie, die Erkenntnis. In der Tram, während sich im Gang neben mir ein paar Halbstarke Halbsätze zubrüllen, die alle mit »Ey« anfangen, ist sie plötzlich da. Sie kennen doch auch diesen Satz aus Kindertagen: »Wenn ich mal groß bin …« Das impliziert irgendwie die Vorstellung, es gäbe einen gewissen Zeitpunkt, ab dem alles anders ist. Man wäre irgendwann jemand anderes, jemand Großes, jemand, der sich so viel Gummibärchen kaufen kann, wie er will, und auch über die Bettgehzeit selbst entscheiden darf. So groß! Meine Vorstellung davon, wann genau es so weit sein würde, war als Fünfjährige verschwommen. Vielleicht, wenn ich endlich in die Schule käme. Aber nein. Es stellte sich heraus, dass man noch nicht groß war, wenn man statt einem Kindergartenkind ein Schulkind war, obwohl einem im Kindergarten die Schulkinder wie die coolsten Typen der Welt vorgekommen waren. Und das ging immer weiter so. Groß genug war man irgendwie nie. Mit den Jahren veränderte sich nur die Vorstellung davon, was wäre, wenn man dann groß wäre. Und es änderte sich auch die Vorstellung, was groß überhaupt ist: In der Pubertät dachte ich, wenn ich groß wäre, müsste doch dieses Gehangel und Dahingewurstel und diese Unsicherheit und dieses Schwierige vorbei sein. Ich würde wissen, wie der Hase läuft, und das Leben, das zweifelsohne für mich etwas ganz Spezielles in petto hätte, könnte endlich beginnen. Ich wäre vermutlich groß, wenn ich:

* Überweisungsformulare ausfüllen könnte und Auto fahren,

* eine schicke Wohnung hätte und jede Nacht durch die Clubs zöge,

- eine festen Freund hätte,

- Ulysses verstünde,

- so etwas wahnsinnig Erwachsenes tun würde wie eine Putz-
frau engagieren oder

- verheiratet wäre und ein Kind hätte.

Schließlich konnte ich Auto fahren und Überweisungsformulare
ausfüllen und es änderte sich überhaupt nichts. Das soll nicht heißen, dass ich in meiner Entwicklung stehen blieb, zum Glück, aber
ich fühlte mich kein bisschen anders. Alles war immer noch schwierig und undurchsichtig.[1] Ich war immer noch ich. »Überraschung«,
werden Sie jetzt vielleicht sagen und mit den Augen rollen.

In dem Moment, als meine Oma sagt, sie habe im Spiegel eine
alte Frau gesehen, fühle sich aber gar nicht so, verstehe ich, dass
»Wenn ich groß bin« nicht kommen wird. Es gibt keine Haltestel-
le in meinem Leben, die »Sie sind jetzt groß« heißt. Es wird wei-
tergewurstelt und die Tage vergehen, bis ich auch einmal vor dem
Spiegel stehe und mir denke: Ich sehe aus wie eine alte Frau.

Es ist ein großer Unterschied, ob man etwas versteht oder fühlt.
Als ich mit 6 Jahren meinen Hamster beerdigen musste, lernte
ich, dass alles Leben vergeht und dass aller Wahrscheinlichkeit
nach meine Eltern und vielleicht sogar ich irgendwann sterben
müssen. Das habe ich verstanden. Aber auf meiner Heimfahrt in
der Tram fühle ich es zum ersten Mal. Ohne den Verkehrsbetrie-
ben da irgendeinen Vorwurf machen zu wollen.

---

1 Lustigerweise haben sich im Laufe der Zeit diejenigen, die tatsächlich irgendwann
wussten, »wie der Hase läuft« und »denen man nichts mehr vormachen kann«, als
die totalen Arschnasen herausgestellt.

Das jagt mir einen mordsmäßigen Schreck ein und ich erinnere mich an all die Filme und Bücher, in denen jemand von einer hammermäßig tödlichen Krankheit erfährt, um dann in der verbleibenden Zeit endlich was aus seinem Leben zu machen. Am Ende wird gestorben oder alles war ein Irrtum. So oder so, ich finde diesen Stoff überstrapaziert. Ich will trotz meiner Erleuchtung nicht alles stehen und liegen lassen, um drehbuchartig ans Meer zu fahren, einmal einen Berg zu besteigen, an einer Orgie teilzunehmen, oder was den Leuten sonst so einfällt, was sie in ihrem Leben verpasst haben. Nein. Ich habe die einmalige Gelegenheit, mein Leben *vor* der schockierenden Diagnose zu ändern. Ich möchte, wenn einmal der Sensenmann kommt, nicht sagen: »Wie, jetzt schon?« Ich möchte sagen: »Schön war's!« Wenn ich mir meinen Alltag so ansehe, bin ich viel zu oft nur damit beschäftigt, gleichzeitig Job, Beziehung, die Buntwäsche, die Oma und den ganzen Rest unter einen Hut zu bekommen. Das kann doch nicht alles gewesen sein!

Mein Entschluss steht fest: Ich will aus meinem Leben das Größtmögliche herausholen. Ich will größt-glücklich-möglich sein.

Und zwar ab: Jetzt.

Es heißt immer und überall, Glück sei erlernbar. Da bin ich ja mal gespannt. Es hieß in der Schule auch, Latein sei erlernbar, und ich weiß, das ist es definitiv nicht. Kann man in Glück durchfallen? Und was heißt erlernbar? Muss ich vier Mal am Tag sagen: »Das Leben ist schön, ich fühle mich gut«, und dann bin ich schon glücklich? Oder wie geht das? Ich werde es herausfinden. Die gute Nachricht für Sie: Sie müssen sich nicht alle Ratgeber kaufen, die einem beibringen sollen, wie man glücklich wird. Das habe ich nämlich schon gemacht.

Wenn man sich so umsieht auf dem Glücksmarktplatz, dann verliert man schnell den Überblick. Jede Menge Tipps à la »Akzeptiere dich selbst«, und wenn ich noch einmal diese Parabel vom griechischen Fischer am Strand höre, übergebe ich mich aus dem Stand. Sie wissen schon, die hier:

> Ein reicher Industrieller macht Urlaub in einem südlichen Land und sieht schon am Vormittag einen einheimischen Fischer ruhend unter einem schattigen Baum:
> »Warum sind Sie nicht auf dem Meer beim Fischen?«
> »Ich war schon draußen.«
> »Warum fahren Sie nicht nochmals?«
> »Warum sollte ich?«
> »Damit Sie mehr Fische und mehr Geld bekommen!«
> »Warum sollte ich?«
> »Damit Sie sich ein weiteres Boot anschaffen können und Leute bezahlen, die Sie beim Fischfang unterstützen!«
> »Warum sollte ich?«
> »Damit Sie Ihre eigene Fischverwertung gründen können und höhere Gewinne erzielen!«
> »Warum sollte ich?«
> »Damit Sie irgendeinmal nicht mehr selbst so viel arbeiten müssen und das Leben genießen können!«
> »Aber das mache ich doch bereits …«
> Nachdenklich ging der reiche Mann weiter.

Yeah. Das ist, wie wenn einen Hermann Hesse mit einem nassen Batikhandtuch erschlägt. Nein, nein, ich bin da pragmatisch, was mein Glück angeht. Ich mache einen Plan, nämlich:

DAS GLÜCKSPROJEKT:

SPORT MUSS SEIN

Ich hasse Sport. Na, obwohl, das stimmt nicht ganz. Ich hasse *Anstrengung*. Die einzige Sportart, die mir mal gut gefallen hat, war Reiten. Da kann man sich nämlich tragen lassen. Leider ist das aber ein Punkt, bei dem sich alle Glücksexperten einig sind: Sport muss sein. Und drei Bahnen im Schwimmbad ziehen und anschließend zwei Stunden saunieren, das zählt leider nicht. Ich werde eine Sportart finden. Das wird lustig. Mehr für Sie als für mich.

TIERE MACHEN GLÜCKLICH

Tiere machen glücklich, heißt es. Ich probiere es mit einem Hund.

DER BUDDHISTISCHE WEG ZUM GLÜCK

Ich werde mir keine bunten Gebetsfahnen in den Garten hängen. Mit fünf konkreten Übungen mache ich mich auf den Weg zur Erleuchtung.

PSYCHOTRICKS

Ich werde eine Liste mit Tipps und Tricks abarbeiten, die mir angeblich ein Dauergrinsen aufs Gesicht zaubern. Mit dabei:

1. Lächeln, lächeln, lächeln

2. Glückstagebuch schreiben

3. Großzügig sein

4. Die kleinen Dinge genießen

ICH BIN DANN MAL WALLFAHREN

Ich werde wallfahren. Warum? Das Schweizer Monatsmagazin *Das Magazin* hat es mir geraten: »Weil Sie unbedingt Ihr Ego auf Normalmaß bringen müssen. Körper und Seele leiden, wenn man nicht ab und zu vor etwas Größerem niederkniet als sich selbst.«[2] Dem stimme ich voll und ganz zu. Die klassischen Wallfahrtsorte und Wege haben jedoch an Bedeutung verloren, auf dem Jakobsweg trifft man lauter Schwaben und haben Sie schon einmal die Pilger in Lourdes gesehen? Die haben richtig einen an der Klatsche. Nein, ich reise an einen Ort, der es tatsächlich mit meinem Ego aufnehmen kann: zum letzten Weltwunder der Antike. Den Pyramiden von Gizeh.

DIE ZUFRIEDENHEIT UND ICH

Eine große Nummer unter den Glücksbringern. Ohne Zufriedenheit wird das nichts mit dem Glück. Ich habe einen Zufriedenheitsplan aufgestellt, der mir in vier Schritten mehr davon bescheren soll.

---

2   http://dasmagazin.ch/index.php/glucklich-werden-1-2

1. Ein paar längst überfällige Dinge erledigen

2. Mich ruhig mit anderen vergleichen, die haben es nämlich auch nicht besser

3. Nicht ständig schwarzsehen

4. Mit dem Fingernägelkauen aufhören

BESTELLUNG BEIM UNIVERSUM

Ich gebe eine Bestellung auf. Dabei hilft mir meine Esoterik-Freundin Anne.

GELD MACHT NICHT GLÜCKLICH

Aber man kann sich mit Geld eine Menge Dinge kaufen, die glücklich machen. Ich teste, wie glücklich es wirklich macht,

• mir etwas Luxuriöses zu leisten, das ich wirklich nicht brauche,

• mir etwas zu kaufen, das ich wirklich brauche und mir nie gegönnt habe,

• Geschenke zu machen.

DAS LACHYOGA-SEMINAR

Vom Lachen wird man glücklich. Sagt der Gründer der ersten Münchner Lachschule und Lachyoga-Therapeut Christoph

Emmelmann. Er unterrichtet die Mischung aus Yoga und Lachübungen, die von dem berühmten indischen Arzt Madan Kataria entwickelt wurden und die auf den ersten Blick etwas, sagen
wir, gewöhnungsbedürftig erscheinen.

Ich werde sein Seminar besuchen und zusammen mit 13 anderen Erwachsenen grundlos giggeln und prusten, kichern und wie-
hern. Wir werden gackernd wie Hühner im Kreis laufen und uns
johlend auf dem Boden wälzen. Mir ist jetzt schon schlecht.

FREUNDE UND ANDERE HERAUSFORDE-
RUNGEN

Freunde machen glücklich. Was aber, wenn Freunde unglücklich
machen? Da gibt es welche, die kennt man schon ewig und irgendwie bringen sie einen immer in schlechte Stimmung. So wie
Kathrin, und die muss jetzt gehen. So schwer es ist. Von den Leuten, die man super findet, gibt es andererseits viel zu wenige. Das
war doch einmal anders? Ich aktiviere nach einem Vierteljahr-
hundert zwei alte Freundschaften und stelle mich der Aufgabe:
Finde mindestens eine neue Freundin.

DIE SUCHE NACH DEM SINN

Sinn macht froh. Wer sinnvolle Dinge tut und anderen hilft, gewinnt an Lebensfreude und Glück. Wie ich mich um süße Wai-
senkinder kümmern will und stattdessen einen unwirschen Onkel
bekomme.

DER TRICK MIT DEM KLEIDERSCHRANK

Was das Ausmisten eines Kleiderschranks mit meinem Glück zu tun hat.

FREIZEIT

Mehr Spaß in der Freizeit: Was macht mir wirklich Spaß? Was hat mir früher Spaß gemacht und funktioniert das noch? Mein Weg zum Hobby durch Ausschlussverfahren. Wie man eins findet, auch wenn man schlecht malt, bastelt, töpfert und singt.

LIEBE

Liebe gehört zum Glück wie das A- zum B-Hörnchen. Einen Liebsten habe ich schon, jetzt wird die Beziehung gepimpt. Ich starte mit meinem Höllentrip »Nicht immer recht haben müssen« und lerne dann noch zu loben. Außerdem bringe ich Ihnen das Konzept von Döff-Tagen näher.

MEHR GLÜCK IN DER ARBEIT

Arbeit nimmt einen großen Teil unserer Zeit in Anspruch, sie kann glücklich machen und unglücklich, sie kann eine Quelle echter Selbstbestätigung sein oder einem das Leben vermiesen. Ich werde meine Arbeitswelt optimieren, ich werde effektiver, kreativer und lauter so Zeug. Hier mein Drei-Punkte-Plan:

1. Wo kriege ich *flow* her?

2. Nein sagen

3. Ein neues Ziel

Es geht los.

SPORT MUSS SEIN

Ich hasse Sport. Ab und zu Federball spielen im Sommer ist in Ordnung, aber nur, wenn mein Gegenüber den Ball nicht zu weit weg schlägt. Ansonsten akzeptiere ich noch Schlittenfahren und Skifahren. Auf irgendwas den Berg runterzurutschen, kommt meinem Verständnis von Bewegung recht nahe. Das war's schon, damit ist das Thema Sport für mich abgehakt. L. hingegen ist ein Läufer. Er läuft sogar hin und wieder bei einem Marathon mit. Als ich da einmal als Zuschauerin am Straßenrand stand, mit einem Alupäckchen voll Astronautennahrung in der Hand, fiel mir auf, dass die Leute am Straßenrand we-sent-lich glücklicher aussahen als die armen Würste auf der Straße. Kunststück, dachte ich, die müssen ja auch keine 42,195 Kilometer rennen.[3]

Verstehen Sie mich nicht falsch, ich zähle mich nicht zu dieser Gruppe, die sich den Ranzen hält und »Sport ist Mord« plärrt. Aber jedes Mal, wenn ich in einer Zeitschrift lese, dass man auch mit 70 durch Sport noch erhebliche Verbesserungen des Herz-Kreislaufs erreichen kann, denke ich mir: Prima! Das mach ich dann. Bis dahin beschäftige ich mich mit anderen schönen Sachen.

---

3   Ursprünglich war natürlich nicht so eine gackelige Zahl angedacht, die Strecke soll-te 40 Kilometer betragen. Die Olympischen Sommerspiele 1908 in London sind schuld. Vom neu erbauten Olympiastadion in London bis zur königlichen Loge des Schlosses Windsor, wo der Start des Marathons erfolgen sollte, waren es just 42,195 Kilometer. Seit 1921 ist die gackelige Zahl die offizielle Streckenlänge.

Für mein Projekt Glück kann ich auf Sport jedoch nicht verzichten. Ich weiß, dass Sport einer von den Guten ist. Sport stärkt Geist und Seele, dient zur Vorbeugung von Herz-Kreislauf-Krankheiten sowie Krebs, Sport optimiert den Stoffwechsel und kann Rückfälle in der Infarkt- und Tumortherapie verhindern. Sport ist wie ein Tritt in den Hintern für die Regionen unseres Gehirns, die für das Glück zuständig sind.

Und das Beste: Man wird knackig davon. Viele Sportler berichten von grandiosen Glücksgefühlen bei höchster körperlicher Anstrengung. Die Glücksgefühle hätte ich auch gerne, aber die gibt es erst bei Belastungen bis zur Schmerzgrenze, wenn man zum Beispiel 20 Kilometer gelaufen ist. (Zu Fuß!) Dann hält der Körper die Glücksgefühle als eine Art Schmerzmittel bereit. Angeblich ist das bei Geburten genauso: Da erleben Frauen intensive Schmerzsituationen, die sie anschließend als nicht so extrem empfinden, weil Endorphine ausgeschüttet werden.

Ich glaube, das hat ein Mann erfunden. Die Mütter, die ich kenne, sagen heute noch, dass das so schlimm war wie einen Ziegelstein quer zu sch…

Die Sache mit den Endorphinen gefällt mir zwar, aber vielleicht kann man das vereinfachen und sich ordentlich verkloppen lassen. Das tut auch weh, da kann der Körper ebenfalls Schmerzmittel herstellen. Sie merken vielleicht, ich nehme die Sache nicht allzu ernst. Das liegt wahrscheinlich daran, dass ich in meiner Vorstellung von Glück mit einer Decke und einem Buch auf der Couch liege. Wenn möglich, mit etwas Nougatschokolade in der Nähe. Ich habe es trotzdem ausprobiert. Das Laufen habe ich sogar schon mehrmals ausprobiert. Nicht nur, weil ich weiß, dass es mir guttäte, sondern weil ich mich gerne einmal wie eine von diesen Yogurette-Frauen fühlen würde. Hübsch, gut gelaunt, braune Oberschenkel und kein Schweißfleck auf dem T-Shirt. Ich wette, zu Hause wartet der Mann aus der Lätta-Werbung in dem Loft aus dem Jacobs-Krönung-Spot. Vielleicht sehe ich zu viel fern. Aber ich stelle mir vor, wenn ich nur endlich durch den Park joggte, würde ich auch ein bisschen hübscher, besser gelaunt, bekäme braunere Oberschenkel und hätte keinen Fleck auf dem T-Shirt. Vielleicht würde meine Wohnung auch endlich mehr wie das Loft aus dem Jacobs-Krönung-Spot aussehen und weniger wie unter Hempels Sofa. Und L. würde ein bisschen mehr wie …

Ich habe es jedenfalls probiert, das Joggen. Das erste Problem tauchte noch in der Wohnung auf. Wenn man keine Sportskanone ist, so wie ich, hat man zwar eine Jogginghose, aber das ist nicht unbedingt ein Kleidungsstück, mit dem man auf die Straße gehen kann, ohne dass einen fremde Leute mit Almosen bewerfen. Das sind diese Art Hosen, die an den Knien so ausgebeult sind, dass man da Sachen drin aufbewahren könnte. Melonen zum Beispiel. Die Hosen, die der neue Freund erst zu sehen bekommt, wenn drei Jahre ins Land gegangen sind. Da denkt man sich dann: Wenn er es bis jetzt ausgehalten hat, dann verträgt er das. Eine Ironie, dass so was Jogginghose heißt. Die Jogginghosen, die ich tatsächlich auf der Straße rumlaufen sehe, sind hauteng, gehen bis zur Hälfte der Waden und bestehen aus so einem Nasa-Stretch-Teflon-Material, das Wasser nur rein, aber nicht mehr raus lässt. Oder umgekehrt.

Mit meiner Kniebeulen-Jogginghose und meinen alten Turnschuhen bin ich also eines schönen Sonntags losgelaufen. Die komplette Straße runter, bis zur nächsten Kreuzung. Während dieser 20 Meter rutschte die Hose bei jedem Hüpfer ein kleines Stückchen weiter nach unten. Ich sage nur: Leierbündchen. Und zu joggen und gleichzeitig mit beiden Händen die Hose vom Rutschen abzuhalten, sieht wirklich, wirklich unelegant aus. Ich drehte also um und ging nach Hause. Im Schritttempo. Was ge-

nauso unangenehm war, denn jetzt, wo ich nicht mehr lief, war
ich keine Joggerin mehr, sondern eine verschwitzte Frau mit Pferdeschwanz, die in ihrer alten Jogginghose spazieren ging. Hat nur
noch die offene Flasche Bier gefehlt.

Bei meinem nächsten Versuch war ich besser ausgerüstet. Damit
hier nicht der Eindruck von Hudelei entsteht: Zwischen den Versuchen lagen drei Jahre.

Ich hatte dieses Mal richtige Turnschuhe gekauft, in einem Laden, in dem meine Fußdaten gespeichert wurden. Und eine von
diesen engen dreiviertellangen Jogginghosen hatte ich auch. Ich
bereitete mich auf diesen Versuch außerdem vor, indem ich einen Ratgeber kaufte: *Laufen lernen.* Ich habe viele Ratgeber. Ich
habe dann das Gefühl, ich müsste die gar nicht mehr lesen, sondern allein der Akt des Kaufens sei schon die halbe Miete.

Ich blätterte meinen neuen Laufratgeber durch und da gab es
eine Sache, auf die er wirklich Wert legte: unbedingt mit Pulsmesser laufen. Ohne Pulsmesser zu laufen, ist praktisch der Tod.
Ein Pulsmesser besteht aus zwei Teilen. Teil eins ist eine hässliche kleine Digitaluhr, die man sich ums Handgelenk schnallt
und die piepst, wenn man sich zu sehr anstrengt. Teil zwei ist ein
Gummiband mit einem Nöppel, das man sich um den Brustkorb
schnallt. Das hat mich sofort genervt. Da willst du Sport machen
und das Gummiband sagt dir vorher: »Der Bleistifttest fiel auch
schon einmal besser aus, mein Fräulein.«

Ich hätte nicht gedacht, dass ich den Alarm auslösen würde, ich
bin jetzt nicht gerade der Roadrunner – aber er ging doch los.
Und zwar noch bevor ich aus der Tür war! Diese Pulsmesser sind
auf so niedrigen Maximalpuls eingestellt, dass man direkt beim
Schuhezubinden anfängt zu piepen. Damit will der Pulsmesser er-

reichen, dass ich gaaanz langsam laufe. Langsamer als langsam. So langsam, wie Sie es sich nur vorstellen können. Es war kein sportliches Erlebnis. Nur so viel: Ich wurde von Laub überholt. Und von einem Bobby-Car. Seit diesem Erlebnis liegt der Pulsmesser zusammen mit den Turnschuhen und der Laufhose in einer Tüte ganz oben ganz hinten im letzten Schrankfach. Da, wo die Jeans liegt, die mir das letzte Mal in den Achtzigerjahren gepasst hat.

Was ich in Sachen Sport früher noch unternommen habe, war ein Besuch im Fitnessstudio. Meine Freundin Jana erklärte sich bereit mitzukommen, zu zweit, hieß es, mache das ja viel mehr Spaß. Jana und ich suchten ein Studio aus, das erst kurz zuvor aufgemacht hatte. Es hieß *M.I.S.S. Fitness*. Ich hatte im Vorbeigehen immer *M.I.S.T. Fitness* gelesen und dem Unternehmen einen trockenen Humor unterstellt. Ich wurde eines Besseren belehrt. Fitnessstudios sind nicht lustig. Jana und ich standen an der Rezeption, wo uns eine entnervend gut gelaunte Yogurette-Frau musterte und dann in ein Mikro auf ihrem Tresen sagte: »Mike, bitte zum Empfang, Mike, bitte zum Empfang.« Jana und ich sahen uns an. Ob sie den Rausschmeißer gerufen hatte? Mike war aber nur der Trainer, der uns das Studio zeigen sollte. Können Sie sich an Spike erinnern? Diesen bulligen Hund aus Tom und Jerry? Der mit dem Dornenhalsband? So sah Mike aus, nur mit einem Muskelshirt und ohne Dornenhalsband. Im Geräteraum erklärte er Dinge, die ich sofort wieder vergaß, wahrscheinlich deswegen, weil ich Mike die ganze Zeit beobachten musste, während er sich heimlich selbst in der Spiegelwand Blicke zuwarf. Dann zeigte er uns einen verglasten Raum, in dem ein Dutzend Erwachsener immer wieder auf kleine Schemel stieg, die vor ihnen auf dem Boden standen. »Step«, erklärte Mike. Anschließend sahen wir noch die Fitness-Fun-Bar, die Reklame für Getränke in Neonfarben machte und an der ein einsamer Fitness-Fun-Gast ein Pils trank. Nach dem Rundgang fragte Mike-Spike uns, was unsere Ziele seien.

Ich war das so gewohnt von meinem Vater zu Hause, dass ich sofort aufsagte: »Spitzenjob mit Herausforderung, große Liebe finden, Hund anschaffen.« Jana sagte: »Fünf Kilo abnehmen.« Mike sah mich an, als hätte ich ausgeholt, um einen Ball zu werfen, und ihn dann hinter meinem Rücken versteckt. Er schüttelte sich und drehte sich zu Jana. Dann deutete er auf ihre nackten T-Shirt-Arme und sage: »Und etwas Gerätetraining für die schlaffen Oberarme vielleicht.«

Als wir wieder auf der Straße waren, walkte und knetete Jana nach Kräften an ihren Oberarmen herum. »Schlaff also«, sagte sie und winkte probehalber mit dem Arm, um zu sehen, ob sich etwas bewegte. Und dann: »Ich glaube, ich möchte da nicht mehr hingehen.« »Der meint das nicht so wertend, wie sich das anhört, seine Sichtweise ist eher so wie die eines Arztes«, versuchte ich abzuschwächen, aber Jana ließ sich nicht beruhigen: »Ich weiß nicht, wie deine Ärzte aussehen, aber die Ärzte, zu denen ich gehe, sehen ganz, ganz anders aus.« Da hatte sie natürlich recht. Und man lässt sich nicht gerne von irgendeiner Bulldogge die eigenen Problemzonen erklären.

Nach der Pleite mit dem Fitnessstudio machte ich um organisierten Sport einen großen Bogen und kaufte mir zusammen mit der Restbevölkerung Inlineskates.[4] Ich stopselte am Wochenende mit ihnen im Park herum und ärgerte mich, dass mir nicht vorher aufgefallen war, dass es sich bei den meisten Parkwegen um Kieswege handelt. Im Robocop-Stil, mit Knieschützern und Helm, leicht nach vorne gebeugt und mit rudernden Armen, strumpelte ich über den Kies. Auf dem Bürgersteig blieb ich, einmal angeschoben, möglichst lang in starrer Abfahrtshaltung, um nicht aus dem Gleichgewicht zu kommen. Auch wenn ich mich in Sachen

---

4   Zu dieser Zeit, genauer gesagt 1996, wurden in Deutschland genauso viele Inlineskates verkauft wie Kfz zugelassen, und zwar circa 4 Millionen. Sagt Wikipedia.

Geschwindigkeit gegenüber dem Laub nicht wesentlich verbessern konnte. Sie erinnern sich an die Haltemanöver von Inlineskatern, indem sie an einer Ampel den Arm rausstrecken und sich dann um den Mast der Ampel wickeln? Das war ich.

Ich konnte meinen Stil zwar verbessern, aber es wurde nie zu diesem leichten Dahingleiten, das mir vorschwebte. Die Yogurette-Fraktion hingegen konnte sogar rückwärts laufen.

Als Jana mir daraufhin einen Yogakurs vorschlug, schmiss ich dankbar die Inlineskates in die Ecke und sagte freudig zu. In meiner Vorstellung sah ich uns schon gazellenartig auf einem Bein stehen, gelassen und strahlend schön würden wir langsame, elegante Bewegungen in einem Loft mit Blick über die Stadt ausführen. In der Realität kniete ich auf einer dünnen Schaumstoffmatte in einem Raum, der nach Schweiß und Räucherstäbchen roch, und unterdrückte nach Kräften einen Furz. Kennen Sie diese Stellung aus dem Sonnengruß, in der man mit durchgestreckten Beinen die Hände auf den Boden legt?

Also wenn Ihnen mal einer quer sitzt, kann ich das nur empfehlen.

Was ich unlängst versucht habe, ist Schwimmen. Schwimmen gehört zu den gesündesten Sportarten überhaupt. Man verhebt sich
nicht, man fällt nicht auf die Nase und man belastet die Gelenke
nicht. Da Wasser eine höhere Dichte hat als Luft, müssen wir
mehr Energie aufwenden, um uns zu bewegen. Noch besser wäre
es, in Wackelpudding oder in Mousse au Chocolat zu schwimmen. Man kann brust- oder rückenschwimmen, den Delfin geben oder kraulen. Selbst wenn man nur planscht, nennt man
das einfach Aquajogging, und das ist immer noch sportlich. Ein
großer Vorteil im Wasser: Es klebt einem nie ein verschwitztes
T-Shirt am Körper, das man nach dem Training in seiner Sport-
tasche vergisst. Ich kaufte mir gleich eine Monatskarte mit dem
Vorsatz, jede Woche mindestens drei bis vier Mal zu schwimmen. 1000 Meter. Mindestens. Tatsächlich schwamm ich schon
bald nur noch ein paar Bahnen, und zwar quer, um mir dann im
Jacuzzi die Orangenhaut wegblubbern zu lassen. Anschließend
setzte ich mich in die Sauna und ließ dort die Haarkur einwir-
ken. Das war zwar sehr schön, hatte aber mit Sport nicht viel zu
tun. Schlimmer noch: Ich saß irgendwann mit der Haarkur und
einem schlechten Gewissen in der Sauna, die nicht geschwom-
menen Meter drängten sich auch noch mit rein, und dann war
zu wenig Platz für uns alle und ich kam nie wieder.

Das Projekt Glück erfordert einen neuen Anlauf. Nur wo die Reise
hingehen soll, ist mir noch nicht ganz klar. Welcher Sport macht
tatsächlich glücklich, und sind sportliche Menschen glücklich? In
Deutschland laufen rund 17 Millionen Leute, das sind 26 Prozent
der Bevölkerung – sind sie glücklicher als die anderen? Ich muss an
meine Freundin Miriam denken, die jede Woche 100 Kilometer
rennt und inzwischen eine Figur hat wie ein zwölfjähriger Junge.
Leider sehe ich sie nicht oft, weil sie nicht viel Zeit hat neben ihrem Job und dem Rennen. Abends ist sie kaputt, weil sie meistens
schon um halb sechs aufsteht, damit sie vor der Arbeit noch 20 Ki-

lometer schafft. Mit zum Tanzen geht sie auch nicht mehr, wegen ihrer Knie, und ein Glas in einer Kneipe zu trinken, ist auch nicht mehr ihr Ding. Sie ist jetzt mit Leuten aus ihrem Lauftreff befreundet. Ich bin da einmal mitgekommen und habe eine Flasche Wein mitgebracht – die ich dann alleine getrunken habe. Es wurde über Trainingspläne und Zeitmess-Chips gesprochen und über Schuhe. Schuhe, dachte ich, das ist ja super, da kann ich mitreden. Denkste. »Sieht so Glück aus?«, fragte ich mich, als ich Miriam beobachtete, die vor ihrem Glas laktosefreiem Mineralwasser oder etwas in der Art saß und über ihre anaeroben Schwellen redete.

Ich denke auch an Sandra, den größten Pilates-Fan, den ich kenne. Seit acht Jahren ist sie dabei. Währenddessen hat sie drei beeindruckende Jojo-Effekte hingelegt, eine Depression bekommen und wurde von ihrem Freund verlassen. Jetzt ist sie außer in Pilates auch noch in einer Selbsthilfegruppe, und so stelle ich mir Glück wahrlich nicht vor.

Und dann ist da noch Stefan, der seit Jahren im Verein Volleyball spielt. Er lud mich ein, mitzukommen. Zuerst lernte ich die anderen vom Verein kennen, beim Griechen um die Ecke von der Turnhalle, wo sich alle mit Bieren und der Platonplatte die verbrauchten Kalorien wieder draufschafften. Stefan erklärte mir später, wer von den Spielern blöd, nett oder langweilig war, und auf meine Frage, warum er sich mit blöden und langweiligen Leuten treffe, antwortete er: »Die sind halt im Verein.« Was passieren würde, wenn ich jetzt nach dem Spiel nicht zum Griechen um die Ecke wolle? »Nee, das ginge nicht«, sagte Stefan. »Das ist schließlich Tradition.« Für Stefan trägt sein Volleyballverein wohl zu seinem Glück bei, aber für mich ist das nichts.

Wen kenne ich noch, der Sport macht? Paula! Natürlich. Paula macht alles. Sie ist Mitglied im teuersten und modernsten Fitnessclub der Stadt. Sie ist permanente Teilnehmerin aller Power-Yoga-, Bikram-Yoga- und Aerobic-Kurse des Clubs, zumindest theoretisch. Sie zahlt nämlich nur die (horrenden) Gebühren, geht aber höchstens zweimal im Jahr hin. Und dann legt sie sich nur auf die Sonnenbank. Das könnte sie billiger haben, finde ich, aber Paula sieht das anders: »Ich fühle mich gut so. Ich weiß natürlich, dass es nichts bringt, nur angemeldet zu sein, aber so habe ich das Gefühl, etwas zu tun – ich könnte ja schließlich jederzeit hingehen. Ich zahle einen, wie ich finde, angemessenen Betrag dafür, dass mein Gewissen beruhigt wird.« Das kann man jetzt finden, wie man will, aber Paula gehört von den Menschen, die ich kenne, auf jeden Fall zu den glücklicheren.

Und jetzt? Unglücklich hole ich die Tüte mit den Laufsachen vom Schrank, und aus dem Augenwinkel sehe ich einen Schweinehund, der sich schon wieder siegessicher ins Fäustchen lacht. L. findet mich an diesem Tag auf dem Bett sitzend, Laufschuhe und Laufhose vor mir auf dem Boden ausgebreitet. »So schlimm?«, fragt er. Ich nicke mit dem Kopf.

»Gibt es denn gar nichts, das du gerne machst?«

»Doch«, antworte ich, und das ist ein bisschen unangenehm zu sagen: »Ich gehe gern spazieren.« L. sieht mich an und zuckt mit den Schultern. »Na, ist doch prima!« Prima?! Ich stelle mir vor, wie mir ein Marathonläufer erzählt, wie er es geschafft hat, die 42 Kometer zu rennen. Ich könnte dann so etwas sagen wie: »Ja, ich war heute auch ganz schön weit – was? Lustwandeln?«

Vielleicht ist das meine erste Lektion: Vergleiche dich nicht immer mit der Yogurette-Fraktion. Das nimmt mir den ganzen Spaß am Spazieren, weil ich mir denke: Eigentlich müsste ich laufen. Aber Herr Hischhausen hat recht, wenn er sagt: Was nützt es schon,

wenn irgendwann auf deinem Grabstein steht: Sie hat regelmäßig Sport getrieben und es gehasst.[5]

»Gehen ist sogar olympische Disziplin!«, weiß L., und da fallen
sie mir wieder ein, die lustigen Gestalten, die ganz schnell gehen und dabei so tuntig mit den Armen wackeln. So schon mal
nicht! Ich will einfach stramm marschieren. Angeblich ist es ein
guter Einstieg, 20 Minuten am Tag stramm zu marschieren. Das
pumpt das Zehnfache an Sauerstoff ins Blut, Stress wird abge-
baut, die Durchblutung wird gefördert und in meinem Fall habe
ich noch den Eindruck, mein Gehirn wird gelüftet. Die besten
Ideen kommen mir beim Gehen – und es macht Spaß. Und Spaß
ist der einzige Grund, warum man gewillt ist, eine körperliche
Anstrengung auszuhalten. Sex hätte man auch nicht, wenn es
nur gesund wäre, darum hat die Natur es so eingerichtet, dass er
Spaß macht.

Um meinen täglichen Marsch in den Alltag zu integrieren, muss
ich etwas verändern: Ich gehe nun morgens zu Fuß in die Arbeit,
statt mit dem Bus zu fahren. Und zwar im Stechschritt. Das hat
den Effekt, dass ich hellwach und gut gelaunt in der Arbeit ankomme, anstatt müde, zerknautscht und schlecht gelaunt, weil
mich die Halbstarken im Bus so nerven. Ich muss nicht mehr
erst das System hochfahren, ich laufe bereits auf Hochtouren im
Büro ein. Und das Beste ist, dass ich Gefallen daran finde. Auch
bei schlechtem Wetter. Denn trotz schlechtem Wetter bricht der
Tag an, trotzdem steht der Lieferwagen mit frischem Gemüse vor
dem Eckladen und der Fahrer pfeift beim Ausladen. Die Erst-
klässler stehen an der roten Ampel, und weil sie nicht stillhalten
können, hüpfen ihre knallbunten Schulranzen immer auf und
ab. Es riecht nach Croissants und frischen Brötchen aus der Bä-

5   Eckart von Hirschhausen: *Glück kommt selten allein …*, Rowohlt Verlag 2009.

ckerei, in der die Verkäuferin mit den Händen über ihre blitzend weiße Schürze streicht. Mich überkommt dabei fast ein Gefühl von Gemeinschaft: Wir fangen den Tag an, jedem wird er etwas anderes bringen, aber den Start haben wir alle gemeinsam. Ich bin morgens schon gut gelaunt. Unfassbar.

»Was ist denn mit dir los in letzter Zeit?«, fragt meine Kollegin Frau Drösel und ich kann nicht fassen, dass der kleine Spaziergang mich so verändert, dass sogar andere es bemerken. Zumindest morgens.

Zu Beginn nehme ich mir vor, im Winter, wenn es noch dunkel ist und eisig kalt, mit dem Bus zu fahren. Als es dann Winter wird, bleibe ich trotzdem beim Fußmarsch. Auch wenn Schnee, Matsch oder Eis meinen Weg erschweren, ist es immer noch um einiges schöner, die bunten Regenschirme auf der Straße tanzen zu sehen und die kalte Luft in die Lungen zu ziehen, als im dampfenden Bus die Schnupfennase der Frau hinter mir im Nacken zu haben. Obwohl mein morgendlicher Gang keine große Anstrengung darstellt, gibt er mir doch das Gefühl, etwas für mich zu tun, worauf ich stolz bin. Das fühlt sich gut an. Und dieses gute Gefühl macht Lust auf mehr. Ich gehe jetzt oft am Wochenende oder abends noch eine Stunde raus. Weil es keine Pflicht ist, sondern Kür, mache ich es nur aus Spaß. Und schneller als Laub bin ich auch.

TIERE MACHEN GLÜCKLICH

… heißt es. Aus Gründen der Referenz verweise ich an dieser Stelle auf einen besonders tragischen Fall, der mit ein Auslöser für einen Riesensprung in meiner Tierliebeentwicklung war: der Fall Christina. Meine Freundin Christina hat ihr Tier nämlich sehr glücklich gemacht. Christina wollte schon immer einen Hund haben. Während ihrer gesamten Kindheit stand auf ihrem Wunschzettel an den Weihnachtsmann ganz oben:

Das brachte ihr unzählige Stoffhunde und Hundebücher ein, aber nie den heiß ersehnten Vierbeiner. Christina machte das Beste aus der Situation und zog während ihrer Kindheit stets einen Stoffhund an einer Leine hinter sich her, voller Hoffnung auf das nächste Weihnachtsfest, irgendwann musste es ja schließlich klappen. Es klappte natürlich nie. Christinas Mutter gehört nämlich zu der Gruppe von Personen, die schon beim Anblick eines Tieres das Bedürfnis verspüren, sich die Hände zu waschen. Die Tiere erkennen diese Leute genau – Hunde werden ihnen gegenüber aggressiv und bellen (»Das macht der sonst nie!«). Katzen hingegen, die subtileren Geschöpfe, geben sich überaus anschmiegsam und schmeicheln sich bis auf den

Schoß der Tierhasser, wo sie dann voller Absicht 80 Prozent ihrer Haare abstoßen.

Christinas Vater war ganz auf der Seite seiner Tochter, hatte aber leider nichts zu melden. Klassischer Fall von Pech. Wenigstens hatte sie mich zur Freundin, ich nahm sie mit nach Hause und dort liebten wir gemeinsam mehrere Hamster zu Tode. Wer als Hamster in einem Kinderzimmer wiedergeboren wird, der hat in seinem vorherigen Leben etwas sehr Elementares falsch gemacht.

Christina kam nicht zu ihrem Hund. Erst stand ihre Mutter im Weg, dann, als sie von zu Hause auszog, ihr Jurastudium und schließlich ihr Job. Sie arbeitete geschätzte 32 Stunden am Tag, machte sich selbstständig und schuftete daraufhin das Doppelte. Wie sie zwischendurch noch ihren Mann Lars kennenlernen und heiraten konnte, ist mir ein Rätsel. An irgendeinem durchgearbeiteten Weihnachten oder Geburtstag machte Christina eine Lebensinventur und nach zwei Flaschen Rioja und einer verheerenden Bilanz beschloss sie, einige Dinge zu ändern. Nach dem Motto »Mein Leben soll schöner werden« suchte sie sich eine Geschäftspartnerin, reduzierte ihre Arbeit auf einen Halbtagsjob, begann einen Yogakurs und endlich, so ihr Plan, wollte sie sich auch den Traum vom eigenen Hund erfüllen. Während Christina aufgeregt die Vor- und Nachteile aller Hunderassen abwog, sagte ihr Mann Lars: »Unter gar keinen Umständen.« Christina dachte zunächst, er wolle unter gar keinen Umständen einen Mops, das war der letzte Hund, über den sie laut nachgedacht hatte. Bis sich das Missverständnis aufklärte und Christina klar wurde, dass Lars nicht meinte: Unter gar keinen Umständen einen Mops. Er meinte: Unter gar keinen Umständen einen Hund.

Nach einem Moment der Verblüffung fing Christina an zu diskutieren, zu argumentieren und schließlich zu betteln. Sie könnte den Hund mit zur Arbeit nehmen, mit zum Sport, sie würde ihn gut erziehen und Lars hätte keinerlei Arbeit mit ihm, ja, er würde nicht einmal merken, dass der Hund existierte. Aber alles half nichts, Lars blieb bei seinem Nein, einen Hund wolle er nicht im Haus haben. Und da überlegte sich Christina, ob sie überhaupt noch einen Lars im Haus haben wollte. Ergebnis: negativ. Wer will schon mit jemandem zusammen sein, der einem den Herzenswunsch derart kaltherzig abschlägt? Kurz darauf zog Lars aus und Arthur ein. Arthur ist ein junger Golden Retriever. Und Christina ist glücklich. »In jeder Hinsicht eine Verbesserung«, findet sie. »Er schnarcht nicht, er schaut kein Fußball und er kommt nie betrunken nach Hause.«

Dass Tiere dem Menschen guttun, ist mittlerweile erforscht, abgestempelt und anerkannt. Bei Kindern fördern sie das Verantwortungsbewusstsein und außerdem die rhetorischen Fähigkeiten, wenn die Kleinen argumentieren müssen, warum Mutti das Tier versorgen soll. Senioren fühlen sich mit Tieren weniger einsam und Behinderte können durch sie ihr Körpergefühl und ihre Konzentrationsfähigkeit verbessern. Haustiere sind gut gegen Zivilisationskrankheiten wie Stress, Kopfschmerzen, Schlaflosigkeit, Depressionen und Herz-Kreislauf-Erkrankungen. Die Anwesenheit einer Katze senkt den Blutdruck, Hundebesitzer leben gesünder, weil sie sich mehr an der frischen Luft bewegen. Warum es Tiere nicht schon längst auf Rezept gibt, ist unklar.

Die Erkenntnisse der Wissenschaft bezüglich Haustiere und Glück sind leicht in der Praxis zu überprüfen. Fragen Sie einfach einen Bekannten, eine Arbeitskollegin oder den unsympathischen Nachbarn nach seinem oder ihrem Haustier. Was sich da in den Gesichtern abspielt, ist operativ nicht zu erreichen: eine Gesichtsstraffung mit gleichzeitiger Augenaufhellung, Lymphdrainage und Faltenglättung. Wer von seinem Tier spricht, blüht auf und wird für einen Augenblick schön. Als wäre er verliebt. Sofern er sein Tier mag, natürlich. Wenn Sie also sehen wollen, wie Ihre Fleischfachverkäuferin aussieht, wenn sie verliebt ist, fragen Sie nach ihrem Rottweiler-Siamkater-Sittich, Sie werden staunen.

Wer wie ich den Entschluss getroffen hat, dass ein Tier her muss, und nun vor der Wahl steht, welches es sein soll, wird überrascht feststellen, dass die Welt in zwei Lager gespalten ist: in Hundemenschen und in Katzenmenschen. Das ist jetzt keine Beleidigung, die bezeichnen sich selbst so. Wenn man da nicht ganz klar Stellung bezieht, zum Beispiel weil man, wie ich, sowohl Hunde als auch Katzen ganz hervorragend findet, wird man von allen verachtet. Da kann man sich eigentlich gleich zu den Wellensittich-Freunden schleichen. Die sind da toleranter, weil älter. Aber im Ernst: Katzen sind tolle Tiere. Ich finde sie hinreißend, wenn sie im Schlaf vom Sofa rutschen, aufschrecken und dann so tun, als wollten sie gerade sowieso hinunter. Oder wenn sie einen zu dicken Bauch mit einer vorteilhaften Pose kaschieren. Wenn sie sich quer über die Zeitung legen oder einem das Gefühl geben, man sei ihr Zeitvertreib, wenn man mit ihnen spielt. Es ist diese nonchalante Art, der Katzenbesitzer erliegen. Daher der Spruch:

Ein Hund denkt: Sie füttern mich, sie pflegen mich, sie kümmern sich um mich ... sie müssen Götter sein! Die Katze denkt: Sie füttern mich, sie pflegen mich, sie kümmern sich um mich ... ich muss eine Göttin sein!

Doch, Katzen sind etwas Wunderbares. Die Nachteile sind:

- Man kann nicht mit ihnen rausgehen. Obwohl es da bestimmt Ausnahmen gibt. Ich habe aber bis jetzt nur scheußliche Ausnahmen gesehen: Katzen mit angelegten Ohren, die sich flunderartig ins Gras krallen, während eine Besitzerin am Ende der pinkfarbenen Leine flötet: »Koooomm, Muschimuschi, kooooomm!«

- Sie stehen immer auf der falschen Seite der Tür. Egal, welche Seite das ist.

- Sie spielen mit den Zehen ihres Besitzers, wenn er noch schlafen will. Wenn man Glück hat. Wenn man Pech hat, spielen sie mit dem Gesicht.

- Sie haben sehr viele Krallen.

- Sie topfen einem die Kübelpflanzen aus, nicht um.

- Man kann nie mehr ein Brettspiel spielen.

- Sie kratzen den Besuch, falls der so dreist ist, die Aufmerksamkeit des Katzenbesitzers zu beanspruchen.

- Sie besetzen alle bequemen Plätze. Für eine durchschnittlich große Hauskatze ist es kein Problem, ein Dreisitzersofa komplett zu belegen.

- Sie räumen wegen eines Schmetterlings oder einer Fliege das Bücherbord ab, schmeißen dabei die Vase um und kippen die Stehlampe in die Stereoanlage.

- Sie lecken sich die Geschlechtsteile.

Also doch einen Hund? Hunde mag ich auch sehr gerne, die geben einem immer das Gefühl, ein guter Mensch zu sein. Wer macht sonst schon so ein Theater, wenn man nach Hause kommt? Ich weiß, wovon ich spreche, wir hatten mal einen Hund. Während ich nach Kräften pubertierte, holten sich meine Eltern einen süßen Mischlingshund aus dem Tierheim. Ich glaube, sie suchten Trost. Das Tier wurde von meiner Mutter liebevoll umhätschelt, gefüttert und gebürstet, aber das undankbare Vieh liebte nur mich und lehnte meine Mutter ab. Genau wie ich. Wir waren ein Herz und eine Seele, das Tier und ich, und als ich von zu Hause auszog, nahm ich es mit. Das Tier war mit in der Uni und im Biergarten. Es rollte sich, wenn ich in der Kneipe arbeitete, auf einer Bank ein und schnurchelte dort geduldig bis Feierabend. Der einzige Fehler des Tieres war, dass es sehr gerne fraß. Das hatte, neben einem latenten, aber chronischen Übergewicht unter anderem diese Geschichte zur Folge:

Wenn ich ohne das Tier ausging und spätnachts nach Hause kam, drehte ich immer noch eine Runde mit ihm, damit ich am Morgen länger schlafen konnte. Das ist ganz angenehm, wenn man so durch die schlafenden Straßen schlendert, man kann den Tag Revue passieren lassen und die Straßenlaternen malen dazu den eigenen Schatten auf die Bürgersteige. Hinter den dunklen Fenstern stellte ich mir die schlafenden Leute und ihre Leben vor, manchmal, ganz selten, brannte irgendwo ein Licht. Der Schein einer schwachen Schreibtischlampe, darunter ein Oberkörper, leicht nach vorne gebeugt, wie eine müde Blume.

Als ich in dieser Nacht spät nach Hause kam und die Tür zu meiner Wohnung öffnete, kam mir das Tier nicht wie gewöhnlich entgegengesprungen. (Keine Sorge, es kommt keine traurige Sterbegeschichte.) Ich suchte das Tier und fand es auf dem Sofa, es wedelte sehr langsam mit dem Schwanz und sah mich verschlafen an. »Na komm, gehen wir!«, sagte ich und das Tier tat sich sichtlich schwer. Es robbte zum Sofarand und plumpste unsouverän auf den Boden. Dann rappelte es sich auf und folgte mir eiernd zur Tür. Kaum aus dem Haus, blieb das Tier mit gekreuzten Vorderbeinen stehen und lehnte sich mit der Schulter gegen die Hausmauer. Ich war jetzt beunruhigt. Das Tier sah mich mit leicht zur Seite geneigtem Kopf von unten rauf an und mir ging die Düse. Vielleicht war der Hund vergiftet worden, er fraß ja alles, was auf der Straße in die Nähe seines Staubsaugermauls kam. Womöglich Rattengift? Ich schnappte das Tier und trug es zum Auto, 15 Minuten später waren wir beim Tierarzt, der noch die Abdrücke der Falten seines Kopfkissens auf der Backe hatte. Ich machte mir Vorwürfe, wegen des Hundes, nicht wegen des Tierarzts, und wischte ein Tränchen aus dem Augenwinkel. »Schlechte Hundemutter, schlechte Hundemutter«, sagte eine Stimme in meinem Kopf. Der Tierarzt drückte und zupfte und leuchtete am Hund, in den Hund und um den Hund herum und zuckte gähnend mit den Schultern.

»Hmm, haben Sie Beruhigungsmittel zu Hause? So etwas wie Morphium zum Beispiel? Könnte er so was erwischt haben?«

Hatte ich nicht, konnte er nicht.

»Dann warten Sie mal bis morgen, ob es dann besser ist.«

Und als ich so mit dem schwankenden Tier auf dem Beifahrersitz nach Hause tuckerte, ging ganz hinten in meinem Hirn ein kleines Licht auf. Es wurde größer und beschien meinen Küchentisch, auf dem, als ich das Haus am Abend verlassen hatte, in einer Schale noch ein Haschischplätzchen gelegen war. Ich sah das Tier von der Seite an. »Bist du breit?«, fragte ich, worauf das Tier mich ansah, sich die Nase leckte und vergaß, die Zunge wieder einzuziehen. Zu Hause sah ich sofort nach: Tatsache. Das Plätzchen war weg. Ich rief wieder den armen Tierarzt an: »Wie viel Haschisch verträgt ein mittelgroßer Hund? Ungefähr so groß wie der, der vor 20 Minuten bei Ihnen war?«

Es ging glimpflich für das Tier aus. Der ärztliche Rat war: »Lassen Sie ihn einfach ausschlafen.«

Und bis ich aufgelegt hatte und anfing zu schimpfen: »Ich mache mir Sorgen und die Tierarztkosten und blablabla, derweil bist du nur breit wie ein Haus, du, du, du – Drogenhund!«, da lag das Tier schon wieder auf dem Sofa und schlief tief und fest. Es schlief zwei Tage durch und stand in der Zeit nur einmal auf, um den gesamten Wassernapf leer zu trinken. Ein Brand. Man kennt das ja. Ach ja, das Tier war schon toll. Leider verließ es diese Welt knapp vor seinem 18. Geburtstag. Seine Leine kann ich immer noch nicht wegschmeißen.

Wie sollte ich ein anderes Tier so ins Herz schließen wie dieses? Was mich auch an einem neuen Hund schreckt, ist, dass man heute nicht mehr einfach so einen Hund hat. Ich sehe das im Bekanntenkreis, da muss man mit dem Hund erst in die Welpenspielstunde, dann in die Junghundgruppe mit anschließender Hundeschule und sonntags zu Spiel und Spaß, Agility oder Obedience. Da springen die Herrchen und Frauchen über Hindernisse und kriechen auf allen vieren durch Stofftunnel, in der Hoffnung, der Hund mache es ihnen dann nach. Man trägt eine 10 Meter lange Schleppleine und einen Klicker mit sich herum und man hat Lungen-Leckerlis in der Tasche, die in einem Umkreis von 100 Metern alle Passanten olfaktorisch warnen: Hier kommt eine tote Lunge.

Man hat nicht mehr einen Hund, man erzieht ihn. Wer früher töpferte oder mit Salzteig bastelte, strickt jetzt am Hund herum. Verstehen Sie mich nicht falsch, ich finde es auch schön, wenn ein

Hund so gut erzogen ist, dass er keinen Jogger frisst, und kommt, wenn er gerufen wird. Das ist von großem Vorteil, besonders für die Jogger. Mit Grausen denke ich an eine Freundin, die, wenn sie nach Hause kommt, immer erst einen Hundekaustab durch den Briefschlitz schiebt, damit ihre Dogge auf der anderen Seite sie nicht umschmeißt, wenn sie die Türe öffnet.

Aber es wird ganz schön viel Wirbel um die Vierbeiner gemacht, finde ich. Und manchmal, wenn ich eine Hundehalterin auf der Straße mit ihrem Hund sehe (der Hund heißt anscheinend Cara-Nein!) und wenn diese zu Cara-Nein! sagt: »Wieoftdennjetztnoch, setzdichendlichhin!«, dann graut mir davor, Hundehalter zu sein. Man trifft ja notgedrungen auf andere Hundehalter. Wahrscheinlich würde ich über die Hundewiese gejagt, weil mein Hundi ein simples Halsband trüge und kein Brustgeschirr und kein Premiumfutter bekäme. Also, Nachteile Hund:

- Andere Hundehalter

- Hundescheißetüten

- Hundescheiße

- Die grauen Schlieren an den Tapeten auf Hundehöhe

- Der Zustand jener Dinge, die der Hund als sein Spielzeug betrachtet, die es aber nicht sind

- In jeder Jackentasche sind Leckerlis

- Der Geruch von Leckerlis

- Der Geruch der Jackentaschen

- Nasser Hund

- Hunde wälzen sich beim Gassigehen in verwesendem Fisch, daraufhin steht man in einem eisigen Fluss und wäscht den Hund. Dann stinken Hund und Mensch nach verwesendem Fisch. Man ist mit dem Auto gekommen, das heißt, das Auto stinkt jetzt auch nach verwesendem Fisch, weswegen man bei minus 30 Grad mit allen Fenstern offen nach Hause fährt und den Hund solange hasst. Es kann sogar noch Schlimmeres als verwesender Fisch sein.

- Urlaub im Hundehotel

- Man muss für sie Steuern zahlen

- Sie stecken fremden Leuten ihre Nase in den Schritt. Das ist dann irgendwie peinlich, obwohl man es ja nicht selber war, der den Leuten die Nase in den Schritt gesteckt hat.

- Sie lecken sich die Geschlechtsteile.

Demgegenüber steht die einmalige, wild entschlossene Liebe von Hunden. Oder zumindest, was man dafür hält.

Vielleicht lieber einen Wellensittich? Die sind niedlich und man kann sie leichter jemandem zum Aufpassen anvertrauen, wenn man in den Urlaub fährt. Leichter als, sagen wir, einen Irischen Wolfshund zum Beispiel. Nachteil Kanari:

- Er ist ein Vogel.

Eindeutiger Vorteil gegenüber Hunden und Katzen:

• Er leckt sich nicht die Geschlechtsteile. – Oder?

Das sind jetzt zwar bestechend wenige Nachteile, aber dieser eine (Er ist ein Vogel) wiegt dafür umso schwerer. Nichts gegen die pastellfarbenen Hansis, die sich zahm auf Finger und Schulter setzen, aber wenn man als Kind *Lassie* geguckt hat, dann erwartet man mehr von einem Haustier. Diese tendenzielle Ereignislosigkeit betrifft auch Hamster, deren Putzigkeit meinen Erwachsenen-Ansprüchen nicht mehr gerecht wird. Ich kenne kaum Leute über zehn Jahren, die noch einen Hamster haben. Eigentlich nur eine: Paula. Paula hat einen Goldhamster namens Dennis, sagt sie. Ich habe Dennis noch nie gesehen, weil er sich immer irgendwo versteckt. Was einen nicht zu wundern braucht, Paula hat nämlich extra für Dennis eine CD mit Vogelstimmen gekauft. »Damit er sich frei fühlt, wie im Wald.« Jetzt muss man aber wissen, dass sehr viele Vögel zu den natürlichen Feinden von Hamstern gehören – der neurotische Dennis vergräbt wahrscheinlich jedes Mal den Kopf in der Hamsterwatte, wenn Paula den CD-Player einschaltet.

Mein lieber L. sieht die Tierfrage mit einer pragmatischen Gelassenheit, die mich fast provoziert. »L., wie fändest du einen Border Collie?«

»Schön.«

»Oder eine Siamkatze?«

»Schön.«

»Vielleicht wäre ein Mischling aus dem Tierheim das Beste.«

»Ja.«

»Ich glaube, ich will doch lieber ein Krokodil.«

»Gut, Schatz.«

Aber dann ist es L., der am Sonntag vor einem Zwinger der Tierhilfe Garching in die Knie geht, mit den Armen bis zu den Achseln zwischen Gitterstäben steckt und sich von einem kleinen, schwarzen Fellknäuel auf den Fingern herumkauen lässt. »Oh Gott, ist der süß«, sagt L. ungefähr hundert Mal hintereinander. »Können wir den haben? Ja? Bitte?« Währenddessen lässt er das Tier nicht aus den Augen, das sich jetzt auf den Rücken schmeißt und vor Freude jauchzen würde, könnte es jauchzen. L. hat diesen fröhlichen, irren Blick, wie ihn Frischverliebte haben.

Irgendwie bringt er immer meine Planung durcheinander. Ich wollte systematisch die Vor- und Nachteile jeder Tierart abwägen, anschließend eine rationale Entscheidung treffen und dann die Frage nach der Rasse klären. Mich mit Tierärzten und Tierhaltern besprechen, verschiedene Züchter besuchen und Bücher konsultieren. Ich wollte einen vermutlichen Hundefutterverbrauch mit dem Niedlichkeitsfaktor multiplizieren und sehen, ob nicht doch eine dreifarbige Katze dabei rauskäme.

Aber in meiner tollen Gleichung hatte ich einfach die unbekannte Variable X in Form eines schwarzen Fellknäuels nicht berücksichtigt. Und da lag sie nun, die Variable, und biss auf L.s Daumen herum, während er entzückt zuschaute.

Zum Schutz der Tiere vor emotional Hingerissenen wie L. gibt es in Tierheimen die Regel, dass man ein Tier nicht sofort mit nach Hause nehmen darf. Zuerst muss man eine Woche lang täglich vorbeikommen und das Tier kennenlernen, sich als würdig erweisen und eine Art Adoptionsantrag ausfüllen. Um mit ihm spazieren zu gehen, bedarf es lediglich eines Sachkundenachweises, den man im Tierheim durch Teilnahme an einem Vortrag erhält, und eine Mitgliedschaft im Tierheimverein, aus Versicherungsgründen.

Verstehen Sie mich nicht falsch, ich befürworte es, dass das Tierheim seine Hunde nur in gute Hände abgeben will. Ich finde es auch richtig, dass sie sich diese guten Hände etwas genauer ansehen. Und dass sie sich Bescheinigungen vom Ordnungsamt und/oder Vermieter geben lassen – okay. Aber ist es wirklich nötig, dass uns die gesamte Pflegermannschaft des Tierheims Garching zum Verhör lädt, um unsere Lebensumstände und unseren Charakter zu beurteilen? Das machen die echt! Und dann schicken sie noch jemanden zur Kontrolle vorbei, unangemeldet natürlich.

An diesem Abend versuche ich mit L. zumindest pro forma ein paar Argumente für und gegen einen jungen Hund aus dem Tierheim zu diskutieren, aber er ist nicht recht bei der Sache, weil er nebenbei die Fotos vom Hund auf seinem Handy betrachtet und an Freunde verschickt.

»Ihr müsst auf jeden Fall sagen, ihr habt einen Garten, einen Bauernhof, andere Hundekumpel und es ist immer jemand zu Hause. Außerdem ist einer von euch fanatischer Spaziergänger und ihr habt jahrelange Hundeerfahrung. Sagt, ihr wollt in eine Hundeschule mit dem Hund und habt die nächsten 15 Jahre nichts vor, außer spazieren zu gehen. Und ihr verdient gut! Falls mal eine Nierentransplantation ansteht oder so was.« Das rät meine Freundin Meike, die hat ihren Hund aus dem Tierheim und ich kann mich erinnern, dass sie damals ziemlich geflucht hat, weil man es ihr gar so schwer machte.

Puh. Ich finde an diesem Punkt eine Anzeige in der Lokalzeitung recht verlockend:

Junge Kätzchen abzugeben

Die machen bestimmt nicht so ein Gehühner. Aber als ich L. auf die Anzeige aufmerksam machen will, sitzt er vor seinem Computer und richtet gerade ein Bild von Hundi als Bildschirmschoner ein. Nicht, dass er jemals ein Bild von mir auf dem Computer gehabt hätte. Und wie das so ist, wenn man aufs Schlimmste gefasst ist: Das Interview im Tierheim ist nur halb so wild. Oder wir haben einfach Glück. Glück ist auch, wenn es nicht so schlimm kommt wie erwartet, denke ich und unterschreibe mit L. den Schutzvertrag für Fellknäuel. Wir haben jetzt einen Hund. Der wird in den vorschriftsmäßig mit einem Trenngitter versehenen Kofferraum geladen. So stelle ich mir das vor, wenn man aus dem Krankenhaus mit dem neugeborenen Nachwuchs nach Hause kommt: L. hat die Erstausstattung besorgt (Gummihuhn, Futter, Leckerli und Körbchen) und wir sind beide entsetzlich aufgeregt – heute ist schließlich unser WWA, der Welt-Welpen-Abholtag, wie ihn Hundeversteher Martin Rütter nennt.

Wir sind noch keinen ganzen Tag zu Hause mit dem Tier, da passieren plötzlich verschiedene Sachen gleichzeitig:

1. Uns wird von Freundes- und Familienseite unterstellt, der Hundi sei ein Kindersatz. Ich verstehe das, Hundi ist ja auch noch ein Baby. Allerdings bin ich mitnichten seine Mama, so eine hat das Tier nämlich schon, ich habe sie mit eigenen Augen gesehen und sie sieht mir nicht im Geringsten ähnlich.

2. Es entsteht eine komische Rollenverteilung. Da ich schon mal einen Hund hatte, bin ich die allwissende Instanz und stelle

Regeln und Verbote auf. Hundi darf nicht aufs Sofa und nicht auf L.s Hand herumkauen, nicht mit den Schuhen spielen und auch keine Bücher »lesen«. Ich bin also die Verbotstante. L. hingegen ist der »Spielkumpel«. Ich komme mir vor wie die böse Stiefmutter und fühle mich ausgeschlossen.

3. Wir lernen, dass das Tier bei großer Freude sofort pischern muss.

»**Ich** wollte doch ein Tier«, maule ich vor mich hin, während ich Suppengrün für das Abendessen klein schneide. L. und der Hundi hören mich nicht, die balgen sich gerade um das Gummihuhn. Ich bin eifersüchtig auf einen Welpen, toll. Wie bescheuert ist das denn? Wobei … eigentlich bin ich eifersüchtig auf L.! Das Fellknäuel soll *mich* mögen. Vielleicht liegt es daran, dass meine Regel im Anmarsch ist oder die Erwartung so groß war, ich komme mir jedenfalls vor wie das ärmste Ding auf der ganzen Welt.

Ich lasse das Suppengrün Suppengrün sein und verdrücke mich aufs Sofa im Wohnzimmer. Hinlegen, Decke über den Kopf. Das funktioniert bei Welt- und Regelschmerzen immer noch am besten. Nix mit Johanniskraut und Wohlfühlbädern. Einmal ordentlich in Selbstmitleid gewälzt und richtig drauflosgejammert, das hilft. Und während ich schmollend unter der Decke liege und der Welt böse bin, bewegt sich der Stoff und es taucht eine schwarze, feuchte Hundenase in meiner Höhle auf. Kurz darauf schiebt sich der Rest des kleinen Hundeköpfchens unter meine Decke und sieht mich mit großen, sorgenvollen Augen an. Ich muss lächeln. »Na, du?« Der Kleine hält den Kopf schief, worauf sich seine Stirn etwas in Falten legt. Dann krabbelt er unelegant aufs Sofa, stupst mir an die Nase, gähnt und rollt sich in meinem Arm ein. Das ist der Moment, in dem mein Herzchen weich wird wie Butter in der Sonne. Ich streichle ein wenig über das weiche Fell und Hundi drückt seinen Kopf an mich.

»Ich dachte, er soll nicht aufs Sofa?«, flüstert L. und lächelt.

»Pschscht«, sage ich und bleibe ganz still liegen, auch als mir der Arm einschläft.

Wir nennen das Tierchen Schmitz. Das ist der einzige Name, auf den es sofort reagiert. Schmitz hat uns inzwischen so weit konditioniert, dass er nachts nur ein knurpsendes Geräusch machen muss und schon springt einer von uns aus dem Bett, zieht den Mantel übers Nachtgewand, schlüpft in die Boots und eilt mit dem Schmitz unterm Arm die Treppen runter. Vom warmen Bett im zweiten Stock auf die Wiese vorm Haus in weniger als 10 Sekunden. Da steht derjenige dann in der matschigen Wiese, es ist saukalt und noch dunkel und Schmitz denkt überhaupt nicht daran, pischern zu gehen, sondern findet jede Menge sauinteressanter Stöcke und Steine, denen er sich widmen muss. Es hat sich einiges geändert bei uns zu Hause:

- Statt morgens im Bett den ersten Kaffee zu trinken und mich an den Traum von letzter Nacht zu erinnern, wache ich davon auf, dass Schmitz knurpst. Anschließend: siehe oben. Kaltstart nennt man so etwas, glaube ich. Hoffentlich wird es bald Sommer.

- Ich lese eine Zeitschrift, die *dogs* heißt und 5 Euro kostet. Pro Heft!

- Ich führe plötzlich Gespräche, in denen Worte wie »Hundetrainer« und »positive Verstärkung« vorkommen. Und meine Hundehalter-Gesprächspartner finden das vollkommen normal.

- Ich habe plötzlich Hunde-Hosen und Hunde-Jacken und Hunde-Schuhe. Und zwar mehr als Nicht-Hunde-Klamotten.

- Meine Jackentaschen riechen nach toter Lunge.

- Ich habe viele Leute aus unserem Viertel näher kennengelernt. Zusammen morgens um sieben auf einer matschigen Wiese zu stehen, verbindet.

- Ich werde beim Ausziehen beobachtet.

Sie meinen, Glück sieht anders aus? Dann sind Sie noch nie aufgewacht und haben direkt in zwei schwarze Hundeaugen gesehen, die Sie erwartungsvoll anschauten. Dann ist noch nie ein Fellknäuel ob Ihrer puren Existenz vor Freude in die Luft gesprungen und wahrscheinlich hat noch kein Schmitz-Verwandter seinen Kopf in Ihre Hand gelegt oder hat Ihnen aufmerksam zugehört und dabei seine Stirn vor Anstrengung in Falten gelegt, ist auf Ihnen eingeschlafen oder hat bei Ihnen Schutz gesucht, wenn es gewitterte. Glauben Sie mir. Hunde machen glücklich.

DER BUDDHISTISCHE WEG ZUM GLÜCK

Wissen Sie, wer in Sachen Anleitungen zum Glück ganz groß ist? Die Buddhisten. Geahnt habe ich das immer schon – diese entrückten Gesichter in den orangefarbenen Gewändern, die sehen in den Fernsehdokumentationen immer recht glücklich aus. Ich habe mir ein Buch gekauft, das nicht von einem orangefarbenen Mönch geschrieben ist, sondern von einer Schwäbin, und herausgegeben wird es von einem Verlag, der eigentlich auf Kochbücher spezialisiert ist. Ich gehe da ganz nach den Fünf-Punkte-Rezensionen bei Amazon. Wie ein Schaf. Das fand jemand gut, das will ich auch, bähähäh.

Mit dem Buddhismus ist das ein bisschen wie mit Roibuschtee und Yoga: schon schön, nur das Drumherum geht einem auf die Nerven:

- Ewig Halberleuchtete, die schon mal einen Meditationskurs gemacht haben und sich diese bunten Gebetsfahnen in den Garten hängen.

- PowerPoint-Präsentationen mit tiefsinnigen Sinnsprüchen vor Landschaftsfotos in Aquarelltönen.

- Die Musik zu diesen PowerPoint-Präsentationen.

- Gurus im Allgemeinen.

- Was war noch mal der Unterschied zum Hinduismus?

- Wiedergeburt und Nirwana – das erscheint mir unwahrscheinlich. Ich meine, was soll denn eine Schnecke zum Beispiel machen, um Karmapunkte zu sammeln? Eine besonders schöne Schleimspur legen?

- Unverständliche Fachsprache, wie zum Beispiel die Kurzeinführung des Dalai Lama in den Buddhismus: »Der das Kontinuum der Gewöhnung bildende Pfad der Meditation geht als eine Frucht der Verwirklichung der Drei Tore der vollständigen Befreiung auf dem Pfad des Sehens mittels der Zurückweisung der Acht Objekte der Verneinung hervor.« (Gyatso 162) – Hä?

Und dann diese penetrante Gutartigkeit. Verständnis und Vergeben und Nachsicht und Gnade und Milde und Geduld und Großzügigkeit und Sanftmut und Nachgiebigkeit und Duldsamkeit und Toleranz und Rücksicht und Entgegenkommen … das geht mir wahnsinnig auf die Nerven.

Auf der anderen Seite ist da dieser kleine Dalai Lama, der in Situationen, die vor Tragweite triefen, recht spitzbübisch in sich hineingiggelt. Und Siddhartha. Manchmal hört man auch etwas aus der Buddhismus-Sprüchesammlung, das man sehr schön findet. Oder sehr wahr. Das ist mein persönliches Dilemma mit dem Buddhismus. Es vermiest mir jetzt aber auch nicht das Leben.

Das Christentum ist nicht für seine große Glückseligkeit bekannt, das besticht mit Leiden. Haben Sie gelesen, was deren Märtyrer alles mitgemacht haben? Da wurde den Leuten die Gedärme gezogen, mit Striegeln die Haut geschält, sie wurden mit siedendem

Öl übergossen und in kochendes Wasser gestoßen, das sich in der bronzenen Skulptur eines Stieres befand. Das sieht dann aus, als brülle der Stier. Und den weiblichen Märtyrerinnen wurden die Brüste abgeschnitten. Kein Wunder, dass alle zum Love & Peace Buddhismus überlaufen. Brüste abschneiden, also echt.

Gut, das ist nicht mehr gängige Praxis, das stimmt. Heutzutage kann man sich auch als Christ einen Schuss fernöstlicher Philosophie setzen, dazu gibt es Anselm Grün, einen Benediktinermönch, der mit seinem Nikolausbart wahnsinnig sympathisch aussieht. In 28 Sprachen sind seine Bücher mit Sinntexten inzwischen übersetzt worden – eine Art Superstar-Mönch. Die Texte lesen sich so:

»Im Schatten eines Baumes
Es war einmal ein Mann, den verstimmte der Anblick seines eigenen Schattens so sehr, der war so unglücklich über seine eigenen Schritte, dass er beschloss, sie hinter sich zu lassen. Er sagte zu sich: Ich laufe ihnen einfach davon. So stand er auf und lief davon. Aber jedes Mal, wenn er seinen Fuß aufsetzte, hatte er wieder einen Schritt getan, und sein Schatten folgte ihm mühelos. Er sagte zu sich: Ich muss schneller laufen. Also lief er schneller und schneller, lief so lange, bis er tot zu Boden sank.
Wäre er einfach in den Schatten eines Baumes getreten, so wäre er seinen eigenen Schatten losgeworden, und hätte er sich hingesetzt, so hätte es keine Schritte mehr gegeben. Aber darauf kam er nicht.«[6]

»Pech!«, möchte ich da sagen. Oder etwas spirituell-metapheriger: Gut, wenn man immer einen Sonnenschirm dabeihat.

6   Aus: Anselm Grün: *Das kleine Buch vom wahren Glück*, Herder Verlag 2001.

Während ich über das Christentum lese, stoße ich auf einen Text, der sich »Interview mit Gott« nennt. Das Interview besteht aus einem Haufen Plattitüden vor aquarellfarbenen Landschaften, aber am Ende wird Gott die Frage gestellt:

»Gibt es noch etwas, das deine Kinder wissen sollten?«

Und Gott antwortet:

»Dass ich hier bin. Immer.«

Da wird mir für einen Moment ganz warm im Bauch. Was für eine schöne Vorstellung. Wenn man das glauben kann, fühlt man sich bestimmt glücklich. Weil ich das aber nicht kann, nehme ich die Buddhismus-Nummer. Zum Thema Glück finde ich dort folgenden Spruch:

> Subhuti fragte einst:
> »Ihr habt gesagt, Meister, dass jemand, der dem Pfad folgt, weder Güte noch Glück zu suchen braucht. Wie kommt das?«
> Und der Buddha entgegnete:
> »Subhuti, ein wahrer Anhänger des Pfades wird Güte und Glück empfinden, sich aber nicht in Vorstellung von Glücklich-Sein und Gütig-Sein verstricken. Daher sage ich, dass er weder Güte noch Glück suchen braucht, da diese nichts weiter sind als gedankliche Fallen, denn Güte und Glück kommen zu uns, auch wenn wir von ihnen keine festen Vorstellungen haben.«

Ich rolle mit den Augen. Das geht ja gut los.

Lektion 1 in meinem Buch *Buddhas Anleitung zum Glücklichsein*[7] ist Achtsamkeit. Achtsamkeit soll mir helfen, unerwünschte Gewohnheiten bewusst wahrzunehmen, um diese dann verändern zu können. *Achtsamkeit,* denke ich, das ist ein schönes Wort. Mir fallen aber hauptsächlich *Un*achtsamkeiten ein. Erst gestern habe ich einer kompletten Waschladung weißer Kochwäsche einen rosafarbenen Akzent verpasst, wegen dieses blöden roten Sockens, den ich nicht gesehen hatte. Ist das jetzt unangemessen, über verfärbte Kochwäsche nachzudenken, während man sich mit der buddhistischen Lehre auseinandersetzt? Hm. Ich lese weiter, »Übung« steht da. Da bin ich froh, ich brauche konkrete Anweisungen, nicht so ein Wischiwaschi mit Pfaden und Vorstellungen.

> Übung: Ich werde morgens vor dem Aufstehen noch kurz wach liegen bleiben, mir meines Körpers bewusst werden und die ersten Gedanken heraufziehen lassen. Ich werde genau achtgeben, welche Gefühle ich hege, und diese liebevoll akzeptieren. Im Laufe des Tages werde ich versuchen, Momente bewusst wahrzunehmen und meine Empfindungen dabei genau zu erspüren. Und bevor ich einschlafe, werde ich Revue passieren lassen, wann ich mit meiner Achtsamkeit zufrieden war und wie sich das angefühlt hat.

Das krieg ich hin.

Als der Wecker klingelt, schalte ich ihn aus, um noch kurz wach liegen zu bleiben, mir meines Körpers bewusst zu werden und die ersten Gedanken heraufziehen zu lassen. Und schlafe sofort wieder ein. Mein erster Gedanke, als ich wieder aufwache, ist: Scheiße, verschlafen! Ich glaube, das ist kein guter erster Gedanke. Er zieht auch nicht langsam herauf, sondern blinkt in Leucht-

---

7 Marie Mannschatz: *Buddhas Anleitung zum Glücklichsein: Fünf Weisheiten, die Ihren Alltag verändern*, Gräfe & Unzer Verlag 2007.

buchstaben vor meinem inneren Auge. Mein vorherrschendes Gefühl ist Wut auf mich selbst und ich denke gar nicht daran, das liebevoll zu akzeptieren. Ich werde es eher abreagieren. Von meinem Büro aus rufe ich L. an: »Warum hast du mich nicht geweckt, verdammt noch mal?«

»Du hast gesagt du bist wachtsam oder ein Achtschwan oder so was«, antwortet L.

»Und da hast du gedacht, ich wäre bei Sinnen? Als Achtschwan?«

»Jepp«, sagt L.

Im Laufe des Tages bin ich dann noch ein paar Mal achtsam. Im Büro: Als mir die Kollegin Drösel in der Küche heißen Kaffee über die Hose schüttet, bin ich voll da. Ich merke haargenau, wie mir langsam die Galle hochsteigt und der Gedanke »Gans, blöde« heraufzieht. Auf dem Nachhauseweg: Als ich in einen Hundehaufen hineintrete, weil ich mit den Augen in ein Schaufenster vertieft bin, ist mir das sehr bewusst. Und kaum zu Hause angekommen: L. hat wieder den Müll nicht runtergetragen, das riecht man jetzt recht deutlich. Da brauche ich nicht groß in mich hineinzuhorchen, um zu spüren, dass ich sauer bin. Merken Sie auch was? Es sind immer die blöden Situationen, in denen ich innehalte. Das ist ganz schön dämlich. Ich blättere in meiner Buddha-Anleitung zum Glücklichsein und sehe, ich muss noch viel mehr Achtsamkeitsübungen machen. Und das alles nur, damit ich mich daranmachen kann, die sogenannten »Fünf Hindernisse« aus dem Weg zu räumen.

Die Fünf Hindernisse, auch die Fünf Hemmungen genannt, hindern mich nämlich an der Erleuchtung und somit am Glück, sagt der Herr Buddha. Hat man die fünf erst einmal überwunden, wird alles dufte. Bei den Hindernissen handelt es sich um negative mentale Zustände, die ich jetzt loswerden muss. Dazu braucht es die Achtsamkeit.

Es gibt ja Leute, die bereiten sich gut auf eine Aufgabe vor. Die üben, trainieren, studieren unermüdlich und geduldig, um zu erreichen, was sie sich vorgenommen haben. Achtsamkeit zum Beispiel. Ich gehöre nicht zu diesen Leuten. Sie kennen das Motto »Ich will alles, und zwar sofort«? Das habe ich erfunden. Ich kriege schon einen Vogel, wenn ich am Telefon in der Warteschleife hänge, da können Sie sich ungefähr vorstellen, wie motiviert ich bin, mich mit Vorbereitungen abzugeben.

»Schnickschnack«, sage ich und fange gleich mit den Hindernissen an.

HINDERNIS 1: VERLANGEN/GIER

Wir hatten es ja schon auf dem Tisch, das Wenn-dann-Problem. Als Kind überlegt man sich ja: »Wenn ich einmal groß bin, dann …« Das geht weiter, wenn man älter ist:

Wenn	dann
ich nur erst ein eigenes Motorrad habe,	aber.
ich erst mal volljährig bin,	passt das.
ich endlich das Studium fertig habe,	geht's richtig ab.
ich erst mal eine Gehaltserhöhung kriege,	mein lieber Scholli.

ich diese Frau/diesen Mann kriege,	bin ich glücklich.
ich mir endlich den Porsche leisten kann,	sieht die Welt ganz anders aus.
ich mich räche,	tut es nicht mehr weh.
ich den Buddhismuskurs mache,	werde ich endlich zufrieden sein.

In meinem Leben gibt es durchaus Wenn-dann-Konstellationen:

L. und ich sind aufs Land gezogen. Da gibt es zwar keine hippen Restaurants, Programmkinos und schicke Bars um die Ecke, aber so Dinge, die einem plötzlich mit Mitte 30 ungeahnt reizvoll erscheinen: Platz, Ruhe, Wälder, Vogelgezwitscher und ein Garten, in dem Schmitz herumspringen kann. (Die Pfleger vom Tierheim wären begeistert.) Schon lange, bevor wir anfingen, uns geeignete Häuschen in der Umgebung anzusehen, war für mich klar: Wenn, dann. Wenn ich erst vor einem offenen Kamin säße, mein eigenes Büro hätte, ein Garten vor der Tür wäre … dann: Ja, dann würde ich mir vorkommen wie in »Bullerbü«.

Wir wohnten davor in dem schnuckeligen Haus, immer mit dem Gedanken: Wenn wir es erst fertig hergerichtet/eingerichtet/ die Garage ausgebaut haben, dann ist es richtig toll. Mit der Finanzkrise wurde das Häuschen etwas zu kostspielig und wir suchten etwas Günstigeres. Das dauerte ewig (ein Jahr). In dieser Zeit lebten wir in dem schnuckeligen Haus mit einem wilden, romantischen Garten, wir hatten einen fröhlichen Hund, Freunde, eine liebe Familie und es war ein Traumsommer. Und wir saßen mittendrin im Paradies und zogen Gesichter bis auf den Boden. Wenn wir nur erst eine neue Bleibe gefunden hätten, dann … ja, dann. Aber jetzt nicht. Wir haben uns ein Jahr unseres Lebens versaut mit dem Mist. Inzwischen haben wir ein neues Haus gefunden. *Wenn das erst einmal hergerichtet ist, dann* …na ja, Sie wissen, worauf ich hinauswill.

Die Falle des Verlangens ist auch, so habe ich das verstanden, dass man blind seinen Impulsen folgt. Wir sind so konzipiert, dass wir die Art erhalten. Dabei hilft es, wenn die Dinge, die dem Überleben dienlich sind, Spaß machen, angenehm sind, und wenn andersherum Dinge wie Schmerzen, Krankheit und Verderben keinen so großen Spaß machen. Wir sind also permanent damit beschäftigt, uns selbst kleinere und größere Annehmlichkeiten zu bereiten. Weil das eben so viel Spaß macht.

So funktioniert das beim Shoppen. Wenn ich mit dem neuen Oberteil in der Tüte den Laden verlasse, erlebe ich ein kurzes Hoch, ein kurzes Glück. Je mehr Tüten, desto Glück. Das lässt leider ziemlich schnell nach und ich möchte das schöne Gefühl wiederholen, so fängt die Kaufsucht an.[8] Wir verhalten uns dann wie ein Eichhörnchen, das permanent Nüsse bunkert, auch wenn es schon zu viele hat.

Unter die Begehrlichkeiten fällt auch das Streben nach Glück, was meinem Plan jetzt ganz schön im Wege steht, finde ich. Okay, denke ich, dann eben so: Ich versuche nicht, das Glück zu bekommen (Verlangen), sondern ich bereite einen besonders guten Nährboden für sprießende Glücksmomente – das müsste doch durchgehen? Ja?

Mithilfe der Achtsamkeit (die ich ja so glänzend trainiert habe) soll ich nun merken, wann sich so ein Nüsschen-Programm

---

8   Da habe ich ein schönes Zitat gefunden: »Wer in seinem Leben nur die Gelüste zu befriedigen sucht – so sagte angeblich einst Buddha – verhält sich so unrealistisch wie ein Mensch, der einen großen Kredit aufnimmt, aber gar nicht in der Lage ist diesen abzuzahlen.« Aus: http://www.phathue.de/grundwissen/fuenf-hindernisse/

bei mir auftut. Das ist leicht, denke ich. Ich gehe mal eben bei meinem Lieblingsschuhgeschäft vorbei, da werde ich das Gefühl *Verlangen* recht deutlich bemerken.

Schwierig hingegen wird es, das gierige Haben-Müssen von den ganz normalen Bedürfnissen zu unterscheiden: Will ich die Butterbreze jetzt, weil ich Hunger habe oder weil sie mich so hübsch anlacht und eine kleine Befriedigung verspricht? Und welche Auswirkungen hat der Versuch auf meine Pralinenration? Ich soll mich auf das Wesentliche konzentrieren, heißt es. Leicht gesagt.

Ich erwische mich in den folgenden Tagen:

- mehrmals vor Schaufenstern stehend (Miu Miu, Zara, Vialis, Palmers und Jolie, einem kleinen Juwelier),

- in der Bäckerei vor der Pralinenauslage, mit Wasser im Mund,

- bei einem Tagtraum von der Sorte »Wenn ich viel Geld hätte, dann …«,

- in der Drogerie vor dem Regal mit den Cremes und dem Schminkzeug,

- vor einem Restaurant, das so eine verlockende Speisekarte draußen hängen hatte,

- mit einem Prospekt von Vodafone in der Hand, die mir ein tolles, neues Handy versprechen, wenn ich zu ihnen überlaufe.

In diesen Situationen bemerke ich ein Verlangen. Weiß der Henker, wie oft ich es nicht bemerke, sondern einfach nachgebe, ohne zu überlegen. Bei Produkten stelle ich fest, dass sich das Bedürfnis, etwas zu haben, steigern lässt, wenn ganz viele gleiche Produkte beisammenstehen. Als wir an einem Porsche-Händler vorbeifahren, wo ein Flitzer neben dem anderen geparkt ist, würde ich am liebsten meine Hand ausstrecken und einen davon mitnehmen. [9] L. geht es im Baumarkt vor einem Regal mit Bohrmaschinen ähnlich. Er streichelt sie sogar!

Jemand, der Buddhismus praktiziert und Wörter wie »Dhammapada«, »Upakkilesa Sutta«, »Balapandita Sutta« und »Vibhanga-Vagga« richtig aussprechen kann oder sogar weiß, was sie bedeuten, wird über meine Beobachtungen vermutlich herzlich lachen und sich mit den Händen auf die Schenkel klopfen. Für mich hingegen sind das ganz neue Erfahrungen – für die Verkäuferin in der Konditorei auch, die mir interessiert dabei zusieht, wie ich vor den Pralinen mit wehmütigem Blick zur Salzsäule erstarre, um sie dann freundlich anzulächeln und wieder zu gehen. Vielleicht werde ich keine orangefarbene Wanderasketin, aber ich passe besser auf, was ich wirklich brauche und was eigentlich nicht nötig ist. Und ich bin sehr achtsam, wenn ich mir hin und wieder eine Praline aussuche und sie langsam und genüsslich auf der Zunge zergehen lasse.

HINDERNIS 2: ABLEHNUNG

Ablehnung oder Hass bringt niemandem was und ist in Sachen Glück kontraproduktiv. Das sehe ich ein, das klingt logisch. Ich überlege, wann bei mir Ablehnung oder Hassgefühle aufsteigen:

---

9   Falls jemand seinen alten Porsche nicht mehr braucht, bitte direkt an den Verlag wenden, Stichwort Glück/Alexandra Reinwarth.

- Wenn sich im Kino jemand Größeres vor mich setzt.

- Wenn im Kino jemand Popcorn isst oder Strohhalmgeräusche macht.

- Wenn sich im Kino jemand unterhält.[10]

- Wenn jemand mit offenem Mund Kaugummi kaut. Ich muss dann immer hinschauen und sehe es sogar noch aus dem Augenwinkel.

- Wenn mich ein anderer Autofahrer schneidet.

- Wenn jemand unfreundlich zu Schmitz ist.

- Wenn L. furzt, obwohl ich im Raum bin.

- Wenn L. bei einer Diskussion diesen Gesichtsausdruck aufsetzt, der ausdrückt: Ich weiß, dass ich recht habe, auch wenn ich es jetzt nicht laut sage, und du weißt es auch. Und recht hat.

Das sind aber immer nur Momente, ich kenne keine Person, die ich wirklich hasse. Ablehnung hingegen verspüre ich öfter – weil die Leute auch einfach Vollidioten sind. Falsch, sagen die Buddhis, unsere Ablehnung weist nur auf etwas in uns hin, dem wir Aufmerksamkeit schenken sollten. Wenn uns etwas wütend macht, dann muss es ja um etwas Wichtiges gehen. Ich sehe mir meine Liste noch einmal an. Das, was mich in der Kino-Popcorn-Situation wütend macht, ist nicht das Popcorn. Es ist die Rücksichtslosigkeit, die ich dem Popcorn-Esser unterstelle. Das

---

10   Ich gehe sehr selten ins Kino.

ist es. Rücksichtslosigkeit macht mich wahnsinnig. Egal, wo ich sie treffe, im Kino, im Straßenverkehr, oder in der Beziehung – da hisse ich die rote Fahne und die Gefühle wallen in mir hoch wie Gischt an einem Felsen, wenn es stürmt. Und dann blase ich zum Angriff – rette sich, wer kann! Dass ich so empfindlich reagiere, lässt sich wahrscheinlich, wie die meisten Defizite, auf ein nicht ausreichendes Selbstwertgefühl zurückführen.

Mit Ablehnung sind aber nicht nur Personen gemeint, sondern alle Situationen, in denen wir eine ablehnende Haltung verspüren. Stellen Sie sich zum Beispiel vor, Sie buchen einen Urlaub in einem Fünf-Sterne-Hotel direkt am Meer mit Vollpension. Und dann kommen Sie an und es ist eine Bruchbude in der Innenstadt mit lausigen Nudeln jeden Abend. Könnte da ein Fünkchen Ablehnung aufkeimen? Absolut, finde ich. Ein Vollblut-Buddhist würde wahrscheinlich dem Hotel danken, dass es ihm die Möglichkeit gibt, sich in der Überwindung von Ablehnung zu üben. Ich kenne da ein paar Hotels, die eigentlich nur für Buddhisten geeignet sind.

Auch Schmerzen lösen eine abwehrende Haltung in uns aus, logisch, kein Mensch will Schmerzen aushalten müssen. Der Buddhismus sagt aber: Widerstand gegen Schmerz verstärkt das Leiden. Was nicht heißt, dass man keine Kopfwehtablette nehmen soll. Mein Vater muss wegen seiner kaputten Nieren seit acht Jahren jeden zweiten Tag zur Dialyse, damit sein Blut gereinigt wird. Das ist, auch aufgrund seines Alters, grässlich anstrengend für ihn, und besonders die Zeit kurz vor der Dialyse ist schmerzhaft. Als ich vor acht Jahren seine Ärztin fragte, wie schmerzhaft und wie belastend die Behandlung genau sein würde, sagte sie: »Das kommt ganz auf Ihren Vater an. Wir haben die Erfahrung gemacht, dass Menschen, die objektiv den gleichen Schmerz hinzunehmen haben, ganz unterschiedlich mit dem Schmerz umge-

hen. Sobald Ihr Vater das Dialyseverfahren und die dazu gehö-
renden Schmerzen akzeptiert und sie in sein Leben und seinen
Tagesplan integriert hat, wird er sie nicht mehr als so schlimm
empfinden. Schwierig ist es, wenn Patienten sich gegen Verfah-
ren und Schmerz sträuben, das macht sie empfänglicher für den
Schmerz.« Mein Vater kann sich inzwischen völlig entspannen,
während er im selben Moment körperlichen Schmerz verspürt.
Ich klopfe auf Holz, dass mir der Selbstversuch in Sachen Umgang mit Schmerz noch lange erspart bleibt.

Da ich keine Schmerzen bieten kann, gucke ich, wie ich mit Ablehnung und Wut buddhistisch korrekt umgehe. Ich finde leider
keine direkte Anleitung zum Thema Hass auf Kaugummikau-
er. Generell heißt es, ich solle verstehen, dass ich selbst für mein
Wohlbefinden verantwortlich sei, nicht die anderen. Dies bein-
haltet, dass ich lerne, meine Defizite zu akzeptieren. Hm.

In dieser Zeit fliege ich mit L. nach Barcelona, um eine Freundin zu
besuchen. In der Enge einer Traube Fluggäste, die vor dem Gate
eines Billigflieger-Anbieters auf Einlass warten, steht neben uns ein
Paar mit Kind. Der Vater, etwa in unserem Alter, kaut Kaugummi.
Mit offenem Mund. Es schmatzt und gatscht, dass es eine wahre
Pracht ist. Ich kann ihm bis zum Zäpfchen gucken. Ich strafe ihn
mit Blicken in seine Mundhöhle. Ich denke immer, wenn man das
macht, dann muss das dem Gegenüber doch so unangenehm sein,
dass er endlich den Schnabel schließt. Es hilft nichts, er kaut weiter.
Ich drehe mich weg, alle Sinne geschärft auf die Richtung, in der
er steht. Ich kann ihn hören! Ich drehe mich zu L., um mich abzu-
lenken, aber in meinem Blickfeldrand sehe ich den Kauer genau.
Ich murmle L. ins Ohr, wie entsetzlich der Mann schmatzt, dass er
aussieht wie eine wiederkäuende Kuh, dumm und ekelhaft. Noch
bevor ich über seine Erziehung herziehen kann, spricht mich die
Frau des Kauers an: »Sag mal, wir kennen uns doch?«

Ach herrje.

Wir kennen uns wirklich. Sie war mal mit mir in einem Kurs und sogar ihren Mann habe ich da getroffen, ihn nur nicht wiedererkannt. Nach einem kurzen, gedanklichen Überschlagen, ob die beiden von meinem Lästern womöglich etwas gehört haben könnten, komme ich zu dem Schluss: Nein. Ehrliche Freude über ein unerwartetes Wiedersehen kann man nicht so gut spielen, wenn man eben als *ekelhafter Vollarsch* tituliert wurde. Wir unterhalten uns und setzen uns auch im Flugzeug nebeneinander, die beiden sind wirklich sehr nett. Und lustig und freundlich. Der Mann kaut auch im Flieger sein Kaugummi, das Neue ist nur: Es stört mich kein bisschen! Ich unterstelle ihm nicht mehr: »Du denkst wohl, dass du genüsslich schmatzen kannst wie ein Rindvieh, ist viel wichtiger als mein Ekel?« Er macht es einfach. Vermutlich findet er es bequemer, ist es so gewohnt oder hat die Nase zu, ich weiß es nicht. Und vor allem: Es interessiert mich auch nicht. Es hat einfach nichts mit mir zu tun.

Das erinnert mich an alte Streitigkeiten mit meiner Mutter, als ich noch ein Teenager war: Ich verteilte meine Klamotten regelmäßig auf dem Boden meines Zimmers und sie regte sich fürchterlich auf und sagte Dinge wie:

• Du hältst mich wohl für deine Putze!

• Du denkst dir wohl, die Alte macht's schon weg!

Liebe Mütter: Das stimmt nicht. Man denkt sich überhaupt nichts dabei und man macht sich schon gleich gar keine Gedanken über seine Mutter, während man Kleidung auf den Boden schmeißt. Und genauso denkt sich der Kauer nichts dabei. Und der Popcornesser denkt sich auch nichts dabei. Ich habe jetzt eine neue Methode: Sobald die Wut in mir hochsteigt, denke ich an den Kauer und die Klamotten in meinem Jugendzimmer. Das mag kein buddhistischer Schawarma-Weg sein, aber mir hilft es. Wenn es Ihnen auch hilft: Bitte sehr, bedienen Sie sich.

HINDERNIS 3: TRÄGHEIT

Ach du Scheiße, denke ich und sehe meine Samstagvormittage im Bett in Gefahr. *Trägheit*, das kommt mir doch bekannt vor, und ich gucke nach. Tatsächlich, in der katholischen Kirche gibt es die auch: *Acedia:* Trägheit des Herzens/des Geistes. Und es ist gleich eine Todsünde! Ob die Angestellten der Deutschen Post das wissen? Da kann man in die Hölle kommen dafür! Und wahrscheinlich werden einem dann da die Brüste abgeschnitten, wie ich den Verein kenne.

Trägheit lähmt uns, körperlich und psychisch. Besonders gefährdet sind Leute ohne Job: Wenn die Allgemeinheit weniger von einem erwartet und sich nicht mit einem beschäftigt, traut man sich selbst immer weniger zu. Je länger dieser Zustand anhält, desto schlimmer. Trägheit sieht dann so aus:

- Der Staat wird sich schon um mich kümmern.

- Ich traue mich nicht, was zu verändern, ich kann ja eh nix, ist eh alles scheiße.

- Das hat zur Folge: Ich bekomme den Hintern nicht hoch.[11]

---

11 Das kann so sein, muss aber natürlich nicht. Höchste Achtung vor allen, die es schaffen, sich während der Arbeitslosigkeit nicht hängen zu lassen.

Trägheit ist aber auch, wenn man einfach nur im Trott vor sich hin funktioniert, es sich in seinen Gewohnheiten bequem macht, geistig stehen bleibt und sich nicht weiterentwickelt. Hermann Hesse, der sich mit dem Suchen und dem Stehenbleiben beschäftigte, schrieb dieses Gedicht, das wir wahrscheinlich alle mal auswendig lernen mussten und das prima hier reinpasst:

Stufen

Wie jede Blüte welkt und jede Jugend
Dem Alter weicht, blüht jede Lebensstufe,
Blüht jede Weisheit auch und jede Tugend
Zu ihrer Zeit und darf nicht ewig dauern.
Es muss das Herz bei jedem Lebensrufe
Bereit zum Abschied sein und Neubeginne,
Um sich in Tapferkeit und ohne Trauern
in andre, neue Bindungen zu geben.
Und jedem Anfang wohnt ein Zauber inne,
Der uns beschützt und der uns hilft zu leben.

Wir sollen heiter Raum um Raum durchschreiten,
An keinem wie an einer Heimat hängen,
Der Weltgeist will nicht fesseln uns und engen,
Er will uns Stuf' um Stufe heben, weiten.
Kaum sind wir heimisch einem Lebenskreise
Und traulich eingewohnt, so droht Erschlaffen,
Nur wer bereit zu Aufbruch ist und Reise,
Mag lähmender Gewöhnung sich entraffen.

Es wird vielleicht auch noch die Todesstunde
Uns neuen Räumen jung entgegensenden,
Des Lebens Ruf an uns wird niemals enden …
Wohlan denn, Herz, nimm Abschied und gesunde!

Träge sind aber auch diejenigen, die ab einem bestimmten Punkt ihres Lebens meinen, sie hätten die Welt durchschaut. Die sagen dann Dinge wie: »Ich weiß, wie der Hase läuft, mir macht keiner was vor.« Sie sind in der Regel immer unsympathisch und haben keinen Funken Begeisterung oder Neugier mehr im Leib. Ich bin äußerst träge, wenn es darum geht, etwas, das ich mir vorgenommen habe, auch zu tun. Zum Beispiel Oma besuchen. Oder einen circa einen Meter hohen Stapel an Unterlagen in die verschiedenen Ordner sortieren. Oder in den zuständigen Firmen und Ämtern die Infos für eine Solaranlage zusammensammeln. Wenn ich daran denke, fühle ich mich, als bewegte ich mich in einem Bad aus Teer. Ich kann mich nicht aufraffen und surfe blöd im Internet herum oder lege mich aufs Sofa vor den Fernseher. Das passiert sogar manchmal, wenn ich nur einen Anruf zu machen habe. Wenn die pure Ablenkung nicht ausreicht, habe ich sogar eine Reihe von Tätigkeiten, die ich dann *stattdessen* erledige, um ganz offensichtlich keine Zeit zu haben:

• Fenster putzen

• E-Mails checken

• Pflanzen umtopfen

• Schreibtisch aufraumen

• Klamotten aussortieren und dabei alle anprobieren, um dann doch nichts wegzuschmeißen.

Saisonal bedingt kann noch Schnee schippen oder Rasen gießen dazukommen. Für den Haushalt ist es ein großes Glück, wenn Sachen anstehen, die ich vor mir herschiebe. L. hat eine ähnliche

Methode, er fängt immer an, Obstbäume zu schneiden, wenn er irgendetwas erledigen soll, das ihm gegen den Strich geht. Ich dachte, die Bäume würden es nicht überleben, als er letztes Jahr die Garage entrümpeln sollte. Ich weiß, dass es sich nicht gut anfühlt, wenn ich Dinge vor mir herschiebe. Ich habe ein schlechtes Gewissen, ich fühle mich bräsig und unfähig. Und trotzdem schiebe ich.

Angeblich flutscht es fast von alleine, wenn ich nur den Anfang mache. Um die Energie für den Anfang aufzubringen, muss ich mir etwas einfallen lassen, das mich ausreichend motiviert. Das ist so wie beim Wohnungstreichen. Es ist eine Scheißarbeit, wenn man die Wohnung streicht, aus der man auszieht – aber man macht sie mit Freude, wenn man die Wohnung streicht, in die man einzieht. Ich will jetzt nicht unbedingt in unsere Garage ziehen, aber welche Idee könnte mich dazu motivieren, das Gerümpel zu sortieren, auszumisten und Fuhre für Fuhre zum Recyclinghof zu fahren? Ich stelle mich vor die geöffnete Garage und sehe mir das Desaster an. Ich probiere in meinem Kopf verschiedene Gedanken aus.

Wenn ich die Garage entrümpelt habe …

- … dann habe ich endlich Platz für das Gerümpel, das sich jetzt im Schlafzimmerschrank stapelt – und wieder Platz im Schlafzimmerschrank.

- … dann gönne ich mir zur Belohnung ein Essen mit L. in meinem Lieblingsrestaurant.

- … dann sieht es viel ordentlicher aus.

- ... dann könnte ich mir eine kleine Ecke zum Umtopfen herrichten – ein Tischchen, die Töpfe, Gartenwerkzeug und die Erde, alles zusammen.

- Tschakka! Du schaffst das!

Ich stehe immer noch mit hängenden Armen vor dem Garagen-Desaster. Nichts löst auch nur den geringsten Motivationshupfer bei mir aus. Im Gegenteil, ich überlege schon wieder, ob ich nicht dringend meinen Schreibtisch aufräumen sollte. Und die Fenster haben es eigentlich auch schon wieder nötig.

Und während ich so in die Garage starre, erinnert mich die Situation plötzlich an einen Spielfilm, den ich gesehen habe. In einer Szene steht die ebenso hinreißende wie gut aussehende Protagonistin in Jeans-Latzhosen und Baseballkäppi in ihrer zugemüllten Garage und räumt herum. Ihre Haare sind zu einem Pferdeschwanz zusammengebunden, aus dem neckisch ein paar Strähnen fallen, und unter der Latzhose trägt sie nur ein Tanktop. Eine Jeans-Latzhose habe ich doch auch noch irgendwo ...

Kurz darauf stehe ich wieder vor der Garage. In Latzhose, Tanktop, geschminkt und mit Pferdeschwanz, aus dem neckisch ein paar Strähnen fallen. Das klingt total dämlich, aber ich spiele eine Schauspielerin, die Garageausräumen spielt. Während ich Kisten und Kartons in die Auffahrt staple, sehe ich mir wie in dem Film selbst dabei zu und es macht mir richtig Spaß. Ich hole noch das Radio aus der Küche und habe somit ein bisschen Filmmusik. Ich merke, wie sich eine mächtig gute Laune ausbreitet. So lange schmorte die blöde Garage in meinem Hinterkopf und jetzt rücke ich ihr tatsächlich zu Leibe. Fast beschwingt trete ich ein paar Obstkisten klein. Am Nachmittag ist alles aus- und aufgeräumt, sortiert und ausgemistet. Ich stehe vor der Garage, sehr pittoresk mit einer Bierdose in der Hand, und fühle mich hervorragend. Und obwohl ich den ganzen Tag geräumt habe und geschafft bin, strotze ich vor Energie. Das ist doch unlogisch: Auf dem Sofa war ich schlapp, wenn ich nur an die Garage gedacht habe, und jetzt, nach einem Tag Räumen, fühle ich mich topfit. Ich überlege: Habe ich nicht einmal einen Film gesehen, in dem die reizende Hauptdarstellerin ihre Oma besuchen fährt?

Ich weiß, sich vorzustellen, man sei ein Filmstar, ist wahrscheinlich wieder kein buddhistischer Weg, aber bei mir funktioniert er. Ich nehme das als Aufhelfer: Ich sauge Staub als Aschenbrödel, streiche die Küche als Julia Roberts und meine Unterlagen ordne ich als Joan Collins mit auftoupiertem Haar. Finden Sie komisch? L. auch.

HINDERNIS 4: UNRUHE

Man kommt doch zu nix. Es gibt so Tage, da weiß ich am Morgen schon nicht, wo mir der Kopf steht. Ich will vor dem Morgenspaziergang mit Schmitz noch schnell die Kaffeemaschine entkalken, während des Gassigehens bereite ich in Gedanken die Präsentation für ein neues Konzept vor, haste in die Arbeit und ärgere mich im Auto, dass ich vergessen habe, den Entkalker wieder auszuleeren. Außerdem wollte ich schon längst ein Biomittel besorgt haben oder ausprobieren, ob das mit dem Haushaltsessig auch klappt. An meinem Schreibtisch plane ich die Einkäufe für das Essen mit Jana, die heute Abend kommt, und wie ich den Besuch auf der Bank noch unterbringe. Auf dem Weg zur Bank ruft noch meine Mutter an und erinnert mich an den Geburtstag meines Opas, für den muss ich noch ein Geschenk besorgen, und Schmitz will ja auch noch eine Runde spazieren … manchmal liege ich abends in meinem Bett und komme mir vor wie ein

Hamster im Rad. Ein Schritt zu langsam und schon fliegt man kopfüber auf die Schnauze. Und morgen sollte ich mich unbedingt mit dem Versicherungsfuzzi treffen, vielleicht zwischen der Arbeit und dem Italienischkurs? Dann will ich mich abends ablenken und sehe fern, zappe aber nur herum, weil ich innerlich so hibbelig bin. Und wieso kann ich nicht schlafen? Und habe ich den Entkalker jetzt eigentlich ausgeleert?

Kennen Sie solche Tage? Wenn es dann heißt, ich soll mir Zeit nehmen, um innezuhalten, bin ich geneigt zu fragen: Wann genau, ihr Schlaumeier? Und vor allem: Wenn ich mich jetzt eine halbe Stunde hinsetze und innehalte, weiß ich genau, was passiert – ich werde hibbelig, weil ich nichts tue, obwohl es jede Menge zu tun gäbe. Ich habe das ausprobiert, mich eine halbe Stunde hinzusetzen und durchzuschnaufen. Da wurde ich fast wahnsinnig, ich habe sogar angefangen, an der Nagelhaut von meinen Fingern rumzuknibbeln.

Da das so unangenehm ist (nicht das Knibbeln, sondern das Aushalten), heißt es, lenken wir uns permanent mit anderen Dingen ab. Und werden innerlich immer unruhiger. Denn wenn wir eine Sache anpacken und loslegen, bremst uns der Gedanke an die nächste schon wieder aus. Kein Wunder, dass man da wahnsinnig wird. Das ist wie im Stau zu stecken, während man sich selbst zur Eile antreibt. Ich habe mich schon bei dem Gedanken erwischt: Ach, jetzt eine Woche krank sein, im Bett liegen, nichts tun und abschalten, das wäre himmlisch. Ich habe mir gewünscht, krank zu sein! [12] Das ist doch tatsächlich krank.

---

12 Ich bin damit anscheinend nicht allein: In Italien soll es eine Zeit lang üblich gewesen sein, dass sich vornehme Damen im Herbst eine Woche ins Bett legten und bedienen und besuchen ließen – ohne krank zu sein. Eine außerordentlich entschleunigende Sitte, die es je nach Temperament und Lebensumständen nachzumachen gilt. Weiß Frau Kathrin Kiss-Elder: www.kisselder.eu.

Am deutlichsten bemerke ich meine innere Rastlosigkeit, wenn ich von der Arbeit nach Hause komme. Da bin ich noch auf 180, meine Betriebstemperatur ist einfach viel höher als die, die normalerweise zu Hause vorherrscht. Dann stehe ich im Flur, und noch bevor ich meinen Mantel ausziehe und in die Küche gehe, sehe ich nach, ob ich nicht noch das stehen gelassene Glas aus dem Wohnzimmer mit in die Küche mitnehmen kann. Im Wohnzimmer fällt mir dann der Kabelsalat an der Steckdose auf, den L. längst auflösen wollte, und wenn ich schon auf dem Weg in die Küche bin, kann ich auch gleich diese halb tote Topfpflanze mitnehmen, um sie in der Spüle zu wässern. Wenn ich dann, immer noch im Mantel, mit einem Glas in der einen Hand und einer Topfpflanze in der anderen Hand in die Küche komme und L. zeitunglesend am Tisch sitzt, kommt mir die eine oder andere Galle hoch. So à la »Immer ich … nie du …« Sie kennen das vermutlich.

Buddha rät, sich in Meditation zu üben, um etwas gegen die Unruhe zu tun. Aber das ist nichts für mich. Ich war einmal in einem Kurs und neben mir saß ein sehr, sehr dicker Typ in hautengen Gymnastikklamotten. Ich konnte mich überhaupt nicht konzentrieren, sondern schielte die ganze Zeit aus dem Augenwinkel auf seine Oberschenkel. Ich habe aber was anderes Tolles gefunden:

Ich gehe jetzt, wenn ich aus der Arbeit komme, nicht direkt nach Hause. Auf meinem Nachhauseweg liegt ein Café im Stil der alten Wiener Kaffeehäuser. Die Wände sind hüfthoch mit dunklem Holz verkleidet, die Sessel sind schwer und aus Leder und stehen an runden, kleinen Bistrotischen aus Marmor. Die Geräusche sind gedämpft, ein älterer Herr raschelt mit der Zeitung, die Düse der Kaffeemaschine schäumt Milch auf, Kleingeld klimpert auf eine Tischplatte. Die Stimmung in diesem Café bringt mich runter, sobald mein Hintern das Leder des Sessels berührt.

Mein Blutdruck senkt sich, meine Atmung wird ruhiger, es ist, als beträte ich eine Zeitblase in einem Paralleluniversum. Ich trinke einen Martini und lasse mir den Tag durch den Kopf gehen, überlege, was ich geschafft habe, was ich auf morgen verschiebe, und schließe den Arbeitstag damit ab. Fertig. Wenn ich aus dem Café komme, sind meine Schritte entschleunigt und mir fällt auf dem Weg nach Hause auf, dass sie im Blumengeschäft frische Orchideen haben, dass der Typ, der mir entgegenkommt, mir zuzwinkert und dass der Nachbarshund schon wieder auf einem Schuh seines Herrchens rumkaut.

Dieses kleine Ritual hilft mir inzwischen auch tagsüber: Wenn ich mich rastlos fühle, lehne ich mich zurück, atme tief ein und aus und stelle mir mein Café vor. Der dunkle, große Raum mit dem Holzboden, die Kellner in den weißen, gestärkten Schürzen, die sich fast lautlos bewegen, der Geruch von Kaffee und Leder und wie sich die Eiswürfel in meinem Martini anhören, wenn sie gegen das Glas schlagen. Das beruhigt mich sofort. Danach kann ich ohne Hast überlegen, was zu tun ist, und plane ohne innere Not. Ich weiß, das ist bestimmt auch nicht buddhistisch – aber vielleicht, wenn man sich einen Yogi-Tee statt des Martinis vorstellt?

HINDERNIS 5: MISSTRAUEN/ZWEIFEL

Ich bin die Skepsis in Person. Ich habe den Zweifel sozusagen erfunden. Wäre ich damals dabei gewesen, als so ein Schlaumeier das Rad erfand, ich hätte so etwas gesagt wie:

- Meinst du nicht, dass man da zu schnell wird?

- So ein Quatsch, rollen! Als wenn Tragen so schlecht wäre.

- Die Leute werden das nicht wollen, das sieht zu komisch aus.

- Und wie fühlen sich jetzt die ganzen Vierecke?

Sie verstehen, was ich meine? L. leidet unter meinen Zweifeln, ich zweifle ja schließlich nicht leise, das macht ja nur halb so viel Spaß. Mit der Planung meines Geburtstags hätte ich ihn zum Beispiel fast in den Wahnsinn getrieben:

L: »Wie möchtest du eigentlich deinen Geburtstag feiern?«
Ich: »Ich will ein Riesenfest machen!«
L: »Okay.«
Ich: »Oder lieber doch eine kleine Runde? Dann gibt es auch nicht so viel vorzubereiten …«
L: »Okay.«
Ich: »Obwohl, wenn jeder was mitbringt, könnte es gehen. Aber dann muss es ein Wochenende sein und nachfeiern finde ich blöd.«
L: »Okay.«
Ich: »Allerdings kann Jana an meinem Geburtstag eh nicht, dann vielleicht doch Wochenende? Oder Wochenende und kleine Runde? Aber dann ist bestimmt der Rest beleidigt. Oder wir feiern gleich woanders, nicht zu Hause.«
L: »Okay.«
Ich: »Aber das wird ziemlich teuer … und außerdem: wo? Das Einstein kommt nicht infrage, das Margaritas hingegen, das ginge, aber da ist das Essen nicht so toll. Vielleicht doch besser zu Hause?«
…

Ich kann so was stundenlang. Fragen Sie L. Und je mehr ich über eine Situation nachdenke, desto schwieriger wird die Entscheidung. Von größeren Entscheidungen wie »Wollen wir aus der

Stadt aufs Land ziehen?« oder »Mache ich mich selbstständig?« will ich gar nicht erst anfangen. Ich stelle zudem nicht nur mein Tun, sondern auch das von L. infrage, anscheinend typisch für misstrauische Leute wie mich. Angeblich sind wir sehr geschickt darin, die Fehler anderer anzuprangern. Das stimmt, in meinem Fall. Ich bin eine Top-Anprangererin.

Was ich dagegen tun kann? Ich soll in mich hineinhören und meine Intuition besser erspüren. Und ihr vertrauen. Das letzte Mal, als ich meiner Intuition vertraut habe, wurden wir allerdings von unserem Vermieter spektakulär über den Tisch gezogen. Gibt es eigentlich ein Wort für Intuition, die nicht stimmt? Destuition?

Ich entdecke aber letztendlich einen Trick, mit dem man das Bauchgefühl ziemlich sicher von Zweifeln befreit: Bitten Sie Ihren Partner oder eine Freundin, so zu tun, als wolle er/sie Sie von einer der Möglichkeiten, die zur Wahl stehen, überzeugen. Sie argumentieren dagegen, stellen sich also auf die Seite Ihres Zweifels und erklären, warum die Möglichkeit eine Schnapsidee ist. Dann drehen Sie den Spieß um. Diesmal soll Ihr Gegenüber Sie von der anderen Möglichkeit überzeugen und Sie halten wieder dagegen. Sie merken sofort, auf welcher Seite es Ihnen leichter fällt. Oft reicht es eben schon, wenn jemand anders eine Entscheidung für einen fällt, damit man merkt, was man *nicht* will.

Ich bringe es wahrscheinlich nicht zur Erleuchtung. Mein spiritueller Weg ist eine sehr holprige Sache und am Wegesrand gibt es ja auch so viel zu sehen. Aber das ist das Schöne an der buddhistischen Lehre: Man kann so weit eintauchen, wie man möchte. Sie können den »Achtfachen Pfad« gehen, die »Vier edlen Wahrheiten« studieren oder einfach nur das herausziehen, was für Sie im Moment hilfreich ist. Im Hier und Jetzt. Sozusagen.

PSYCHOTRICKS

1. Lächeln, lächeln, lächeln

2. Glückstagebuch schreiben

3. Großzügig sein

4. Die kleinen Dinge genießen

LÄCHELN, LÄCHELN, LÄCHELN

Alles, was zählt, ist der Augenringmuskel. Welcher das ist? Das ist der, von dem man so tolle, strahlenförmige Falten an den Augen bekommt. An die 17 Muskeln spielen im Gesicht zusammen, um das mimische Meisterwerk Lächeln zu bewältigen, und an die 20 verschiedene Arten des Lächelns sind schon offiziell gezählt worden. Ich glaube allerdings, es gibt viel mehr verschiedene Lächeln, zum Beispiel:

- Das Lächeln, das man auf Familienfotos aufsetzt.

- Das Lächeln, wenn man bei etwas ertappt worden ist.

- Das Lächeln, wenn man jemandem, dem man gerade vorgestellt wurde, signalisieren möchte: Heirate mich!

- Das Lächeln, wenn Papa mal wieder seinen Witz erzählt.

- Das Lächeln, wenn man kleinen Kätzchen beim Spielen zusieht.

- Das Lächeln, mit dem man eine Bedienung auf sich aufmerksam zu machen versucht.

- Das Lächeln, mit dem man sich die Wohnung eines Bekannten ansieht, die man grässlich findet, während man »Schön, schön« sagt.

- Das Lächeln von Touristen, während Einheimische in ihrer Sprache stetig auf sie einreden und sie kein Wort verstehen.

- …

Um zu wissen, ob ein Lächeln echt ist oder nur ein Fake, müssen Sie auf die Augen achten. Wenn die ein bisschen zusammengekniffen werden, wenn es zur Fältchenbildung kommt und die obere Hälfte der Wangen sich etwas nach oben verziehen, dann ist es echt. Ich habe das hier mal grafisch festgehalten:

Fake   Echtes Lächeln

Wenn wir echt lächeln, setzen wir Endorphine frei, die Glückshormone. Körpereigene Drogen. Die künstliche Entsprechung
der Endorphine sind Morphium, Heroin und Opium. Toll, was
der Körper alles kann, oder? Und man muss nur lächeln. Das
Fake-Lächeln löst jedoch nichts aus, nada, niente. Echt zu lächeln
bedeutet nur, dass die richtigen Muskeln mitwirken müssen, nicht,
dass Sie sich tatsächlich über irgendetwas freuen müssen.

Das gefakte Lächeln wiederum, weiß Wikipedia, wurde 2006 von
dem Emotionsforscher Dieter Zapf analysiert. Der fand heraus,
dass das erzwungene Lächeln, bei dem man seine tatsächlichen
Emotionen unterdrückt, kurzfristig zu Kreislaufveränderungen
und auf Dauer zu Stress und Krankheiten wie Depressionen
führt. Also seien wir nachsichtig, wenn der Mann hinter dem
Postschalter uns die kalte Schulter zeigt: Er tut nur etwas für seinen Kreislauf.

Während ich das lese, ziehe ich probehalber die Mundwinkel
nach oben. Jetzt noch die Augen zusammenkneifen – ich merke
gar nix. Machen Sie das auch gerade? Und? Da kommt man sich
vor wie ein Depp, oder?

Der buddhistische Mönch Ajahn Brahm[13] beschreibt in seinem
Buch *Die Kuh, die weinte*[14] das »Zwei-Finger-Lächeln.« Ajahn
Brahm hatte von seinem Meditationslehrer die Aufgabe bekommen, sich morgens im Spiegel anzulächeln. Brahm wandte
ein, dass er sich am Morgen nicht einmal im Spiegel betrachten
möchte, geschweige denn das, was er da zu sehen bekäme, an-
lächeln könne. Der Lehrer wusste aber eine Lösung: das Zwei-

---

13 Ein englischer Physiker. Keine Ahnung, warum die sich immer so paranormale Namen geben müssen.
14 Ajahn Brahm: *Die Kuh, die weinte. Buddhistische Geschichten über den Weg zum Glück*, Lotos
Verlag 2006.

Finger-Lächeln. Dazu schiebt man einfach mit den Zeigefingern seine Mundwinkel nach oben. Brahm tat, wie ihm geheißen, und legte am nächsten Morgen seinem nicht ganz taufrischen Angesicht die Finger in die Mundwinkel. Über das, was er da im Spiegel sah, musste er dann tatsächlich grinsen. Und so lächelten sich sein Spiegelmönch und er plötzlich wirklich an. Zwei Jahre lang machte er das jeden Morgen und es ist ihm, wie meine Mutter sagen würde, »irgendwann geblieben«. Suchen Sie den ruhig mal per Bildersuche im Internet: Sie werden kaum ein Foto finden, auf dem der Gute nicht über beide Ohren grinst. Klingt nicht nach einer schwierigen Übung, oder? Tja. Ich hab das dann probiert.

Ich bin nicht das, was man einen »Frühmensch« nennen kann. Am ersten Morgen vergesse ich die Übung komplett. Am zweiten Morgen tue ich so, als hätte ich sie vergessen. Am dritten Morgen stütze ich mich mit beiden Armen auf das Waschbecken, lehne mich nach vorne und sehe meinem Spiegelbild tief in die Augen. Ich sehe Augenringe, die bis zu den Kniekehlen gehen – da gibt es nichts zu lächeln. Ich lege Zeige- und Mittelfinger meiner Rechten in die Mundwinkel und schiebe sie nach oben. Wie ein Vollidiot, finde ich. In dem Moment steckt L. seinen Kopf zur Badezimmertüre herein: »Brauchst du noch la... – was machst du denn da?«

Ich drehe mich zu ihm: »Sch läschle«, sage ich mit den Fingern in den Mundwinkeln.

»Bezaubernd«, findet L. und schließt schnell wieder die Tür.

Morgens wird das nichts mit uns, also mit meinem Spiegelbild und mir. Den Feind lächle ich nicht an, den beschmiere ich mit Anti-Falten-Creme, das muss reichen. Ich verlege das Projekt auf abends. Nach dem Zähneputzen. Und ich sperre die Badezimmertüre ab, weil es L. himmelangst wird, wenn er mich grinsend vor dem Spiegel antrifft. Ich rufe mir eine Szene ins Gedächtnis, die mir das Lächeln erleichtert. Zum Beispiel jene, als L. in unserem Wohnzimmer einen Striptease für mich hinlegte, weil er beim Pokern verloren hatte. Oder wie mir letztes Jahr Jana volltrunken ihre immerwährende Freundschaft beteuerte und dabei auf eine Flasche Barolo schwor. Und aus Versehen nicht drei Finger zum Schwur erhob, sondern nur den Mittelfinger. Da bringe ich doch ein schönes Lächeln zustande. Ich versuche auch, über den Tag verteilt öfter zu lächeln. Vom Lächeln in der Öffentlichkeit habe ich allerdings etwas Abstand gewonnen, das wird oft missverstanden. Da fühlen sich plötzlich wildfremde Männer aufgefordert, mich anzusprechen, der *Wachturm*-Zeuge geht mir freudig entgegen und der Punk, der sich aus der Menge Leute auf der Straße einen zum Anschnorren heraussucht, hat mich im Visier, weil er mich mit meinem doofen Grinsen sogleich als das schwächste Glied in der Kette ausmacht. In der Arbeit kommt mein Lächeln auch nicht so gut an. Meine Kollegin Frau Drösel fragt mehrmals: »Ist alles in Ordnung?«, und sieht mich an, als hätte ich nicht mehr alle Tassen im Schrank. Derweil ist sie es, die nicht mehr alle Tassen im Schrank hat.

Wenn ich künstlich lächle, mit Augenringmuskel und allem, dann stellt sich das gleiche Gefühl ein wie kurz nach einem »echten« Lächeln, also einem mit Grund. Bei einem echten Lächeln klingt der Auslöser der Freude noch ein bisschen in einem nach, das ist bei der Lächelübung nicht so. Es ist ein bisschen wie Wellenreiten im Badesee. Es ist schön, man wird nass und so, nur die Wellen fehlen.

GLÜCKSTAGEBUCH SCHREIBEN

Ein Glückstagebuch soll mich glücklicher machen. Sonst hieße es ja auch nur Tagebuch. Oder Depri-Buch. Oder So-lala-Buch. Es wird mir von allen Glücksforschern wärmstens ans Herz gelegt, weil ich dadurch meine Wahrnehmung auf Glück eichen kann. Das ist so wie mit den Kinderwägen. Man überlegt sich, ob man in diesem Leben noch Kinder bekommen möchte, und plötzlich fahren auf den Bürgersteigen 300 Prozent mehr Kinderwägen herum als sonst. Oder man ist noch klein, hätte gerne einen Hund und bekommt keinen. Dann ist die Welt voller Hunde – und alle anderen haben einen. Das ist wie ein Tunnelblick, da werden wir geeicht drauf. Und mit den Glücksgefühlen geht das angeblich genauso. Wenn ich meine Aufmerksamkeit täglich in ihre Richtung lenke, dann verändere ich meine Wahrnehmung so, dass ich viel öfter automatisch diesen ausgelatschten Weg zu den Glücksgefühlen gehe, innerlich. Dazu muss ich jeden Tag mindestens drei Glücksmomente in mein Tagebuch schreiben. Da sind wir beim Problem Nummer eins: Ich habe kein Tagebuch. Ich habe das ein paarmal versucht anzufangen, weil mir irgendwie das Halbwissen suggeriert wurde, dass das eine gute Sache ist. Aber im Endeffekt wollte ich nur ein hübsches Büchlein haben, in einem Café sitzen und in schöner Schrift mit einem Tintenfüller recht attraktiv darin herumschreiben. Ich wollte es hübsch verzieren mit Sachenreinkleben und so. Leider habe ich aber schnell bemerkt, dass meine täglichen Gedanken und Erlebnisse nicht so recht zu dieser romantischen Kulisse passen wollten. Wenn man auch noch so adrett an einem Marmortischchen sitzt, Sätze wie: »Liebes Tagebuch, mir ist heute L. aber so was von auf die Nerven gegangen, dass der auch überall seine Socken rumschmeißen muss! Jana hat sich übrigens einen lila Vibrator gekauft«, holen einen recht schnell aus der Filmkulisse zurück in die Realität. Wikipedia weiß, dass die hier auch alle Tagebuch schrieben: John Lennon, Kurt

Cobain, Rudi Dutschke, Max Frisch, André Gide, Joseph Goebbels, Johann Wolfgang von Goethe, Ernst Jünger, Franz Kafka, Thomas Mann, Anaïs Nin, Leo Tolstoi, Anne Frank, Virginia Woolf und noch ein paar andere. Ich habe die Tagebücher von Virginia Woolf gelesen,[15] da steht nicht ein einziges Mal: »Dass Leonard immer seine Socken rumliegen lässt, macht mich noch wahnsinnig.« Auch kein Wort von Vibratoren oder Ähnliches. Ich möchte das an dieser Stelle unbedingt festhalten: Ich möchte *nicht*, dass meine Versuche eines Tagebuchs nach meinem Tod veröffentlicht werden. Auch im Interesse potenzieller Leser.

Also, fangen wir an. Als Glückstagebuch muss ein altes Moleskine-Notizbuch herhalten, in dem ich mit 15 schon mal Tagebuch führen wollte. Auch da habe ich nur zehn Seiten lang durchgehalten, und die beschäftigten sich ausschließlich mit zwei Themen:

1. Sascha Probst liebt Karina und nicht mich.

2. Meine Mutter ist anscheinend recht anstrengend während meiner Pubertät.

Diese Seiten überblättere ich und fange an. GLÜCKSTAGEBUCH schreibe ich auf Seite elf. Dann lege ich das Buch weg und vergesse es für eine Weile. Falls Sie auch so eine Spezialistin im Verdrängen sind: Legen Sie das Ding einfach auf den Nachttisch neben das Bett. Und einen Kuli dazu.

Die Glücksmomente von heute, 14. März:

•   Die Sonne hat heute das erste Mal nach dem Winter mein Gesicht gewärmt.

---

15   Virginia Woolf: *Gesammelte Werke: Tagebücher*, 5 Bde., Bd. 1, 1915–1919; Fischer Verlag 1994.

- L. hat mir heute Morgen einen Zettel mit einem Herz auf dem Küchentisch hinterlegt.

- Frau Drösel hat sich den Arm gebrochen und ist eine Woche krankgeschrieben.

Darf man sich darüber freuen, dass sich jemand den Arm gebrochen hat? Das gibt doch bestimmt Karmapunkte-Abzug. Aber ich freue mich ja nicht über den Bruch an sich, sondern über ihr Zuhausebleiben. Und da freut sie sich selbst bestimmt auch drüber, wir freuen uns quasi gemeinsam. Fantastisch, wie man sich immer alles zurechtlegen kann.

Glücksmomente, 15. März:

- Bei meiner Zugfahrt nach Schweinfurt waren meine insgesamt drei Anschlusszüge pünktlich.

- Aus Schweinfurt abfahren.

- Dass L. für mich abends extra zur Tankstelle gegangen ist, um mir ein kaltes Bier zu holen.

Was übrigens bei Partnern gar nicht gut ankommt, ist, wenn Sie gerade eine hervorragende Sexszene im Bett hinter sich haben und dann, noch rot im Gesicht, zu Ihrem Nachttisch robben, um das in Ihr Glückstagebuch zu schreiben. L. fühlt sich da, als würde er benotet. Vor allem sollten Sie mal sein Gesicht sehen, wenn wir Sex hatten und ich dann *nicht* zum Glückstagebuch greife.

Ich mache das jetzt schon ein halbes Jahr, jeden Abend schreibe ich mindestens drei Dinge auf. Und wenn ich abends blättere, um die nächste leere Seite zu finden, und ein paar Einträge lese, freue ich mich gleich noch mal. Es gibt einige magische Momente, die hätte ich sonst schon längst wieder vergessen. Zum Beispiel die Nacht, in der ich nicht schlafen konnte und mich auf den Balkon setzte, um die Sterne zu beobachten. Und Schmitz sich neben mich setzte und mit beobachtete. Oder als der Polizist bei der Verkehrskontrolle auf das Buch auf meinem Beifahrersitz deutete und wir eine nette Unterhaltung über Lyrik zustande brachten, während er meinen Strafzettel schrieb. Oder als L. mich in der Agentur mit Sushi und Weißwein überraschte, als ich die halbe Nacht durcharbeiten musste. Und wie wir das Essen dann auf dem Dach bei Vollmond verzehrt haben. Ob die ganze Schreiberei mich jetzt mehr glückliche Momente erleben lässt, kann ich schwer sagen. Ich glaube nicht. Aber meine Wahrnehmung hat sich ganz deutlich verändert. Inzwischen denke ich mir in einem glücklichen Augenblick immer: Ach, wie schön, was für mein Tagebuch.

GROSSZÜGIG SEIN

Großzügig zu sein, liegt mir nicht so. Ich bin da wie ein bekannter Internetanbieter: Drei, zwei, eins … meins. Für immer. Ich gebe nichts gerne wieder her: Jeans, die mir das letzte Mal als Fötus gepasst haben, Exfreunde, Möbel oder Straßenkatzen. Weggeben ist für mich wie aufgeben, da ist es nicht weit bis zu Verlust, Armut, Verfall und Tod. Geld spenden kann ich hingegen wie Bill Gates. Nicht so viel, aber so gerne. Weil ich überweisen kann und das Geld somit nicht reell existent ist, sondern eine Zahl auf dem Konto. Das geht. Aber Geld, das ich physisch in der Hand halte, wegzugeben – da jammere ich wie eine Mutter, die ihr Kind das erste Mal in die Krippe gibt. Die Miete für unsere letzte Wohnung beispielsweise, die mussten wir unserer Vermieterin monatlich bar in die Hand geben. Obwohl die Miete günstig war, habe ich unsere Vermieterin allmählich gehasst dafür. Nach einer unschönen Szene, in der ich um ein Haar die Scheine nicht losgelassen hätte, erledigte L. diese Übergaben.

Wenn mich jemand auf der Straße anschnorrt, kommt sich diese Eigenschaft ins Gehege mit zwei anderen liebenswerten Eigenschaften: Empathie und »Nicht-Nein-sagen-Können«. Dieser Konflikt geht mir so auf den Keks, dass ich auf den Schnorrer sauer bin, noch bevor der den Mund aufgemacht hat. Das Problem ist aber nicht der Schnorrer, das Problem bin ich. Wann bin ich denn überhaupt großzügig? Okay, Spenden: One point. Und sonst? Wenn im Supermarkt jemand mit einem Brot oder Waschmittel hinter mir steht, dann lasse ich den vor. Aber das macht jeder, oder? L. findet, ich gehe großzügig mit meiner Zuneigung um. Die verteile ich, als bekäme ich was dafür. Und ich bekomme ja auch was dafür: Sie wird erwidert.

Ich beschließe, am nächsten Samstag während meines Bummels durch die Stadt jedem, der mich danach fragt, Geld zu geben. Mal sehen, ob sich da eine glückliche Regung zeigt. Damit wir uns richtig verstehen: Kleingeld. Ich suche die 1-, 2- und 5-Cent Stücke aus dem Topf auf der Anrichte, aber L. klärt mich auf, dass alles unter 10 Cent nicht geht. Komisch, denke ich, dass Geld zu wenig sein kann, um es geschenkt zu bekommen. Am nächsten Morgen verstaue ich das Kleingeld in meinen Hosentaschen und fahre in die Stadt.[16] Während ich mit dem Auto die relevanten Straßen auf der Suche nach einem Parkplatz abfahre, passieren zwei Dinge:

---

16 Um das klarzustellen: Ich fahre normalerweise immer mit dem Fahrrad in die Stadt, das ist aber leider gerade kaputt. L. richtet es angeblich »demnächst«. Demnächst, habe ich gelernt, ist keine konkrete Zeitangabe, sondern bedeutet nur so viel wie »nicht jetzt«.

- Ein dicker Mercedes fängt an, vor mir auszuparken, und hinterlässt eine genügend große Parklücke, sodass sogar ich reinkomme.

- Mir fällt die Übung zu Großzügigkeit im Buddha-Buch ein: Die rät, ganz bewusst einen frei werdenden Parkplatz dem Autofahrer nach mir zu überlassen und mich zu freuen, Großzügigkeit üben zu können.

In einer Art geistiger Kurzschlussreaktion überlasse ich tatsächlich dem roten Golf Cabrio hinter mir den prächtigen Parkplatz. Was soll ich sagen – der Arsch bedankt sich noch nicht einmal! Ich freue mich ü-ber-haupt nicht, ich bin stocksauer! Wie blöd ist das denn: Am Samstagvormittag in der Stadt einen Parkplatz zu verschenken. Wahrscheinlich hat der sich gedacht, ich blindes Huhn habe den Parkplatz nicht gesehen! Ich habe gute Lust auszusteigen und dem Idioten ordentlich die Meinung zu sagen, nämlich, dass er diesen Parkplatz ausschließlich meiner grenzenlosen, beschissenen Großzügigkeit zu verdanken hat! Aus Rache an der Welt gehe ich in der Stadt als Erstes einen Kaffee trinken und bezahle ihn aus der Kleingeldtasche. Die erste Gelegenheit, Geld loszuwerden, kommt auf der Terrasse des Cafés auf mich zu. Eine kleine Punkerin mit ihrem Hund. Der Hund hat die bessere Frisur. »Haste vielleicht mal 'ne Mark?«

»Mark? Die gibt's doch gar nicht mehr«, wundere ich mich. »Na dann n' Euro.« Und das finde ich jetzt echt viel. »Ein Euro? Das sind ja zwei Mark!«

»Na wenn's Mark nicht mehr gibt, sind das auch keine zwei Mark.« Ich suche mit meiner Hand in der Hosentasche und fische ein 50-Cent-Stück heraus. »Verbindlichsten«, sagt sie und geht mit meinen hart erarbeiteten 50 Cent davon. Ich horche, was sich da regt in mir. Dieses Gefühl, das sich da in mir rührt, kenne ich. Das ist kein Glücksgefühl, das ist waschechte Trauer.

Der Nächste, dem ich Geld geben kann, ist ein Straßenmusiker. Ein junger Typ mit schwarzen Locken und Gitarre, vor ihm sein geöffneter Gitarrenkoffer mit blauem Samt ausgeschlagen. Sieht hübsch aus, Münze auf blauem Samt. Der Typ auch. Drei, vier Leute bleiben stehen, gehen weiter, es kommen neue und ich stelle mich dazu. Besser, ich höre ein bisschen zu, bevor ich mein Geld reinschmeiße, dann ist das mehr eine Würdigung seiner Künste als ein Almosen. Nach zwei Liedern krame ich nach ein paar Münzen und trete vor, um sie in den Koffer zu werfen. Ich stehe nicht gern im Mittelpunkt. Ich bin lieber eine reizende Randerscheinung. Deswegen ist es mir auch wahnsinnig unangenehm, vor dem Gitarrenkoffer auf dem Boden zu knien und die einzelnen Münzen, die nach meinem schwungvollen Wurf rausgesprungen sind, aufzuklauben und etwas vorsichtiger wieder hineinzulegen. Mit rotem Kopf gehe ich rückwärts auf meinen Platz und stelle mich zwischen die anderen Zuhörer. Der Typ schaut mir jetzt beim Singen oft in die Augen. Blöd: Er sieht nicht so gut aus, dass mir das gefallen könnte, es ist mir eher peinlich. Als er dann »Killing me softly« anstimmt, verlasse ich fluchtartig das Geschehen.

Als Nächstes laufe ich fast ungebremst in eine kleine, dicke Frau mit Kopftuch, die ein Kleinkind auf dem einen Arm trägt und mir den anderen entgegenstreckt. »Fir Kind, bittä.« – »Moment«, antworte ich und suche nach dem Kleingeld. Schön: Ich habe kein negatives Gefühl, ich bin in keinem Dilemma. Ich versuchte nicht, ihr aus dem Weg zu gehen, und überlege auch nicht, wie ich Nein sagen kann. All das, was mich am Schnorren so nervt, fällt weg. Während sie vor mir steht, geht eine ältere Dame an uns vorbei, so eine mit anliegender grauer Dauerwelle, und sagt eben laut genug, dass wir es hören können: »Das ist doch alles eine Mafia!« Die Frau mit dem Kopftuch und ich, wir gucken beide betreten.

Am Eingang zur U-Bahn steht ein Verkäufer der Obdachlosenzeitung. Da weiß ich nie, ob es unhöflich ist, nur das Geld zu geben und auf die Zeitung zu verzichten. Sie interessiert mich nicht und es ist eine Verschwendung, wenn ich sie fast ungelesen entsorge. Andererseits hat der Verkäufer vielleicht ein besseres Gefühl, wenn er etwas verkauft und nicht durch mein Ablehnen seiner Ware zum Bettler wird. Oder ist er froh, meine Zeitung noch mal verkaufen zu können?

Am Ende meiner Tour durch die Stadt setze ich mich auf eine Bank auf einem Grünstreifen und resümiere.

• Menge an gespendetem Kleingeld: 9 Euro, 20 Cent

• Glücksgefühle: Null

• Anderweitige Gefühle: Trauer, Scham, Fremdschämen, Mitleid, Unsicherheit

Miserable Glücksbilanz. Während ich grüble, setzt sich eine alte Frau mit ihrem Dackel neben mich. Alte Leute haben ja eine Art, einen in Gespräche zu verwickeln, die ist unschlagbar. Ich glaube, die machen da Kurse im Altenheim. Die fangen einfach an zu reden! Auch wenn man mit dem Rücken zu ihnen sitzt, einen Kopfhörer aufhat und tief schläft. Völlig egal, die fangen trotzdem an. Das ist natürlich auch gleichzeitig so rührend, dass man brav die Augen öffnet, den Kopfhörer abnimmt, sich ihnen zuwendet und im Dreivierteltakt nickt. Die Oma mit dem Dackel berichtet ihrem Hund über das Telefonat mit ihrem Sohn gestern, dabei dreht sie sich geschickt in Position, und dann erzählt sie mir das Ganze noch mal. Der Dackel, der Glückliche, rollt sich ein und pennt, und ich mache seinen Job und höre zu. Als wir bei der 9. Klasse Gymnasium des Sohnes sind (der Sohn, Herrmann, ist Anfang 60), denke ich noch: »Wie komme ich hier weg?« Ich sehe mich nach Alternativpassanten um, aber niemand setzt sich zu uns. Kurz vor dem Abitur von Herrmann (Notendurchschnitt 1,3) überlege ich einfach aufzustehen und zu gehen. Kurz und schmerzlos. Nein, das geht nicht. Ich kann doch die Dackel-Oma nicht so sitzen lassen, da müsste ich ja selbst heulen. Während ich in Gedanken bei all dem bin, was ich heute Vormittag noch erledigen muss, höre ich: »Aber ich will Sie nicht mit meinen Geschichten aufhalten, Sie sind bestimmt in Eile, Schätzchen.« Ach, Dackel-Oma. Nein, ich bin nicht in Eile. »Da können Sie aber sehr stolz sein auf Ihren Herrmann, das ist ja ein hervorragender Abschluss«, antworte ich und die Oma strahlt. Wie ein Vögelchen sieht sie aus. Wie meine Oma.

Seit ich mich dazu entschlossen habe, ihr meine Zeit zu schenken (Scheiß auf den Rotwein für heute Abend und den Blumenstrauß für L.s Mutter), bin ich ganz ruhig geworden. Und das, obwohl wir erst bei Herrmanns Studentenzeit sind, als er noch nebenbei Tram fahren musste, um sich das Studium zu finanzieren. Der innerliche Hibbel hat sich verzogen, ich lehne mich zurück, die Sonne scheint mir ins Gesicht und der Oma und dem Dackel auch. Es riecht nach Frühling. Ich freue mich darüber, wie stolz sie auf ihren Herrmann ist, wie ihre Augen leuchten, und fühle mich tatsächlich glücklich. Nicht weil ich weiß, dass Herrmann dann doch noch geheiratet hat (Ingrid, eine Schwäbin!), sondern weil ich der Dackel-Oma durch mein Zuhören die Möglichkeit gegeben habe, alles Schöne noch mal zu erleben.

DIE KLEINEN DINGE GENIESSEN

Das sagt sich immer so leicht. Wenn ich das höre, denke ich an dieses Foto, das in allen Frauenzeitschriften gezeigt wird, sobald es darum geht, sich selbst etwas Gutes zu tun: Eine Badewanne, Teelichter und Rosenblätter auf dem Rand, darin eine Frau mit hochgestecktem Haar, die sich genussvoll im Schaumbad räkelt. Darunter steht dann, in was man baden muss, das ist meistens irgendein Lavendel-Aloe-Bio-Kräuterbutter-Öl. Rückfettend und tiefenentspannend. Da ich ja durchaus empfänglich bin für solche Bilder, stehe ich am nächsten Tag in einem hübschen kleinen Laden, in dem sich Fläschchen mit bunten Flüssigkeiten, Salzen und Kugeln in allen Farben tummeln. Ich entscheide mich für eine Gesichtsmaske und ein Ölbad mit Rosenduft, das meine Cellulitis babyweich machen wird, und einen Naturschwamm nehme ich auch noch gleich mit. Wenn ich erst mal in der Wanne sitze, kann ich mir den dekorativ im Nacken ausdrücken. Sogar Rosenblätter besorge ich, es soll genau so werden, wie ich das im Kopf habe.

Am Sonntagabend ist es so weit: Ich habe ein *Date mit mir selbst*, so heißt das unter uns Spa-Spezialisten. Ich lege eine Zeitschrift auf die Ablage, wo auch die Shampooflaschen stehen, verteile Teelichter und Rosenblätter auf dem Badewannenrand und lasse das dampfende Wasser ein. Mit Rosenölbad. Es schäumt leider nicht, dafür riecht es ganz gut. Sehr hübsch sieht das aus. Mit hochgestecktem Haar steige ich in die Wanne, liege ein bisschen herum und fahre mit dem Naturschwamm die Arme und Beine auf und ab. Das macht aber nur kurz Spaß. Ich angle mir die Zeitschrift und fange mit zusammengekniffenen Augen zu blättern an, Teelichter machen ja gar nicht so viel Licht, wie man glaubt. Mit dem Ellbogen stoße ich aus Versehen eins von ihnen auf den Boden, der Badvorleger ist jetzt voller Wachs, zum Glück hat er nicht Feuer gefangen. Erleichtert lege ich mich zurück. Während sich die Haarspange in meinen Hinterkopf bohrt, bemerke ich, wie die Körperteile, die nicht im warmen Wasser liegen, recht zügig erkalten. Unangenehm ist das und ich gebe dem Drang nach, einen Arm ins Wasser zu tauchen. Die nasse Hand befeuchtet sogleich den rechten Teil der Zeitschrift, sodass die sich nicht mehr blättern lässt. Es wird kühler im Wasser. So richtig entspannend finde ich das nicht, denke ich und schubse ein paar verschrumpelte Rosenblätter ins Wasser. Dann wird es doch noch recht aufregend: Haben Sie jemals versucht, Badeöl aus Ihren Haaren zu kriegen? Da können Sie sich dreimal den Kopf mit Shampoo waschen, es sieht immer noch so aus, als würden Sie am Miss-Fettige-Haare-Wettbewerb teilnehmen. Und gewinnen. Wenn Sie dann aus der Wanne steigen und mit Handtuch auf dem Kopf so richtig in Fahrt sind, können Sie gleich weitermachen und versuchen, den Ölfilm, in dem Ihre ganzen abrasierten Beinhaarstoppeln kleben, vom Badewannenrand zu entfernen. Und erschrecken Sie nicht über die blutigen Stellen überall an Ihrem Körper: Das sind nur die matschigen Rosenblätter, die an Ihrer Haut bippen. So genervt bin ich noch nie aus dem Bad gekommen.

Im Wohnzimmer sehe ich L. mit einem Glas Wein auf dem Sofa lümmeln, er guckt *Tatort* und tätschelt Schmitz den Kopf, der gebannt das Geschehen im Fernseher verfolgt. Ein Bild der Harmonie und des Friedens. Irgendwas läuft hier falsch.

Nach der Badewannenpleite sehe ich ein, dass mir die Bilder von außen überhaupt nichts bringen. Ich kann getrost auf eine Massage mit heißen Steinen verzichten, auch wenn das anscheinend die Krönung eines jeden Verwöhnprogramms ist. Ich will auch kein Frühstück im Bett, ein Inbegriff deutscher Wohlfühlkultur. Bei dem Gewackel fällt nur der Kaffee um, die Toastbrösel landen im Bett und der Honig tropft aufs Seidenhemdchen. Ein Tisch ist ein sehr guter Platz, um zu essen, Punkt. Auf dem Tisch hingegen wollen die Leute dann gerne Sex haben – wahrscheinlich, weil das Bett voller Toastkrümel ist.

Es dauert ein paar Tage, bis ich auf ein paar kleine Dinge stoße, die ich wirklich, wirklich genieße. Ich komme darauf, indem ich an Sachen denke, die mich stören und die ich gerne ändern möchte:

1. Bettsocken. Solange ich denken kann, habe ich beim Ins-Bett-Gehen kalte Füße. Ich schlupfe ins Bett und reibe meine Eisfüße: am Betttuch, aneinander und an L. Es ist ein Elend mit meinen kalten Füßen, aber ich habe das immer als gegeben hingenommen. Ist ja ein Klassiker, Frauen haben kalte Füße. Um nicht 50 Euro für Kamelhaar-Angora-Kaschmir-Vollplüschsocken zu zahlen, habe ich das etwas vereinfacht und nehme als Bettsocken – Achtung, festhalten – Socken. Ganz normale Socken. Ich weiß, Bettsocken hört sich jetzt nicht nach einer großen Nummer an, aber ich freue mich ungelogen jeden einzelnen Abend, wenn ich ohne zu frieren mit meinen besockten Füßen im Bett liege.

2. Analoge Kamera. Ich habe seit Jahren eine Digitalkamera. Die sind schon praktisch, die Dinger. Aber es gibt so Sachen, bei denen ist es irgendwie schade, dass sie verschwunden sind. Mit den analogen Kameras ist das Geräusch verschwunden, das der Film machte, wenn er voll war. Dieses ächzende Jeiern. Und die Spannung, was wohl auf den Bildern zu sehen sein würde, nachdem man den gleichen Film Wochen oder sogar Monate in der Kamera hatte. Die Digitalkameras haben auch die Fotoalben dahingemeuchelt. Beziehungsweise diese Pappkartons, in denen man seine Fotos aufbewahrte, weil Fotoal-

ben spießig und doof waren. Über diesem Karton ließ sich wunderbar ein trüber Tag verbringen. Man kramte in Erinnerungen, entdeckte ein bisschen Wehmut. Auf dem Boden sitzend, ein Foto in beiden Händen, hing man Gedanken und Bekanntschaften nach. Das geht nicht vor einem Computer. Man kann nicht wehmütig klicken. Darum habe ich mir eine billige analoge Kamera gekauft. Und wenn ich die Bilder vom Entwickeln abholen gehe, ist das ein Freudentag.

3. Musik. Die Musik hatte ich fast vergessen. Sie ist im Laufe der Jahre unwichtiger geworden. Ich liege heute nicht mehr einen Nachmittag lang vor der Anlage auf dem Boden und höre ein Album so lange, bis ich es komplett mitsingen kann. Ich heule nicht mehr, nur weil meine Heulballade irgendwo läuft. Und wenn ich mich abends fertigmache, um mit L. auszugehen, springe ich auch nicht mehr zu »Girls just wanna have fun« durch die Wohnung wie ein Flummi. Wieso eigentlich nicht? Ich fand das saulustig, wie ist mir denn die Musik verloren gegangen? Wahrscheinlich irgendwo zwischen pseudointellektueller Ernsthaftigkeit, einer chronisch hängenden Mechanik der CD-Schublade in der ansonsten tadellosen Anlage und wahrscheinlich hat die Umstellung Schallplatte → CD → iPod ihr Übriges getan. Bei jeder Umstellung hatte ich weniger und weniger Lieder greifbar. Und ich wollte mich auch nicht damit beschäftigen, Musik war so unwichtig geworden. Derweil schafft Musik es, uns innerhalb von Sekundenbruchteilen traurig, melancholisch oder heiter zu stimmen – wer kann das sonst schon?

»Musik macht, dass es doppelt so weh tut, Musik macht, dass es nicht mehr so schmerzt; sie ist die Todsucht und ist meine Besinnung, wenn sie mir in die Seele fährt.« Das hat der Musiker Ingo Pohlmann gesagt. Schön, nicht? »Und wir lesen in den ältesten

Liedern unsere neuesten Träume und kommen immer wieder zu ihr zurück, um abzutauchen und Luft zu holen …« [17]

Ich mache die Probe aufs Exempel und kaufe bei iTunes sein' Laden meine Heulballade. Gucken Sie nicht so, jeder Mensch hat eine Heulballade. Welche ist Ihre? Meine ist »Hallelujah«, gesungen von Jeff Buckley.[18] Ich habe das Lied ewig nicht gehört. Was soll ich sagen, bei den ersten Klängen der Gitarre stellt es mir die Haare an den Armen auf und als seine Stimme einsetzt, habe ich schon einen Teich in den Augen. Ich singe mit geschlossenen Augen laut mit und wiege mich im Takt, wie konnte ich dieses Lied so lange nicht hören? Das Lustige ist: Ich habe keine Ahnung, was der Text in diesem Song sagen will, er ergibt für mich überhaupt keinen Sinn:

Well, I heard there was a secret chord	*Erst jetzt habe ich gehört, dass es einen verborgenen Akkord gibt, den*
that David played and it pleased the Lord	*David gespielt hat und der Gott ehrt*
But you don't really care for music, do ya?	*Aber Musik interessiert dich nicht wirklich, oder?*
Well, it goes like this:	*Es hört sich so an:*
The fourth, the fifth, the minor fall and the major lift	*Subdominante, Dominante, Moll zieht runter, Dur erhebt*
The baffled king composing Hallelujah	*Der rätselhafte König erschuf Hallelujah*
Hallelujah Hallelujah Hallelujah Hallelujah …	*Hallelujah Hallelujah Hallelujah Hallelujah …*

---

17 Ingo Pohlmann; Fliegende Fische; *Musik*
18 Das Original ist von dem großartigen Leonard Cohen.

Well, your faith was strong but you needed proof
You saw her bathing on the roof
Her beauty and the moonlight overthrew ya
And she tied you to her kitchen chair
She broke your throne and she cut your hair
And from your lips she drew the Hallelujah

Hallelujah Hallelujah Hallelujah Hallelujah …

(Yeah but) Baby I've been here before
I've seen this room and I've walked this floor, (You know)
I used to live alone before I knew ya
And I've seen your flag on the marble arch
and love is not a victory march
It's a cold and it's a broken Hallelujah

Hallelujah Hallelujah Hallelujah Hallelujah …

Well there was a time when you let me know
What's really going on below
But now you never show that to me do ya

Dein Glaube war stark, aber du brauchtest Bestätigung
Du sahst sie sich baden auf dem Dach, ihre Schönheit und der Mondschein überkamen dich
Sie hat dich an den Küchenstuhl gebunden, sie zerbrach deinen Thron und schnitt dein Haar
Und deinen Lippen entlockte sie das Hallelujah

Hallelujah Hallelujah Hallelujah Hallelujah …

Baby, ich war hier schon mal, ich kenne dieses Zimmer und bin schon hier rumgelaufen.
Bevor ich dich kannte, habe ich allein gelebt.
Ich habe deine Flagge auf dem Marmorbogen schon gesehen
Liebe ist kein Siegeszug
Es ist ein kaltes und zerbrochenes Hallelujah

Hallelujah Hallelujah Hallelujah Hallelujah …

Es gab eine Zeit, in der du mir erzählt hast, was unten wirklich vorgeht, aber du hast es mir bis jetzt nie gezeigt, oder hast du?

But remember when I moved in you
And the holy dove was moving, too
And every breath we drew was
Hallelujah

Hallelujah Hallelujah Hallelujah

Maybe there's a God above
But all I've ever learned from love
Was how to shoot somebody who
outdrew ya
And it's not a cry that you hear at
night
It's not somebody who's seen the
light
It's a cold and it's a broken
Hallelujah

Hallelujah Hallelujah Hallelujah
Hallelujah …

Ich erinnere mich, als wir uns nä-
hergekommen sind, hat sich auch
die heilige Taube bewegt und jeder
Atemstoß war ein Hallelujah

Hallelujah Hallelujah Hallelujah

Vielleicht gibt es einen Gott, aber al-
les, was ich von der Liebe je gelernt
habe, war, wie ich auf jemanden
schieße, der dich nicht ehrt
Es ist kein Schrei, den du nachts hö-
ren kannst
Es ist niemand, der das Licht gese-
hen hat
Es ist ein kaltes und zerbrochenes
Hallelujah

Hallelujah Hallelujah Hallelujah
Hallelujah …

Bekloppt, oder? Aber ich singe inbrünstig von Küchenstühlen und vom Haareschneiden und bin sehr bewegt davon. Kleiner Tipp: Fall Sie auch Ihre alte Heulballade suchen, um sie laut mitzusingen, tun Sie das nicht in Ihrem Büro. Bei Frau Drösel zumindest kam meine Gesangseinlage nicht so gut an.

Seitdem ist mein Zuhause musikfreundlicher geworden. Es gibt wieder Lautsprecherboxen im Schlafzimmer und eine Fernbedienung für die Anlage, damit man zum Einschlafen (und zum Knutschen) Musik hören kann. Die Mechanik der CD-Schublade ist repariert und im Bad steht ein Kassettenrekorder mit meinen alten Mixkassetten. Das ist immer wieder eine Überraschung, was da alles drauf ist. Während des Saubermachens oder Kochens gibt es nichts Besseres als Motörhead auf Brüll, da durchstoße ich

mit dem Staubsauger fast die Bodendielen. Vielleicht finden Sie
Bettsocken doof, analog Fotografieren sowieso und auch Motörhead kann Ihr Herz nicht erfreuen – da sind Sie nicht alleine. Jeder hat andere kleine Dinge, die ihn glücklicher machen können.
Eine kleine Umfrage unter Freunden ergab diese Kleinigkeiten,
die ihren »Besitzern« Freude bringen – Sie dürfen sie gerne mit-
benutzen:

Brot selber backen / trotz ästhetischer Bedenken einen Fußsche-
mel unter den Schreibtisch stellen / blühende Blumen im Haus
haben / in einer Kirche beten / im Sommer eine Sprühflasche
mit Wasser in den Kühlschrank stellen und sich ab und zu ins Gesicht sprühen / nur bequeme Schuhe tragen / die Frühstückseier
mit Filzstift verzieren / ein Frühstücksei mit einem Filzstift-Herz
bekommen / wenn der Wohnraum auf zwei Stockwerke verteilt
ist: einen zweiten Staubsauger kaufen und sich beim Saugen freu-
en, dass man das schwere Ding nicht nach oben respektive unten
tragen muss / Kätzchen beim Spielen zusehen / Milchshakes
wiederentdecken / manchmal mit einer Perücke auf die Straße gehen / Strawberry-Cheesecake-Eis von Häagen-Dazs / in
ein frisch bezogenes Bett legen / Saunagänge / Sonne im Gesicht / tanzen / wenn die Rosen, die man so pflegt, im Frühjahr
die ersten Knospen bekommen / nur weiche Sachen anziehen /
eine Wanderung durch den Wald / in einer schönen Bibliothek
sitzen / mit Kreide ein Gedicht auf die Straße schreiben und
dann die Passanten beobachten / jemandem einen Kuchen backen / ein Instrument lernen / Bonbons in den Jackentaschen
von Freunden verstecken / sich bei einer Veranstaltung vorstellen, man müsse gleich eine Rede halten, sich in ein schönes
Lampenfieber hineinsteigern und dann freuen, dass man sich das
nur eingebildet hat / ein Stück Blech an die Außenmauer unter
das Schlafzimmerfenster dübeln und sich freuen, wie das klingt,
wenn es regnet.

ICH BIN DANN MAL WALLFAHREN

Man muss nicht mehr auf den Knien durch die Altstadt von Altötting rutschen, um wallzufahren. Der Trend geht zur Pilgerreise im schönen Südfrankreich oder im pittoresken Nordspanien. »Ich bin dann mal weg«, sagte Hape Kerkeling und machte damit den Jakobsweg zum Treffpunkt für Schwaben und alle, die so aussehen. Ein Wanderweg mit Sinn-des-Lebens-Patina.

Auch Lourdes kann mich nicht begeistern, ich würde mehr die Inbrunst der echten Pilger besichtigen als die Gottesmutter in ihrem Höhlenloch. Nach Mekka darf ich nicht, was an und für sich die Sache natürlich reizvoll macht, aber auch nicht ungefährlich. Die verstehen da ja keinen Spaß mit ihrer Religion. Auch verspüre ich kein Bedürfnis, mich den gläubigen Elvis-Anhängern anzuschließen, um nach Graceland zu pilgern, oder Teil der größten Wallfahrt der Welt zu sein (20 Millionen Pilger jährlich), die in Guadalupe, Mexiko, stattfindet. Das muss man sich mal vorstellen: Da fahren jedes Jahr 20 Millionen Christen in einen Vorort von Mexiko-Stadt, weil einem Indio im Jahr 1531 dort angeblich die Mutter Maria erschienen ist!

Ebenfalls in Mexiko gibt es die Tradition der Huicholes, ein Volk von Bergbauern, die jährlich eine Gesandtschaft auf eine 550 Kilometer lange Reise schicken, um eine Ration Peyote-Kakteen zu besorgen. Die Wirkung der Kakteen wird so beschrieben: Man sieht intensive Farben und kristallklar, man sieht geometrische Formen

98

und Objekte, bunte Feuerräder, Ströme farbigen Lichts, Funken wie Edelsteine. Man hört Musik, fühlt Euphorie und Seligkeit, die Gedanken sind lebhaft, die Denkarbeit ist schneller, reibungsloser, müheloser.[19] Verantwortlich im Kaktus ist das Alkaloid Mescalin, das beim Menschen Visionen und Halluzinationen hervorruft – Marienerscheinungen in Mexiko? Ja nee, ist klar.

Wallfahrten gibt es in allen Religionen, sie sind eine der ganz großen Gemeinsamkeiten. Aber worum geht es bei einer Wallfahrt? Wikipedia sagt: Der Aufenthalt am fremden heiligen Ort imaginiert vielen Menschen bisher verschlossene Bereiche ihres Seelenlebens und ihrer Gefühle.

Ja, da ist bestimmt was dran. Allerdings setzt das voraus, dass man den Ort für heilig hält beziehungsweise, dass einem überhaupt irgendwas heilig ist. Warum wallfahren wichtig für das Glück ist, erklärt das Schweizer Monatsmagazin *Das Magazin* so: »Weil Sie unbedingt Ihr Ego auf Normalmaß bringen müssen. Körper und Seele leiden, wenn man nicht ab und zu vor etwas Größerem niederkniet als sich selbst.«[20] Das klingt vernünftig, finde ich: Nun denn, fahre ich wall. Für jemanden wie mich, die ich den Religionen so gar nichts abgewinnen kann, empfehlen sich andere Orte als die klassischen Wallfahrtsorte. Orte, an denen zwar keine Marienstatue steht, aber an denen einem klar wird, dass man sich viel zu wichtig nimmt. Orte, die die Bedeutung der eigenen Person wieder in das richtige Verhältnis rücken.

Ich überlege, welcher Ort mir das vermitteln könnte. Die Ausstellungsorte klassischer Kunst werden mir empfohlen, aber ich kann mich an einen Besuch vor ein paar Jahren im Prado in Madrid er-

---

19 Angelika Prentner: *Bewusstseinsverändernde Pflanzen von A – Z*, Springer Verlag, Wien 2004.
20 http://dasmagazin.ch/index.php/glucklich-werden-1-2/

innern: Es sind Werke von Velázquez, Goya, Dürer, Rembrandt, Botticelli und vielen anderen zu bewundern, jede Menge Bilder, die man von Fotos kennt, hängen da im Original und beeindrucken. Allerdings war ich recht schnell erschöpft vom Bewundern und suchte, zusammen mit einer spanischen Grundschulklasse, im »Garten der Lüste« von Hieronymus Bosch nach den spektakulärsten Szenen.

Architektonisches mag mich auch bewegen, ich stand minutenlang gebannt vor der alten Fassade der Sagrada Familia in Barcelona. Aber heilig wurde mir nicht. Nein, um mein Ego zurechtzurücken, bedarf es etwas Größeres, da muss schon etwas Hau-mir-ab-Hammermäßiges daherkommen. Und ich glaube, ich habe es gefunden: das letzte erhaltene Weltwunder der Antike. Die Pyramiden von Gizeh. Die könnten es mit meinem Ego aufnehmen.[21]

Die Pyramiden kennt fast jeder Mensch:

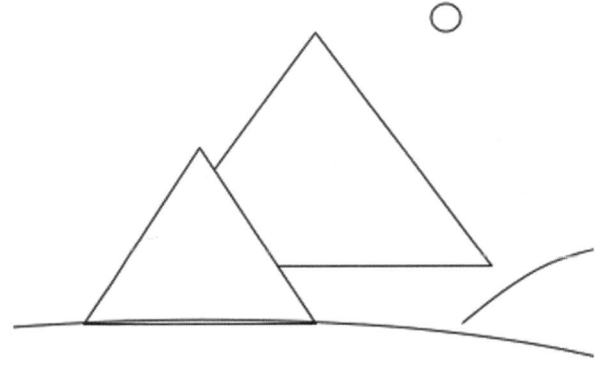

Malen Sie das in den Sand und jeder weiß, was gemeint ist. Es war ja auch Zeit genug, dass die Welt Notiz von den Pyramiden nahm, seit circa 4500 Jahren stehen sie nun schon dort im Sand. Die Cheops-Pyramide ist, Obacht, aus drei Millionen Steinblöcken gebaut, die alle über zwei Tonnen wiegen. Und die Ägypter kannten das Rad noch nicht. Ich könnte noch viele andere eindrucksvolle Zahlen aus der Encyclopaedia Britannica abschreiben,[22] aber sie erklären nicht die Faszination, die die Pyramiden auf mich ausüben.

Es gibt ein ägyptisches Sprichwort, das geht so:

> Jeder Mensch fürchtet die Zeit,
> die Zeit aber fürchtet die Pyramiden.

Das trifft es schon eher. Stellen Sie sich dazu das Größenverhältnis Mensch–Pyramide vor:

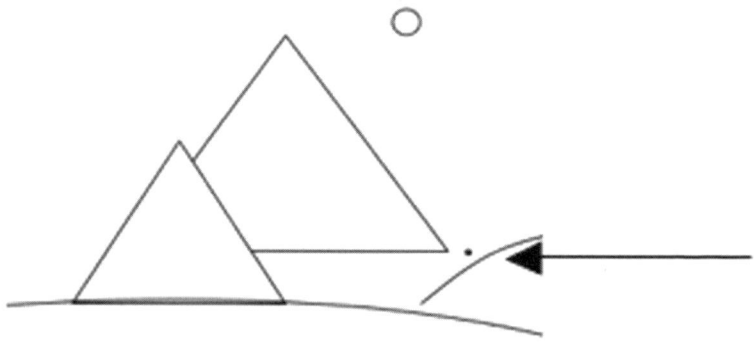

---

22 Ursprünglich hatte die Cheops-Pyramide eine Höhe von 145,75 Metern, im Laufe der Zeit hat sie rund 10 Meter eingebüßt. Bis ins 19. Jahrhundert hinein war sie das höchste Bauwerk der Welt. Die Seitenlängen betragen exakt 229 Meter. Die Fehlertoleranz der Längen beträgt weniger als 0,1 Prozent. Auf der Grundfläche der Pyramiden fänden die fünf größten Kirchen der Welt zusammen Platz. Dabei ist die Pyramide exakt nach den Himmelsrichtungen ausgerichtet.

Jetzt noch ein bisschen Sanddünen, Horizont und Stille – merken Sie es schon? Dieser leichte Wow-Effekt? Der könnte die Einschätzung meiner Person in Bezug auf ihre Bedeutung im Weltgeschehen tatsächlich etwas zurechtstutzen. Die Entscheidung ist gefallen:

Ich fliege nach Kairo, besuche dort Freunde[23] und nutze die Gelegenheit. Die Pyramiden und ich. Wahnsinn.

Ich weiß nicht, ob Sie schon mal in Kairo waren, und wenn ja, ob Sie mit einem Taxi gefahren sind. Es gibt dort drei Sorten von Taxis:

• Gute Taxis

Gute Taxis sind weiß, haben ein Taxameter und nahezu alle Teile, die ein Auto nach europäischen Maßstäben haben sollte.

• Mittlere Taxis

Mittlere Taxis sind schwarz-weiß, über den Preis wird mit dem Fahrer verhandelt. Statt Sicherheitsgurte gibt es einen Koran auf der hinteren Ablage.

• Kamikaze-Taxis

Diese Taxis sind schwarz. Auch hier handelt man den Preis vorher aus. Wenn Sie nicht auf der linken Spur einer Stadtautobahn zusammen mit Ihrem Fahrer ein Taxi schieben wollen, nehmen Sie nicht die schwarzen Taxis.

---

23 Welche Freunde das sind und was es mit ihnen auf sich hat, das ist auch eine eigene Geschichte. Zu finden im Kapitel »Freunde und andere Herausforderungen«.

Das Taxi, das mich zu den Pyramiden bringen soll, ist rabenschwarz. Es stammt vermutlich aus den Anfängen der englischen Besatzerzeit um 1882. Das, was wir als *Mittelkonsole* kennen, ist ein Geflecht aus Kabeln, Drähten und Resten eines Radios. Darin steckt ein abgebrochener Metallstift – der Schalthebel. Aus diesem Chaos erhebt sich, schön geschwungen wie eine gebogene Blume, ein Taxameter. *Fare* steht hübsch verziert über ein paar Zahlen, die sich das letzte Mal 2000 vor Christi bewegt haben. Dafür klebt an der Windschutzscheibe des Taxis ein Blink-Herz, mit dem Schriftzug *I love you* in der Mitte, das tadellos funktioniert.

Im Straßenverkehr von Kairo bekomme ich dann eine Ahnung davon, was es heißt, auf Gott respektive Allah zu vertrauen. Auf der dreispurigen Stadtautobahn fahren zwischen vier und sechs Autos nebeneinander, je nach Größe des Fahrzeugs und Vorhandenseins eines Außenspiegels. Es gilt, wie in Italien, die Devise: Schau immer nach vorn, nie zurück. Und das bei 120 Stundenkilometern allgemeiner Durchschnittsgeschwindigkeit. Während ich, gänzlich unentspannt, auf meiner Rückbank ein imaginäres Bremspedal durchtrete, sehe ich, wie auf der Ladefläche des Pick-ups vor uns drei kleine Kinder spielen, während Papa in der Kabine sitzt und Kamikaze fährt. Direkt gefolgt von einem Motorrad, auf der eine vierköpfige Familie transportiert wird. Gekrönt wird die Straßenszene von einem Müllwagen, auf dessen hinterer Stoßstange drei Müllmänner sitzen. Einer davon schläft. Bei *120*. Ich bin sprachlos, vor Schreck vergesse ich sogar, den Verkehr zu verfolgen und mein imaginäres Bremspedal zu bedienen. Dabei fällt mir auf, dass der einzige Unterschied, ob ich nun panisch mitbremse oder mich entspannt zurücklehne, in den Schweißperlen besteht. Denn, let's face it: Ich kann von da hinten eh nichts ausrichten. Entweder es passiert was oder es passiert nichts. Ich lehne mich also entspannt zurück. *I love you*, blinkt es beruhigend von der Windschutzscheibe. Mitten auf der Straße wendet jemand, um zur letzten Ausfahrt zurückzufahren. Allah wird's schon richten.

Ich sehe zum Fenster hinaus, wir fahren über einen Zubringer auf die nächste Stadtautobahn, links und rechts wird die Straße gesäumt von halb fertigen Wohnblocks, unverputzten Hochhäusern und fensterlosen Plattenbauten. Manche Blocks sehen genauso unfertig aus wie der Rohbau daneben, aber es hängt Wäsche vor den Fenstern. Die Luft ist gelb und dunstig, eine Mischung aus gepflegtem Smog und Sand und Dreck, die der Wüstenwind durch die Stadt trägt. Das hat den gleichen Effekt wie Nebel oder ein Aufenthalt unter Wasser: Beim Tauchen oder Schnorcheln kann man nur schwer einschätzen, wie weit man sehen kann, das Blau ist trügerisch. Man hat den Eindruck ewiger Weiten und plötzlich taucht einen halben Meter vor einem ein Schatten auf, den man nicht kommen sah. So ist die Luft in Kairo, nur in Gelb statt Blau.

Über den Hochhäusern erscheint in der Ferne hin und wieder ein Schatten, groß wie ein Berg über einem Dorf im Tal. Ich blinzle und da ist er wieder. So müssen Fata Morganas aussehen. Jetzt erkenne ich es deutlicher: ein Berg, nur ein bisschen dunkler als die Farbe der Luft, erhebt sich hoch hinter den dreckfarbenen Gebäuden. Wie heruntergekommene Lego-Spielzeughäuser sehen sie aus, vor dem monumentalen, riesenhaften und einzigartigen Ziel meiner Reise: den Pyramiden von Gizeh.

Der Gegensatz zwischen den halb zerfallenen Häusern, die fensterlos und wirr in verschiedene Richtungen schauen, und der einfachen geometrischen Form der Pyramide, die majestätisch dahinter aufragt, der Gegensatz zwischen der Armut und dem Symbol einer glorreichen Vergangenheit, diese Deutlichkeit zwischen Vergänglichem im Vordergrund und Ewigkeit im Hintergrund stellt mir die Härchen auf und treibt mir die Tränchen in die Augen. Kurz bevor der Pathos so richtig die Sau rauslassen kann, macht es »Proooootz!« und unser Taxi gibt den Geist auf. Ergriffenheit passt nicht zu Autopannen, man kann nicht ergriffen ein altes Taxi schieben. Das erklärt auch, warum die Ägypter nicht permanent mit Tränen in den Augen in Richtung Pyramiden schauen – die sind mit ihren Pannen beschäftigt. *I love you,* blinkt es von der Windschutzscheibe, während wir auf der linken Überholspur das Auto schieben.

Das nächste Taxi, das mich zum Weltwunder bringen soll, ist weiß. Es bleibt nicht liegen, es hat ein richtiges Radio und sogar eine Klimaanlage, aber jetzt fehlt mir das blinkende Herz, das mir so penetrant seine Liebe versicherte.

»Klack!« macht es und die Knöpfe der Türverriegelung gehen nach unten. »Wegen der Verkäufer«, sagt mein Taxifahrer in perfektem Englisch und schließt auch die Fenster. Und da sind sie schon. Am Fuß einer Anhöhe, an deren Ende der Parkplatz liegt, laufen uns junge Männer entgegen, winken mit Souvenirs und Händen, aber weder die Hitze noch die Aufregung noch die Stimmen dringen in mein kühles weißes Taxi. Leider ist am Parkplatz Endstation. Ich muss eine Eintrittskarte kaufen und durch einen Sicherheitscheck wie am Flughafen. Zusammen mit einem Pack rotgesichtiger Engländerinnen, die über ihre Spaghettiträger quillen, trete ich aus dem Sicherheitsbereich und darf jetzt endlich zu den Pyramiden, keine 500 Meter trennen uns mehr. Es ist aber nicht ganz einfach, dorthin zu kommen, weil mir lauter freundliche Ägypter im Weg stehen, die mich mit ihren einmaligen Angeboten bekannt machen möchten:

Ich gehe langsam vorwärts, lehne in alle Richtungen höflich dankend ab und bin damit so beschäftigt, dass ich mit der Stirn fast gegen die Pyramide knalle. »Jetzt hätte ich dich beinahe übersehen«, hört so eine Pyramide bestimmt auch nicht jeden Tag. Ich sehe mich um, was für alle Verkäufer und Anbieter das Signal ist, dass ich eventuell doch interessiert sein könnte, und zu einem kleinen Menschenauflauf um meine Person führt. Glücklicherweise zückt eine der roten Engländerinnen ein paar Meter weiter ihr Portemonnaie und hat somit eine höhere Anziehungskraft als ich. Ich kann mich unbemerkt zurückziehen und setze mich in gehörigem Abstand auf einen Stein. Ich möchte dieses Gefühl der Ergriffenheit wieder heraufbeschwören, diese Ehrfurcht, vor einem Relikt der Antike zu stehen, an dem Jahrtausende vorbeigezogen sind und das mein winziges Drama in die absolute Bedeutungslosigkeit verbannt. Aber irgendwie klappt es nicht. Es ist heiß, ich habe Durst und ständig kommt jemand mit einem

Kamel oder einem Pferd vorbei und fragt, ob ich damit nicht um die Pyramiden reiten will. Es kommt nicht so die rechte Stimmung auf.

Steter Tropfen höhlt und so weiter – ich setze mich schließlich tatsächlich auf ein Pferd. Auf ein weißes, ich bin da noch konditioniert von den Taxis. Ich kann auf eine Düne in der Nähe reiten, wo es keine Verkäufer und keine Engländerinnen gibt, die Chancen stehen dort besser, etwas Pathos zu kultivieren. Ich sehe mich schon im Schneidersitz im heißen Sand sitzen, eine Brise streicht mir durch das Haar und ich blinzle in Richtung der Pyramiden, während eine Ahnung vom Sinn des Lebens mir ein zauberhaftes Lächeln ins Gesicht zaubert. Leider möchte der Besitzer meines Pferdes nicht so gerne auf der Düne sitzen bleiben, sondern führt mich in einem großen Kreis um Pyramiden und Sphinx herum und beschließt, ich müsse unbedingt noch das Papyrus- und Parfümmuseum besichtigen. Wehmütig sehe ich der Sphinx hinterher, während mein Reittier seinem Besitzer hinterhertrottet. Das Papyrusmuseum und das Parfümmuseum stellen sich als ein Papyrusbildchen- und Parfümladen heraus, betrieben vom Onkel meines Pferdeführers.

»Was ist das denn?«, fragt Tobias, als wir spätabends auf seiner Dachterrasse in Kairo sitzen und den Smog und die Lichter der Stadt genießen. »Ein Lesezeichen«, sage ich. Das war das billigste, was es in dem Laden gab, ich wollte die Leute ja nicht völlig enttäuschen. Irritiert sieht er mich an. »Und du warst nicht in den Pyramiden drin?«

»Nein.«

Er beugt sich zu mir und sieht mir tief in die Augen. »In keiner der drei? Du warst nicht in der Großen Galerie? Im Sargraum?«

»Nein.«

Seine Freundin Miriam schenkt mir noch ein Glas Wein ein und
schlägt sich auf meine Seite: »Darum ging es ihr doch auch gar
nicht, sie hat doch gesagt, sie wollte vor den Pyramiden ihr Ego
zurechtrücken und Ehrfurcht bekommen.«

»Ja«, Tobias lehnt sich wieder zurück in die Kissen, »und hat
sie Ehrfurcht bekommen? Nein! Ein Lesezeichen hat sie bekommen.« Ich haue ihm dafür gegen sein Schienbein. Während wir
köstliche Falafel in scharfe Dips tauchen und Fladenbrot herum-
reichen, erzähle ich den beiden von der Idee des *Magazins*, zu den
Ausstellungsorten klassischer Kunst zu reisen, und ich frage sie,
was sie zum Niederknien bringen könnte. »Rothaarige Frauen«,
sagt Tobias sofort und sieht verträumt in die Ferne. Dafür bekommt er jetzt von Miriam einen Tritt vors Schienbein. »Ich war
mal in den USA«, sagt sie, »im Yosemite-Nationalpark. Da gibt es
diese riesigen Mammutbäume, wo du denkst, das kann gar nicht
echt sein.[24] Da stand ich in dem Stamm eines solchen Baumes,
der war bestimmt 10, 15 Meter dick. Ich stand mitten in einer
lebenden Pflanze, deren Ende bis in den Himmel ragte. Diese
Kraft und Schönheit der Natur, das war zum Niederknien.«

Tobias nickt: »Das Wetterleuchten, als wir in einer Holzhütte in
Lappland waren, da hatte ich das Gefühl, bei etwas Heiligem dabei zu sein.« Und so tauschten wir die halbe Nacht Heiligtümer
aus. Das Freunde- und Freund-eines-Freundes-Netzwerk hat folgende Wallfahrtserlebnisse hervorgebracht:

---

24 Ganz in echt: Die wachsen über 100 Meter hoch, das ist ungefähr so hoch wie ein
    25-stöckiges Hochhaus. Im Sequoia-Nationalpark steht ein Mammutbaum, der hat
    einen *Umfang* von 31 Metern, es gibt Exemplare, die sind bis zu 2000 Jahre alt.
    Die größten unter ihnen sollen 2400 Tonnen schwer sein – ein Blauwal wiegt etwa
    140 Tonnen.

- Tikal, eine antike Stadt der Maya in Guatemala

- einen Wal in freier Wildbahn sichten

- die Küste Grönlands

- das eigene Kind zum ersten Mal sehen

- Machu Picchu

- Die Geschichte der heiligen Johanna

- Grand Canyon

- Die Nische, die die zerstörte Buddha-Statue in Bamiyan hinterlassen hat

- Die Tempelanlage in Borobudur

- Auf dem Himalaja stehen

- Stonehenge

- Solidarität

- Keith Jarrett das Köln-Konzert spielen hören

Obwohl viele ein Erlebnis in der Natur nennen, sind es doch immer unterschiedliche Dinge, die die Menschen bewegen. Tobias fragt mich an diesem Abend auf der Dachterrasse, ob ich nicht beim Blick in den Himmel allein schon mein Ego auf Normalmaß bringe. Ich sehe nach oben. Es ist Nacht und dunkelgelb, ein Flugzeug blinkt in der Höhe. »Nein«, sage ich.

Am nächsten Tag fahren wir in Richtung Rotes Meer durch die Wüste. Wir übernachten in einem kleinen Ort auf der Halbinsel Sinai, im Hof des weiß getünchten Hotels liegen Teppiche und Kissen auf dem Boden und wir strecken bei Tee und Brot die reisemüden Füße aus. Tobias sieht nach oben, über uns im schwarzen Nachthimmel leuchten unendlich viele Sterne. »Pass auf«, sagt er und zieht mich nach hinten, sodass wir Kopf an Kopf in die Nacht schauen. Ich befürchte, er will mir den Großen Wagen oder das kleine Brikett oder so etwas zeigen, was ich sowieso immer sofort wieder vergesse.

»Da oben ist die Venus«, erklärt er und deutet mit seinem Zeigefinger auf einen hellen Stern. »Sie liegt zwischen Erde und Sonne, genau wie der Merkur. In größerem Abstand kreisen mit uns um die Sonne der Mars, der Jupiter, der Saturn mit seinen Ringen, Uranus, Neptun und Pluto. In ständiger Bewegung um unsere Sonne befindet sich unser Sonnensystem, eines unter vielen anderen Sonnensystemen, manche mit mehreren Sonnen darin. Und Millionen von Sternen. Das ist die Milchstraße, unsere Galaxis. Die neben Milliarden anderer Galaxien im unendlichen Universum existiert.«

Ich sehe nach oben und versuche mir die Unendlichkeit vorzustellen. Tobias stützt sich auf einen Ellenbogen und sieht mich an. »Kennst du Google Earth?«

»Ja, warum?«

Er legt sich wieder auf den Rücken und sieht neben mir in die Sterne. »Jetzt stell dir das unendliche Universum vor und dann zoome durch Milliarden von Galaxien, bis du unsere Milchstraße siehst, suche in der Milchstraße unter Millionen Sonnensystemen unseres heraus, finde unseren Planeten, die Erde, und zoome auf

unseren Kontinent, dein Land, deine Stadt, deine Straße, dein
erbärmliches Ich, das es in hundert Jahren eh nicht mehr gibt
und das nicht mal eine Millisekunde in der Weltzeit überdauert
hat. Dein Ich, das es trotzdem für irrsinnig wichtig hält, ob du
die Präsentation einer neuen Werbestrategie für Damenbinden
hinbekommst oder nicht.«

»Woher weißt du das mit den Damenbinden?«, frage ich, aber
Tobias winkt nur ab: »Reine Vermutung.« Er dreht seinen Kopf
zu mir. »Und? Wie fühlst du dich, wenn du dir das vorstellst?«

»Hm. Klein. Ich glaube, mir reicht heute eine Minipizza.«

Seit ich aus Kairo zurück bin, sehe ich oft in den Nachthimmel.
Und zoome mich in Relation.

DIE ZUFRIEDENHEIT UND ICH

1. Nicht ständig schwarzsehen

2. Mich ruhig mal mit anderen vergleichen

3. Ein paar längst überfällige Dinge erledigen

4. Eine blöde Angewohnheit ablegen

Meine Chancen stehen nicht schlecht. Im internationalen Ranking der World Database for Happiness rangiert die Zufriedenheit der Deutschen im oberen Drittel der Nationen. Besser wäre es, ich wäre Costa Ricanerin, Dänin, Isländerin, Schweizerin oder Kanadierin, die schlechtesten Aussichten auf ein zufriedenes Leben hätte ich in Benin, Burundi, Simbabwe, Togo oder Tansania. Wen wundert's.

Während in anderen Nationen die Zufriedenheit stetig ansteigt, gibt es jedoch vier Länder, die langsam, aber stetig immer unglücklicher werden:

1. Österreich (Wen wu…)

2. Belgien

3. Großbritannien

4. Deutschland

Länder ohne Hunger, Not und Bürgerkrieg, in denen aber trotzdem immer alle was zu nörgeln haben. Eckart von Hirschhausen führt das auf einen zusätzlichen Schädellappen im Gehirn zurück: den Jammerlappen. Mein Vier-Phasen-Programm soll mir helfen, meinen Jammerlappen loszuwerden und zufriedener mit meiner Welt zu werden. Ich lege los mit:

NICHT STÄNDIG SCHWARZSEHEN

Ich halte es da wie der großartige Heiner Müller, der gesagt hat: Optimismus ist nur ein Mangel an Informationen. Oder wie der großartige L. sagt: Du siehst immer nur die Löcher im Käse. Da hat er leider nicht ganz unrecht. Andererseits bin ich hervorragend vorbereitet! Es kann eigentlich nichts passieren, was ich nicht gedanklich schon vorweg durchgespielt habe. Wenn morgen überraschend in unserer Nachbarschaft ein Vulkan ausbricht, ein Erdbeben oder eine Überschwemmung über uns kommt, der irre Axtmörder anklopft oder einer von uns eine tödliche Krankheit bekommt: Ich habe im Kopf schon kurz überschlagen, was da auf uns zukommt.

In der Küche meiner Mutter hing immer ein gesticktes Bild in einem hübschen Rahmen, auf dem stand der Spruch:

Und aus dem Chaos kam eine Stimme und sprach:
Lächle und sei froh, denn es könnte schlimmer kommen.
Und ich lächelte und war froh
und es kam schlimmer.

Das muss mich irgendwie geprägt haben. Ich mache das auch nicht bewusst, das funktioniert ganz automatisch. Sagt L. zum Beispiel: »Ich koche heute und ich probiere ein neues Gericht aus«, denke ich sofort: Wenn das mal gut geht – das schmeckt dann nicht und wir haben keine Tiefkühlpizza mehr. Heißt es aber: »Lass uns essen gehen«, kommt mir in den Sinn: Und das, wo wir es gerade nicht so dicke haben.

Um zufriedener zu werden, muss ich mir dieses blöde Schwarzsehen endlich abgewöhnen. Ich werde bestätigt von jeder Menge Glücksexperten, die sich in diesem Punkt einig sind: »Denken Sie positiv!« Aber wie das geht, da halten sich die meisten sehr bedeckt. Das sind vermutlich die gleichen Schlaumeier, die einer Magersüchtigen sagen: »Jetzt iss doch mal was«, und depressive Leute mit einem »Reiß dich zusammen« erfreuen. Ich finde dann doch noch eine Anleitung, die mir in fünf Schritten helfen soll. Sebastian Lichtenberg, Heiler, Lebensberater, atemenergetischer Therapeut und Reiki-Meister, hat eine Anleitung in fünf Schritten. Er sagt:

»Die sogenannte Haaresbreite, die Glück von Unglück trennt, hat weniger mit dem Charakter des eigentlichen Ereignisses zu tun, sondern mehr damit, wie wir dieses Ereignis sehen beziehungsweise bewerten.«

Wenn wir uns wohlfühlten, sagt Lichtenberg, seien unsere Erwartungen in Bezug auf die Zukunft meist positiver Natur. Ich soll einen augenblicklich negativen Zustand so verändern, dass ich wieder Zugriff auf meine eigenen Ressourcen bekomme. Die sind nämlich blockiert.

Mit dieser Übung aus der spirituellen Praxis kann ich meinen Zustand ins Positive verändern:

1. Nimm die rechte oder linke Hand und drücke leicht mit Daumen und Zeigefinger der einen Hand die sogenannte »Schwimmhaut« der anderen Hand. Das Drücken dieses Punktes setzt Endorphine frei, die ein angenehmes Gefühl oder Wohlbefinden verursachen.

2. Erinnere dich an eine konkrete Situation aus deiner Vergangenheit, in der du dich sehr gut gefühlt hast, zum Beispiel an irgendeine Aktivität, Urlaubssituation, Begegnung mit einem Menschen oder an ein Naturerlebnis.

3. Stell dir diese Situation ganz plastisch vor und sehe, was es da alles zu sehen gab. Achte darauf, ob du in dieser Situation irgendwelche Geräusche, Stimmen oder Ähnliches hören kannst. Zum Abschluss spüre so intensiv wie möglich, was du in dieser Situation gefühlt hast.

4. Nun, wenn du das Gefühl am intensivsten spürst und die Situation ganz plastisch wahrnimmst, drücke circa ein bis drei Sekunden deinen Punkt zwischen Daumen und Zeigefinger.

5. Mache eine ganz kurze Pause und drücke nach einiger Zeit wieder deinen Punkt. Nimm wahr, wie deutlich die Erinnerung an diese Situation wieder auftaucht (Bild – Geräusch – Gefühl). Meist wird das Gefühl am intensivsten wahrgenommen.[25]

Damit käme ich aus meinem negativen Zustand raus. Das klingt doch leicht.

Als L. und ich am folgenden Samstag zu einer kleinen Wanderung in die Berge aufbrechen, sind wir noch nicht auf der Autobahn, da bemerke ich folgende Gedanken:

---

25   http://portal.deutsche-heilerschule.de/

- Heute ist bestimmt ein irrsinniger Stau.

- Diese dunklen Wolken da hinten gefallen mir gar nicht.

- Wir hätten vorher in dem Gasthaus anrufen sollen, ob es offen ist.

- Wenn es regnet, haben wir keinen Schirm und keinen Regenmantel dabei.

- Heimwärts ist bestimmt auch Stau.

- Wenn heute was mit dem Auto ist, braucht der ADAC ewig.

Ich bin also mit meinem Lieblingsmenschen und meinem Lieblingshund auf dem Weg in einen Wochenendausflug und statt mich auf grüne Auen, Butterblumen und eine Schweinebraten-Rast zu freuen, sehe ich uns schon durchnässt und hungrig neben einem kaputten Auto am Straßenrand auf den ADAC warten. Sofort nehme ich die Schwimmhaut meiner linken Hand zwischen die Finger und versuche an eine Situation in der Vergangenheit zu denken, in der ich mich wohlgefühlt habe. Machen Sie das mal aus dem Stegreif, das ist gar nicht so einfach.

Nehme ich den Nachmittag am Meer, als L. und ich an einen Felsen im Sand gelehnt lagen und den Sonnenuntergang beobachtet haben? Oder den Moment, wenn ich mit großem Hunger in der Pizzeria Gondola sitze und die beste Pizza der Welt vor mich hingestellt wird? Im frisch bezogenen Bett liegen? Ich entscheide mich für heute Morgen, als ich die Augen aufgemacht habe und Schmitz direkt vor mir konzentriert auf mein Gesicht starrte. So, als wolle er mich mit telekinetischen Kräften aufwecken.

Als ich daran denke und an die Hautfalten auf seiner runden Stirn, wird mir gleich wieder warm ums Herz. Und – Zack – kneife ich mich in die Haut zwischen Daumen und Zeigefinger. »Aua!«

»Alles in Ordnung?«, fragt L. und sieht kurz zu mir herüber. Ich nicke und erkläre ihm meine Übung, während ich mir Hand und Ressourcen reibe. Er ist skeptisch.

»Also, du versuchst, dich klassisch zu konditionieren? Wie ein Pawlow-Hund? Klingt komisch, einen Knopf an sich zu drücken, damit sich ein bestimmtes Gefühl einstellt«, findet L. »Und wenn das funktioniert, zeigst du mir dann, wo ich drücken muss im Notfall?«

Sehr witzig, mein Freund. Wie Punkt fünf befiehlt, drücke ich nach einer kurzen Pause noch mal auf die Stelle. Es tut weh.

Nimm wahr, wie deutlich die Erinnerung an diese Situation wieder auftaucht (Bild – Geräusch – Gefühl). Meist wird das Gefühl am intensivsten wahrgenommen.

Da hat er recht – das hat vorhin wehgetan und jetzt wieder.

Während wir aufgrund des Verkehrs nur im Schritttempo vorwärtskommen, erzähle ich L. von der Internetseite, wo ich den tollen Tipp herhabe.[26] Da kann man Heiler lernen und Geistheiler und man kann sogar seinen Schutzengel kennenlernen. Für 250 Euro.

»Geistheiler? So wie der Arzt von Hui Buh?«, fragt L.

---

26 http://portal.deutsche-heilerschule.de/

»Genau«, sage ich.

Als wir in den Bergen ankommen, haben wir eine Liste mit neuen Schutzheiligen erfunden:

Patron	Zuständigkeit
St. Anton	Skifahrer
St. Gallen	Innere Organe
St. au	Ferienbeginn
St. Moritz	Moritz
St. ana	Gitarrenvirtuosen
St. Hewlett	Druckerpatronen
St. Elmo	Elmos
St. Uarium	Krimskrams
St. Kasten	Spielende Kinder

Fröhlich gehen wir los, der Weg schlängelt sich sanft steigend über die grünen Hügel, Schmitz rennt die Strecke fünf Mal und nach zwei Stunden stehen wir vor dem angestrebten Rasthaus. Ein wunderschönes, gemütliches Holzhaus. Hinter den Fenstern hängen rot-weiß karierte Vorhänge und an der Tür ein Schild:

Geschlossen

Ich kneife mir sofort in die Haut zwischen Daumen und Zeigefinger. L. geht zu einem Zettel, der neben die Eingangstür gepinnt ist. »Da kommt noch eine Hütte ein bisschen weiter, lass uns da hingehen.« Wir marschieren also weiter und es dauert keine halbe Stunde, da sehen wir es schon: ein kleines Holzhäuschen, davor eine Terrasse mit Blick ins Tal, auf der nur eine Bank und ein Tisch stehen, ein Blumenstrauß darauf. Die dicke, freundliche

Wirtin bringt uns frisches Bier und einen wunderbaren Schweinebraten mit dampfendem Knödel. Für Schmitz holt sie einen
Napf Wasser, der sie dafür sofort küssen will.

Während wir ins Tal zurückgehen, verfinstert sich der Himmel,
Wind kommt auf und die Schwalben fliegen plötzlich ganz tief.
Schon kracht es in den Wolken und es fängt an zu prasseln. Ein
warmer Sommerregen setzt alles unter Wasser und platzt in Blasen auf den Weg. Wir laufen zum nächsten Baum und stehen
geschützt unter dem grünen Blätterdach. Nur Schmitz läuft ver-
gnügt im Regen herum. Es riecht nach nassem Grün und während wir Arm in Arm unter dem Baum stehen, hört es langsam
auf zu regnen, die Sonne strahlt die frisch gewaschene Land-
schaft an und vor dem gewitterdunklen Horizont erstrahlt ein
riesiger Regenbogen. Sieht aus wie ein Landschaftsfoto in Power-
Point-Präsentation, es fehlt nur der tiefsinnige Sinnspruch davor.
»Wahnsinnig schön«, finde ich und auf dem Weg zu unserem
Auto glänzen die unzähligen Tropfen, die an den Blättern hängen. Während der Fahrt sehe ich beseelt und schweinebratensatt
aus dem Fenster.

Bis es laut »Pokpok!« macht.

»Warst du das?«, frage ich L. Der schüttelt den Kopf. »Nein, ich
dachte, du warst das.« – »Pokpok!«, macht es noch einmal und
das Auto stottert kurz, als müsste es sich räuspern. Wir sehen uns
kurz an. »Pokpok! Pokpok!«, macht es wieder, das Auto stolpert
noch kurz weiter und rollt dann mit einem sanften »Pokpokpok-
pok« aus.

»Wenigstens sind wir nicht mehr auf der Autobahn«, sagt L.
und ich bewundere wieder einmal seine Fähigkeit, in jeder Situation einen Vorteil hervorzukramen. Ich steige aus und gehe

mit Schmitz ein wenig am Feld entlang, L. wirft einen fachmännischen Blick unter die Motorhaube[27] und sucht dann im Handschuhfach das Papier mit der Notfallnummer. Wir stehen am Feldrand und warten auf den Abschleppdienst. Währenddessen geht langsam die Sonne unter. Vereinzelte Wölkchen schweben rosa, pink und orange gefärbt im blauen Himmel. Die Bäume und Gräser, unser Auto und wir drei werfen lange Schatten auf die Landstraße.

Über so viel Kitsch vergessen wir die Zeit und erschrecken, als es plötzlich hinter uns hupt: der Abschleppdienst. Den Wagen bringt er in die Werkstatt, aber vorher fährt er uns noch nach Hause, sagt der Abschlepper. Zu dritt sitzen wir vorne im Abschleppauto, Schmitz auf meinem Schoß. Unser Abschlepper heißt Marco, ein Italiener mit einer großen Liebe zu Autos und einer Stimme wie ein Bär. In seinem CD-Wechsler läuft gerade eine Adriano-Celentano-CD. Während Marco L. die Vorteile italienischer Automobilhersteller aufzählt, erkenne ich die Melodie von *Azzurro* und summe leise mit. Marco sieht zu mir rüber: »Gefällte dir, hm?« Er dreht die Musik lauter.

»Kennst du die Text?« Ich schüttle den Kopf, »Nein, außer dem Wort *Azzurro* nichts.« Marco nimmt die Mütze mit dem Logo der Abschleppfirma ab, denn jetzt wird es ernst:

»Azzurro il pomeriggio è troppo azzurro e lungo per me«, sagt er langsam und deutlich. »Los, jetzte du.«

---

27 Das ist auch so eine Männersache, oder? Wenn die eine Autopanne haben, schauen sie immer mit Kennerblick unter die Motorhaube. Obwohl die meisten nicht mal bemerken würden, wenn jemand Lichtmaschine, Vergaser und Getriebe ausgebaut hätte.

Ich schließe die Augen und versuche mich zu erinnern. »Azzurro il pomeridgo y tropo y lungo por me ...«

Marco strahlt. »Das ware schon gut!«, und dann sagt er mir den Satz noch hundert Mal vor. Es dauert nicht lange und L. und ich können den Refrain. Marco dreht das Lied schön laut und wir schunkeln zusammen im Takt und singen aus vollem Hals:

Azzurro,
il pomeriggio è troppo azzurro
e lungo per me.
mi accorgo di non avere più risorse,
senza di te,
e allora
io quasi quasi prendo il treno
e vengo, vengo da te,
ma il treno dei desideri
nei miei pensieri all'incontrario va.

Schmitz sieht uns verwundert an und scheint zu überlegen, wer ihn ab jetzt füttert, wenn wir überschnappen. Laut singend biegen wir in unsere Straße ein und winken Marco von der Haustür aus hinterher.

Als ich später mit meinen Bettsocken im Bett liege, lasse ich den Tag Revue passieren. Schön war er. Wir standen im Stau, das Gasthaus, in das wir wollten, war geschlossen, es hat geregnet und das Auto ging kaputt. Alles, was ich befürchtet habe, ist eingetreten. Kurz schaut eine kleine Erkenntnis vorbei, ich bin aber schon müde. Ich muss an die winzige Terrasse mit dem Schweinebraten denken und daran, wie wir Arm in Arm unter dem Baum dem Sommerregen zugesehen haben. L. summt leise *Azzurro* ... neben mir und ich schlafe ein.

MICH RUHIG MAL MIT ANDEREN VERGLEICHEN

»Das Vergleichen ist das Ende des Glücks und der Anfang der Unzufriedenheit«, hat Kierkegaard gesagt. »Och«, sage ich, »das kommt aber drauf an.« Ich habe mich zu Schulzeiten immer mit Karina verglichen. Karina war blond, hatte blaue Augen und ihre Haut war so karamellfarben wie ein Werthers-Echte-Bonbon. Außerdem hatte sie lange, schlanke Beine und einen Namen, der nach Prinzessinnen, Rosen und Verführung klang. Mein Name hingegen wurde abgekürzt zu *Alex* und erinnerte an einen russischen Schuljungen. Dazu hatte ich eine passende braune Kurzhaarfrisur und schlammfarbene Augen. Überflüssig, zu sagen, in welche von uns beiden Sascha Probst verliebt war. Abgesehen von Karina verglich ich mich in der Zeit noch mit:

- Madonna,

- Sophie Marceau aus *La Boum – Die Fete*,

- der Jungfrau Maria.

Ich schnitt nicht sehr gut ab. Ich war nicht so sexy wie Madonna, nicht so süß wie Sophie und ich wurde nicht angebetet. Ich konnte blicken, wohin ich wollte, alle waren besser als ich: Susi hatte einen größeren Busen, was eine Messung mit dem Maßband auf dem Mädchenklo eindeutig ergab. Nina war selbstsicherer, Katja hatte die tolleren Klamotten, Brigitte war sportlicher und Gabi besser in der Schule. Am tollsten aber war Karina. Bei der stimmte alles. Die kam eigentlich gleich nach der Jungfrau Maria. Ich kenne Karina immer noch. Sie ist nicht dick und hässlich geworden und hat auch keine drei Kinder von vier Alkoholikern, wie es die klassische Moral von der Geschichte wäre. Im Gegenteil. Sie ist Tierärztin geworden, hat einen charmanten Mann geheiratet und schiebt gerade einen Siebenmonatsbauch vor sich her. Selbstverständlich hat sie kein Wasser in den Füßen, kotzt nicht und hat, außer am Bauch, nirgends auch nur ein halbes Pfund zugenommen. Sie möchte einem fast unsympathisch werden. Ich nenne es das Heidi-Klum-Syndrom. Ich hatte sogar Sorge, L. Karina vorzustellen. Ich malte mir aus, wie er ihr in die Augen sehen, ihre Hand küssen, sich dann zu mir umdrehen und so etwas sagen würde wie: »Gut, dann hole ich morgen meine Sachen und viel Glück noch auf deinem restlichen Lebensweg.« Als es so weit ist, sieht er ihr zwar in die Augen, aber er küsste sie nirgends hin und er sagt nur: »Hallo.« Als wir an dem Abend im Bett liegen, frage ich L., was er von Karina hält. »Ganz nett«, sagt er und angelt nach seinem Buch auf dem Nachttisch.

»Wie nett?«, hake ich nach. »Ich meine, wie nett genau?«

»Nett halt.«

Manchmal sind Männer zu nichts zu gebrauchen. Da lernt L. die Miss Perfect meiner Jugend kennen und es fällt ihm nicht mehr ein als *nett*? Ich stütze meinen Kopf auf den Ellbogen und sehe ihn an. »Ist dir aufgefallen, was für lange Beine sie hat? Und diese karamellfarbene Haut? Und wie witzig sie ist?«

L. sieht mich erstaunt an. »Na ja«, sagt er. »Ehrlich gesagt, mir ist ihre Stimme aufgefallen, die ist ein bisschen piepsig.«

Ich küsse ihn leicht aufs Ohr. »Ich liebe dich«, seufze ich erleichtert und sinke ins Kissen. L. lächelt irritiert und wendet sich wieder seinem Buch zu. Als ich tags drauf mit Anne telefoniere, erinnert die sich gut: »Karina, klar kenn ich die noch, das war doch die mit der Micky-Maus-Stimme.«

»Komisch«, sage ich, »das habe ich noch nie bemerkt. Ich habe sie immer bewundert, ich fand sie so toll und wollte so gern sein wie sie.«

»Das ist ja lustig«, antwortet Anne. »Und ich wollte damals immer so sein wie du.« Da bin ich nun total baff. »Wie ich? Wieso das denn?«

»Na ja, du warst so geheimnisvoll und du hast so schöne grünbraune Augen, du konntest so gut zeichnen und überhaupt. Kein Wunder, dass Martin Rosig immer in dich verliebt war.«

An Martin Rosig kann ich mich nun überhaupt nicht erinnern. »Ich wollte immer Sascha Probst haben«, sage ich, und das versteht nun Anne nicht. »Den Proll?«

Das mit dem Vergleichen ist schon eine komische Sache. Immer vergleichen wir uns mit Leuten, die es unserer Meinung nach besser erwischt haben. Ihre Wohnung ist größer, ihr Haar ist voller, ihr Hund ist besser erzogen und sie sind erfolgreicher in ihrem Job. In unserem Kopf spinnen wir das weiter: Ihr Sex ist aufregender (und sie haben öfter welchen), ihr Leben ist ein Bruce-Springsteen-Konzert und sie sind sowieso: glücklicher.

Weit gefehlt, natürlich. Karina selbst schätzt sich nämlich so ein: Sie hat Knubbelknie und diese schreckliche Stimme, gegen die sich nichts machen lässt. Sie hat hässliche Pumpszehen (stimmt, die hat sie mir gezeigt) und wenn sie sich aufregt, schwitzt sie geruchsintensiv. Außerdem ist sie geizig und rechthaberisch, deswegen hat sie auch ihr Exfreund verlassen, die Liebe ihres Lebens, wie sie ihn immer noch nennt. Und ihr Name klingt nicht nach Prinzessin, sondern nach der Freundin von Dieter Bohlen, das muss sie sich auch ständig anhören. Sie sagt dann immer: »Bohlen? Was für ein Bohlen?«, und besteht darauf, dass sie noch nie von dem gehört hat. Andere haben es auch nicht besser, glauben Sie mir.

Bei meinem nächsten Besuch bei Jana sitzen wir auf ihrem Sofa vor dem Fernseher und sehen uns *Sex and the City* an. Jana hat Popcorn gemacht, jede von uns hat eine große Schüssel davon auf dem Schoß. »Tolles Kleid«, sagt sie und deutet auf Sarah Jessica Parker, die gerade in einem unglaublich engen Chanel-Fummel die Straße entlangstöckelt. »Hmhm«, stimme ich ihr zu. »Mit der Figur kann man das tragen.« Wir sehen uns an und dann unsere Popcornschüsseln. »Hey, ich habe ein schöneres Kinn!«, sagt Jana und hält mir ihre Schüssel entgegen. »Jepp, und ich habe eine glücklichere Beziehung!«, antworte ich und stoße mit meiner Schüssel an. »Prösterchen«, tönen wir gleichzeitig und stopfen wieder recht zufrieden Popcorn in uns rein, während Carrie Bradshaw mit ihrem Pferdekinn und den Pumpszehen von einer dramatischen Liebesaffäre in die nächste stolpert und uns mit dem schönen Gefühl zurücklasst, dass wir es recht gut erwischt haben.

Aus einem ähnlichen Grund haben auch Berichte und Bücher über Leute so viel Erfolg, bei denen irgendwas richtig in die Hose geht. Waren Sie verheiratet mit einem Massai? Einem tibetanischen Veganer? Einem mongolischen Kannibalen oder zumindest mit einem karibischen Reggaemusiker? Dann schreiben Sie ein Buch drüber. Das Geheimrezept ist, an einem möglichst weit entfernten Ort mit einem möglichst andersartigen Mann eine möglichst beschissene Beziehung zu führen und anschließend darüber zu schreiben. Es ist ganz leicht: Fahren Sie in den Urlaub, lernen Sie einen exotischen Mann kennen, der unter den Achseln nach Safran riecht und ein prächtig Genital sein eigen nennt. Und anstatt sich zwei Wochen lang das Hirn rausvögeln zu lassen und beschwingt wieder zurückzufahren, verkaufen Sie die Eckgarnitur, bringen die Katze ins Tierheim und ziehen zum Schniedel-Massai. Dort werden Sie monatelang betrogen, fahren dann wieder nach Hause und schreiben das auf. Eine Menge Frauen lesen diese Bücher gerne, weil sie ihnen versichern, dass das eigene Leben mit all der Unbill und dem Mangel an Perfektion nicht das Schlechteste ist, das man erwischen kann. Man kann sich immer noch denken: Zumindest besser, als in einem staubigen Wüstenzelt zu hocken, gegen hundsgroße Spinnen und bärtige Schwiegermütter zu kämpfen und dabei vom Tuareg und seinen Kumpels tyrannisiert zu werden. Es kommt halt immer darauf an, wohin man sich vergleicht. Die oberste und einzige Regel lautet: nach unten, immer nach unten vergleichen. Machen Sie das. Wenn Sie sich einmal als totale Versagerin fühlen, schalten Sie einfach kurz eine Nachmittags-Talkshow ein. Innerhalb kürzester Zeit kommen Sie sich wieder vor wie die Queen of Currywurst.

EIN PAAR LÄNGST ÜBERFÄLLIGE DINGE ERLEDIGEN

Noch während ich überlege, welche der überfälligen Dinge ich in Angriff nehmen soll, merke ich, wie ich versuche, mir minderschwere Sachen einfallen zu lassen, um mich *nicht* genau mit der Angelegenheiten konfrontieren zu müssen, die ich schon lange mehr oder weniger erfolgreich verdränge. Seit Jahren hängt über meinem Kopf eine große, dunkle Wolke, die mich stetig verfolgt. Manchmal ist sie weiter weg, oft kommt sie näher und sieht bedrohlich auf mich herab. »Altersvorsorge«, grummelt sie, und ich zucke dann immer leicht zusammen und beschäftige mich schnell mit etwas anderem. Ich bin damit nicht allein, mir scheint, das ist eine ausgeprägte Volkskrankheit, zumindest bei uns Freiberuflern. Wenn Sie mal wieder ein Freiberufler damit nervt, wie toll es ist, sein eigener Chef zu sein, wie dufte man mit dem Laptop vom Bett oder Biergarten aus arbeiten kann und wie ungezwungen man in seinem Loft herumhüpft und kreativ sein kann, dann werfen Sie kurz das Wort »Altersvorsorge« in den Raum. Dann ist in den meisten Fällen wieder Ruhe im Karton. Ich bin mir sicher, dass es auch den einen oder anderen Freelancer gibt, der sich rechtzeitig um seine Rente kümmert. Der den Unterschied zwischen Riester und Rürup kennt, in einen Fonds einzahlt und heute schon weiß, wie viel Geld er mit 70 monatlich zur Verfügung haben wird. Da gehöre ich nicht dazu. In meiner Vorstellung bin ich nie 70, sondern für immer 30. Da ich aber keine 30 mehr bin und für eine vernünftige Altersversorgung spät dran, verdränge ich diese Tatsache lieber und beschäftige mich mit etwas anderem. Meine größte Befürchtung ist, dass ich erfahre, wie wenig Rente ich bekomme, obwohl ich so viel einzahle, wie ich kann. Dann wüsste ich jetzt schon, dass ich zielsicher auf die Altersarmut zusteuere – das vermiest einem doch das ganze Leben. Und es ist natürlich auch so: Ich müsste mich informieren, da mein Wissen über Altersvorsorge und Versicherungsmodelle ähnlich diffus ist wie das über Ottomotoren. Und das Thema ähnlich interessant.

Aber das schlechte Gewissen nagt natürlich doch. Ich habe ausgerechnet, was ich an gesetzlicher Rente bekomme.[28] Das beläuft sich ungefähr auf 7,50 Euro im Monat. Nicht die Welt? Habe ich mir auch gedacht.

»Was machst du denn da?«, fragt L., als er mich inmitten von 300 Broschüren, Faltblättern und Dokumentenmappen auf dem Wohnzimmerboden sitzen sieht. »Altersvorsorge«, sage ich, wo-

---

28 Wenn Sie das auch machen wollen: Suchen Sie im Internet nach Rentenrechnern, die gibt es da zuhauf.

raufhin L. sofort die Flucht ergreift. Auch so ein Freiberufler. Die Papiere habe ich von meiner Bank bekommen und von ein paar privaten Versicherungen, die alle haargenau wissen, wie man mich im Alter am besten über die Runden bringt. Am liebsten würde ich einfach das schönste Logo raussuchen und der betreffenden Versicherung alles Weitere überlassen.

Mithilfe von Verbraucherschutz, Test und Google suche ich eine Versicherung aus und rufe dort an. Der Anruf von Kanossa. Die Frau am Telefon tut so, als sei das ganz normal, und verspricht, mir einen Berater vorbeizuschicken. Verkehrte Welt: Früher musste man die Typen immer an der Tür abwimmeln. Nach einer Beratung, die volle vier Stunden dauert, ist klar, was in meinem Fall ideal ist und wie viel ich im Monat zahlen muss. Es ist auch klar, dass ich doch nicht in die Altersarmut rutsche. Bei der Gelegenheit habe ich auch gleich noch den sich windenden L. mit seiner Altersvorsorge konfrontiert und jetzt hat auch er eine Versicherung abgeschlossen, mit der wir, wenn wir später alles zusammenschmeißen, ganz gut über die Runden kommen können. Als der Versicherungsfritz aus der Tür ist, sinke ich ermattet aufs Sofa. Ich lege meinen Kopf in den Nacken und sehe nach oben:

Nichts. Keine Wolke.

Ich möchte fast lachen, so albern komme ich mir im Nachhinein vor. Jahrelang habe ich diese Sorge mit mir herumgeschleppt, mit schlechtem Gewissen sofort weggehört, wenn das Thema Rente aufkam, und bin im Zickzack gelaufen, um der dunklen Wolke zu entkommen. Und dann dauert es vier Stunden, um mir einen Stein von der Größe einer Dulme vom Herzen zu nehmen. »Lass uns eine Flasche Cava aufmachen«, sage ich laut, aber L. steht schon in der Türe mit zwei Gläsern in der Hand. So wird er auch vor mir stehen, wenn wir alt sind, vielleicht mit zwei Gläschen Doppelherz. Ich freu mich drauf.

Nach der Sache mit der Altersversorgung scheinen mir die anderen längst überfälligen Dinge, die ich erledigen soll, wie Kinderkram. Sehr, sehr lästiger Kinderkram. Ich schreibe eine Liste, auf der steht:

1. Das Wohnzimmer streichen

2. Einen Zahnarzttermin ausmachen

3. Mit meiner Bank sprechen wegen der Gebühren und darauf verweisen, dass andere Banken auch hübsche Filialen haben

4. Einer alten Freundin endlich das Buch schicken, von dem ich glaube, dass es sie freuen würde, mit einem persönlichen Brief dazu

5. Die Agenda von Computer und Handy abgleichen

6. Die neuen Nachbarn begrüßen

7. Kleiderschrank ausmisten

Nach sieben Punkten breche ich ab, ich will mich ja nicht gleich überfordern. Ich hole nach den Telefonaten zwecks Zahnarzt und Banktermin gleich die Farbe im Baumarkt und Folie zum Abdecken und streiche an diesem Vormittag das Wohnzimmer. Das dauert zwei Stunden, inklusive die Möbel in die Mitte zu rutschen und abzudecken. Zwei Stunden? Ich habe das Vielfache an Zeit damit verbracht, mich davor zu grausen! Ich habe mir vorgestellt, wie ich erst alles wegräumen und mit Folie abdecken müsste, diese Umstände und die Anstrengung, über Kopf die Decke zu streichen ... Die Vorstellung von der ungeliebten Arbeit war viel schlimmer, als sie einfach zu tun. Während des Tuns fühle ich mich nicht schlecht, aber als ich zuvor daran dachte, dass ich das Wohnzimmer streichen muss, da fühlte ich mich schlecht. Und ich dachte oft dran. An diesem einen Vormittag habe ich gleich die ersten drei Punkte von meiner Liste durchgestrichen. Und es gibt fast nichts Schöneres, als Punkte von einer To-do-Liste zu streichen. Das ist motivierend und macht so ein gutes Gefühl, dass ich gleich den Rest auch noch angehe. Ich bin halt schon die Größte. Finde ich gerade.

EINE BLÖDE ANGEWOHNHEIT ABLEGEN

Natürlich, blöde Angewohnheiten hat man viele. Alle Sätze unserer Liebsten, die mit »Immer machst du ...« oder »Nie machst du ...« beginnen, drehen sich um eine unserer blöden Angewohnheiten. Ich habe versucht, L. meine blöden Angewohnheiten als liebenswerte Eigenarten zu verkaufen, aber das funktioniert nicht. Blöde Angewohnheiten sind nicht liebenswert, sie sind blöd. Und wir haben alle welche. L. zum Beispiel sagt immer, wenn er sich zum Essen an einen Tisch setzt: »Sodele Nudele.« Zu Hause und im Restaurant und auch, wenn er mich zu einem Gala-Essen begleitet und an unserem Tisch der französische Botschafter mit versammelter Entourage sitzt. Da wäre ich um ein Haar im Boden versunken. Ich warte inzwischen schon richtig darauf, dass er es sagt. Sobald er den Stuhl zurückzieht, um sich hinzusetzen, bin ich innerlich gespannt wie eine Stahlfeder. Sagt er es? Oder sagt er es nicht? Wenn er in dem Moment aufpasst, zum Beispiel, weil er meinen drohenden Blick aufgefangen hat, reißt er sich zusammen. Ist er aber mit den Gedanken woanders: »Sodele Nudele.« Das macht mich wahnsinnig. Es klingt so, als hätte er nicht alle Tassen im Schrank. Einmal, als wir beim Italiener um die Ecke essen waren, kam gerade die Pizza und L. öffnete den Mund: »S…« Weiter kam er nicht. »Sag nicht ›Sodele Nudele‹!«, blaffte ich ihn an und die Gäste an den umliegenden Tischen mitsamt dem Kellner mit der Calzone in der Hand sahen mich an, als hätte *ich* nicht alle Tassen im Schrank. L. lächelte still in sich hinein und ich hasste ihn die ganze Pizza lang. »Sodele Nudele« zählt zwar zu seinen blöden Angewohnheiten, aber es stört ja nur mich, nicht ihn. Ich hingegen möchte etwas loswerden, das mich selbst stört, nicht nur meine Umwelt. Sonst könnte ich nämlich einfach meine alte, gammlige Lieblingshandtasche, die alle außer mir eklig finden, wegwerfen und sagen: Fertig. Nein, es muss etwas sein, das ich wirklich ablegen will. Das mich an mir nervt und das ich nicht loswerde. Was mich zufriedener machen würde, könnte ich es bleiben lassen. Und da gibt es einen ganz klaren Favoriten: Ich beiße nämlich Fingernägel.

Fingernägelkauen spielt in einer Liga mit Auf-Haarspitzen-Rumbeißen und Permanent-mit-dem-Fuß-Wippen. Das sind Angewohnheiten, da möchte man denjenigen schon mal fest an den Schultern packen, ihn schütteln und schreien: Hör! Auf! Falls Sie das in Erwägung ziehen: Es nützt rein gar nichts. Was auch nichts nützt, ist eine Mutter, die einem auf die Finger haut, sobald man die in den Mund steckt. Man verbessert nur seine Reaktionen. Jana hat das auch versucht und mir auf die Pfote gehauen. Das hat mich so sauer gemacht, dass ich um ein Haar zurückgehauen hätte. Ich bin auch einigermaßen verdattert, wie viele Menschen, denen ich lange nicht so nahe stehe wie Jana oder meiner Mutter, sich das Recht herausnehmen, mich auf meine Fingernägel anzusprechen. Die Drösel zum Beispiel:

»Sie kauen Fingernägel, richtig?«

Ich meine, was soll das? Ich schaue ja auch nicht auf ihren Hintern und sage: »Und Sie essen gerne, richtig?«

L. hingegen versucht gar nicht erst, mich davon abzubringen. Ich glaube, er weiß, dass das nur andersrum funktioniert. Das ist wie mit den Drogen: Wenn man nicht unbedingt selbst aufhören will, klappt es nicht. Ich bin praktisch der Pete Doherty des Nägelkauens. Ein paar halbherzige Versuche, damit aufzuhören, habe ich hinter mir, aber am Ende sahen meine Nägel doch wieder aus wie eine Miniatur-Skyline der Alpen.

Abgesehen davon, dass man nicht sehr souverän aussieht, wenn man auf einem Fingernagel rumknabbert, wird man außerdem für einen undisziplinierten Psycho gehalten. Sagen wir es so: Ich habe die Kanzlerin noch nie Fingernägel kauen gesehen. Oder hätten Sie Vertrauen zu Ihrem, sagen wir, behandelnden Chirurgen, der ständig seinen Zeigefinger in den Mund steckt? Wissen Sie, wer Fingernägel kaut? Britney Spears! Sehen Sie.

10 bis 15 Prozent aller Erwachsenen beißen Fingernägel, meist um die innere Anspannung zu mildern. Ein Beruhigungsmittel, Daumenlutschen für Fortgeschrittene. Ein bisschen Sorgen mache ich mir schon, was passiert, wenn ich das abstelle. Entwickle ich dann vielleicht eine Alternative?

• Ich könnte auf meinem Bleistift kauen.

• Oder mit dem Bleistift auf den Schreibtisch klopfen.

• Oder mit Papierkugeln auf die Drösel'sche Frisur werfen.

Ich bin ein Stressknabberer. Bei Stress stecke ich automatisch einen Finger in den Mund und merke es nicht einmal. Das

Mittel meiner Wahl ist ein bitterer Lack, den ich auf die Nägel schmiere. »Todsicher«, hat die Apothekerin gesagt. Abends sitze ich in der Küche, L. füllt ein Huhn, ich lackiere meine Nägel. Ich stecke einen Finger zur Probe in den Mund. Der Effekt ist grandios. Ich renne sofort mit ausgestreckter Zunge ins Bad und spüle mir den Mund mit Seife aus. Seife schmeckt scheußlich? Seife schmeckt wunderbar, verglichen mit dem Lack, den ich auf den Fingern habe. Haben Sie sich auch schon mal versehentlich Salz statt Zucker in den Kaffee getan? Genau so, nur in bitter. Der Mund schreckt bei der ersten Berührung zurück, wie vor etwas sehr, sehr Heißem. Die Hölle schmeckt wahrscheinlich so. Ich bin mir sicher, an dem Zeug kann man sterben. Deswegen auch todsicher. L. liest vorsichtshalber die Liste der Inhaltsstoffe. »Keine Ahnung, das könnten auch die Namen von Südseeinseln sein. Ist aber bestimmt nicht gefährlich«, versucht er mich zu beruhigen.

»Pon wegen, ih pin pergiftet«, empöre ich mich mit immer noch herausgestreckter Zunge. Sie soll so wenig Kontakt wie möglich mit meinem Gaumen haben. L. legt mir zur Beruhigung ein Stück Schokolade darauf, das hilft.

Am nächsten Tag in der Arbeit ärgere ich mich wahnsinnig. Ich sitze vor meinem Computer und ständig will ich einen Fingernagel in den Mund stecken. Dann schrecke ich kurz vor meinem Mund zurück, weil sich mein Hirn den Geschmack ein für alle Mal gemerkt hat, und bin dann grässlich frustriert. Wie viele Frustmomente kann ein Mensch einstecken? Irgendwann reicht es mir schließlich. Stocksauer sitze ich vor dem Rechner, in der rechten Hand eine Tafel Schokolade. Ich versuche die Zeit zwischen Finger-aus-dem-Mund und Schokolade-in-den-Mund zu minimieren, aber das Bittere auf meiner Zunge ist unerträglich. »Alles in Ordnung?«, fragt die Drösel und sieht mich mit hochgezogenen Augenbrauen an. »Allep thuper«, antworte ich und vertiefe mich mit herausgestreckter Zunge in den Text auf dem Bildschirm.

Es dauert etwa zwei Wochen. Zwei Wochen lang stecke ich keinen Nagel in den Mund, sondern fahre nur halbherzig mit den anderen Fingern daran entlang. Ich drücke stattdessen auf Handschmeichlern herum, spiele an den Nähten meiner Jeans und trinke um 100 Prozent mehr Kaffee. Aber jetzt sind an meinen Nägeln so kleine weiße Ränder zu sehen. Fingernägel! In den darauffolgenden Tagen komme ich zu nichts, weil ich permanent meine Fingernägel anschauen muss. Ich halte gerne die Hand so halb von mir weg und sehe mir meine Fingernägel vor den verschiedenen Hintergründen an: Fingernägel vor Jeans, Fingernägel vor Wand, Fingernägel vor Himmel und so weiter. Ich freue mich, dass ich etwas, das mich so gestört hat, los bin. Erst jetzt fällt mir auf, dass ich stets versucht habe, meine Fingernägel zu verstecken. Niemand sollte sie sehen. Jetzt bin ich frei und außerdem ganz schön stolz auf mich.

Der Lack bleibt noch für ein paar Wochen drauf, falls ich einen Rückfall erleide, aber er stört ja nicht. Außer bei dieser piekfeinen Ausstellungseröffnung, als Platten mit Fingerfood herumgereicht werden und ich mir ein Röllchen Blätterteig in den Mund steckte. Da sieht der Rest der Gäste verwundert zu, wie ich mit rausgestreckter Zunge quer durch die Räumlichkeiten auf die Toilette zurase.

BESTELLUNG BEIM UNIVERSUM

Ich erzähle meiner Freundin Anne von meinem Glücksprojekt. Anne ist meine Esoterik-Freundin. Anne und ich waren ein tolles Team in der *Gruppe Sonnenschein* des städtischen Kindergartens. Sie saß neben mir im Stuhlkreis und wir verteidigten gemeinsam den Sandkasten gegen die Armee von doofen, kampfwütigen Piraten-Buben. Als die Pubertät über uns kam, fing ich mit dem Rauchen an und Anne mit dem Tarotkartenlegen. Ich hustete, sie sagte meine Lebensdauer voraus. Ich verliebte mich in Sascha, den Ersten in unserer Klasse, der Stretchhosen trug, und Anne verlor ihr Herz an Klaus, den Ersten in der Klasse, dem ein langer, geflochtener Zopf vom Hinterkopf baumelte. Sie mischte mir Liebestropfen und als Sascha sich doch für Karina entschied statt für mich, pendelte sie ihm eine finstere Zukunft voraus. In der Oberstufe engagierte sie sich vermehrt in der SMV[29] und ich in der Discothek Stereo 2000, und so verbrachten wir allmählich weniger Zeit miteinander, aber wenn ihr zwei Hände für eine Séance fehlten, war ich für sie da. Wir sind immer noch beste Freundinnen. Anne ist die Einzige, die meinen Aszendenten errechnen darf und von der ich mir bereitwillig aus der Hand lesen lasse. Dank Anne weiß ich, wie mein Schutzengel heißt und dass durch den geöffneten Klodeckel in meinem Badezimmer massenweise Chi entfleucht. Kein Problem. Anne ist super. Und wenn sie mit einer Kette aus Edelsteinen einen Kaste Bier energetisiert oder ihre kleine Glas-Pyramide auf meinen Lottoschein legt, um die kosmische Energie darauf zu bündeln, muss man sie einfach gern haben. Eine gemeinsame Zeit im Sandkasten verbindet einfach, Räucherstäbchen hin oder her.

Anne findet mein Glücksprojekt toll und hat auch gleich eine hervorragende Idee, wie ich mein Glück steigern kann: durch Wünsche ans Universum. Das finde ich hervorragend, ich wünsche mir nämlich ein iPad. Sie wissen schon, diesen flachen Computer von Apple. Um ihn mir einfach zu kaufen, ist er leider:

- zu teuer,

- zu unnnütz,

ich habe nämlich schon einen Computer. Aber das ist wie mit Schuhen: Es ist völlig egal, wie viele Paare man davon hat – das in meiner Hand ist genau das Paar, das mir zu meinem Glück fehlt.

Anne ist mit der Wahl meines Wunsches sichtlich unzufrieden, aber sie erklärt sich bereit, mir die Regeln für meine Universumsbestellung zu erklären. Man kann schließlich nicht einfach draufloswünschen. Wo kämen wir denn da hin?! Wir sitzen an ihrem kleinen Küchentisch, ich schiebe die Chakra-Räucherstäbchen auf die Seite und notiere mit.

1. »Du musst deinen Wunsch so formulieren, als wäre er bereits erfüllt worden«, sagt Anne. »Auf der göttlichen Schöpferebene gibt es nämlich nur das Jetzt.« Ach so. »Und wenn ich ›Ich will ein iPad‹ aufschreibe, dann klappt das nicht?«

»Nein«, sagt Anne, »dann meint die Schöpferebene, du willst den Zustand erreichen, ein iPad zu wollen.« Ach so. »Gar nicht so helle, die Schöpferebene, was?« Anne grummelt. »Ich habe ein wunderschönes iPad. iPad, nicht iPod!«, schreibe ich auf. Damit sie sich da nicht vertut, die Schöpferebene. »Und eventuell auch das passende Keybord Dock dazu«, schreibe ich noch drunter. Wenn schon, denn schon.

2. Anne zieht die Augenbrauen nach oben. »Es ist besser, wenn der Wunsch mit ›Ich bin …‹ beginnt, damit überzeugen wir deine inneren Anteile leichter.« Das finde ich ja nun etwas eigenartig. »Wie? Du meinst, ich soll aufschreiben ›Ich bin ein iPad‹? Was, wenn der Wunsch tatsächlich in Erfüllung geht?« Anne rollt mit den Augen. »Nein, aber du könntest zum Beispiel sagen: ›Ich bin im Besitz eines iPad‹.« Gut, das übernehme ich so.

3. Anne tippt mit ihrem Zeigefinger auf mein Papier: »Und du solltest auch nie das Wort ›nicht‹ verwenden. Ins Universum geht der Wunsch als Bild ein, nicht als Worte. Wenn in deinem Wunsch ein iPod vorkommt, auch wenn du ›nicht‹ dazuschreibst, kann das missverstanden werden.« Lesen kann die Schöpferebene also auch nicht. Das sage ich aber nicht laut, Anne sieht eh schon gereizt aus. Gut, lasse ich das mit dem iPod eben weg.

4. »Das Keybord Dock ist vielleicht auch besser ein eigener Wunsch«, überlegt Anne laut. »Zwei Wünsche auf einmal geht nicht? Das ist ja wie auf dem Amt, für alles ein Extraformular«, beschwere ich mich und zücke einen neuen Zettel. »Ich bin ein Keybord Dock«, schreibe ich aus Versehen, streiche dann alles durch und drunter noch mal in schön: »Ich bin im Besitz eines Keybord Docks.« – »Weiß die Schöpferebene dann, dass das zu meinem iPad passen muss?«, frage ich, und Anne ist jetzt sauer. »Wenn du dich nur lustig machst, hören

wir auf«, sagt sie und verschränkt die Arme vor der Brust.
»Ach komm schon, Anne, ich meine das ernst, sei doch nicht
so.« Ich zünde ein Chakra-Räucherstäbchen an und halte es
ihr unter die Nase. »Da, das beruhigt«, vermute ich, und da
muss sie lachen. »Tut es nicht«, antwortet sie und nimmt mir
das Stäbchen aus der Hand. »Es reinigt die Aura, du Nase.«

5. »Also«, Anne tippt auf meinen Zettel. »Schreibe noch dahinter ›oder etwas Besseres‹, damit nicht die Formulierung deines
Wunschs etwas blockiert, das vielleicht toller ist. »Du meinst,
es könnte auch passieren, dass mir das Universum immerwährende Glückseligkeit schenken will, es aber nicht tut, weil ich
Blödmann nur ein iPad wollte?« – »Genau«, sagt Anne.

6. »Jetzt musst du dir vorstellen, dein Wunsch wäre erfüllt, als
wäre es schon passiert«, doziert Anne. »Mit Keybord Dock
oder ohne?«, frage ich nach, aber da verfinstert sich schon
wieder ihre Miene und ich halte die Klappe und stelle mir vor,
wie ich vor meinem neuen iPad sitze.

7. Anne sieht mich ernst an. »Das wird dir jetzt schwerfallen«,
sagt sie und lehnt sich nach vorne. »Du musst absolut darauf
vertrauen, dass der Wunsch in Erfüllung geht. Wenn du zwei-
felst, wirkt das wie eine Negation, du musst in den Schöpfer
vertrauen. Und dann sprich den Wunsch laut aus.«

Ich schließe die Augen und stelle mir vor, es ist Weihnachten, wie
in meiner Kindheit. Ich habe vorher heimlich in den Schrank
gelinst, wo die Geschenke aufbewahrt werden. An der Ecke eines
Päckchens kratze ich ein bisschen das Papier auf und darin ist:
mein iPad. Sie mögen jetzt vielleicht einwenden: »Was soll ein
Kind mit einem iPad anfangen?«, aber es ist ja meine Vorstellung,
machen Sie sich ruhig Ihre eigene. Als ich mir sicher bin, dass ich

das Geschenk nachher unter dem Baum finden werde, sage ich laut: »Ich bin in Besitz eines wunderschönen iPads.« Und öffne die Augen wieder. Anne sieht mich zufrieden an. »Gut«, sagt sie. »Fertig.«

»Fertig?«, frage ich verwundert. »Und was mache ich jetzt mit meinem Zettel? Ich dachte, den vergraben wir bei Vollmond oder verbrennen ihn, damit der Rauch ins Universum steigt oder so etwas.« Anne sieht mich belustigt an. »So ein Quatsch«, sagt sie und schmeißt meinen Zettel ganz pietätlos in den Papiermüll.

An diesem Abend kocht L. uns Ente mit Klößen, ich schenke uns ein Glas Wein ein und summe vor mich hin. »Und wie war's bei Anne?«, fragt L., während er die Klöße formt. »Schön«, sage ich. »Ich bekomme ein iPad!« L. hält verwundert inne. »Von Anne?«

»Nein«, ich schüttle den Kopf. »Vom Universum.«

»Ah«, sagt L. und sieht mich an, als hätte ich nicht alle Tassen im Schrank. Ich erzähle ihm von meinem Wunsch ans Universum und den Regeln und der Schöpfungsebene. Und von meinem Zweifel, ob ich das richtig hinbekommen habe, ich bin ja schließlich ein Amateur im Universums-Wunsch-Geschäft.

L. hebt langsam die Klöße aus dem kochenden Wasser. »Keine Sorge«, sagt er. »Du weißt doch«, und da dreht er sich um und hält mir seinen Schöpflöffel vor die Nase, »vor dem Schöpfer sind wir alle gleich.«

Bis jetzt ist das iPad noch nicht hier angekommen.

GELD MACHT NICHT GLÜCKLICH - ODER?

1. Mir etwas Luxuriöses leisten, das ich nicht brauche

2. Mir etwas kaufen, das ich wirklich brauche und mir nie geleistet habe

3. Geschenke machen

Ich unterhalte mich mit meinem Stiefvater über Geld. Er hat nämlich welches und ist da klar im Vorteil. »Aber Geld macht nicht glücklich«, schreie ich bei offenem Verdeck in sein Ohr. »Macht es doch«, schreit er zurück und lässt im Autobahntunnel den Motor seines neuen Porsche aufheulen.

Und vieles weist darauf hin, dass er nicht ganz unrecht hat. Die Leute in reichen Ländern sind glücklicher als die Einwohner von Simbabwe oder Tansania, und nur ein Vollidiot käme angesichts eines hungernden Kindes aus einem Entwicklungsland auf die Idee zu sagen: »Geld macht nicht glücklich.« Der allgemeine Konsens scheint zu sein: Zufriedener ist, wer über ein abgesichertes Grundeinkommen verfügt, auch im Alter. Ich weiß nicht, wie es Ihnen geht, aber das scheint mir jetzt gar nicht so eine brandneue Erkenntnis. Da hätten sich die Wissenschaftler wahrscheinlich die eine oder andere Studie sparen können.

Wäre das nicht schön, wenn jeder Mensch einfach monatlich sein Grundeinkommen bekäme, egal, ob er viel oder gar nichts verdient, 17 oder 70 Jahre alt ist? Stellen Sie sich das vor, da lösen sich doch gleich ganz viele Sorgen und Ängste in kleine Juhu-Wölkchen auf. In einigen Ländern, unter anderem auch in Deutschland, wird dieses Modell politisch diskutiert.[30] Finanziert werden könnte so eine Idee unter anderem dadurch, dass die komplette Bürokratie wegfällt: keine Formulare, keine Sachbearbeiter, keine Prüfungen der Bedürftigkeit. Klingt wahnsinnig gut, oder?

Trotz allem hängen wir ja doch dem Glauben an, dass viel Geld uns viel glücklicher machen würde. Nicht umsonst spielen die Deutschen für mehrere Milliarden Euro im Jahr Lotto wie die Weltmeister. »Deppensteuer« sagen die einen, die anderen genießen das Gefühl der kleinen Hoffnung. Ich ebenfalls. Ich lasse mich auch nicht von den regelmäßigen Berichten im Fernsehen irritieren; jenen über Leute, die im Lotto den Millionen-Jackpot gewonnen haben und kein halbes Jahr später pleite, unglücklich und verhasst waren. Bei mir wäre das ganz anders. Ich weiß genau, was ich in welcher Reihenfolge machen und kaufen würde, falls der Jackpot kommt. Wenn es nächsten Samstag an der Tür klingelt und ein Mann von der Lotteriegesellschaft mit einem schwarzen Koffer vor der Tür steht, um mir zu sagen, dass ich wahnsinnig viel Geld gewonnen habe … Der müsste sich nicht mal hinsetzen, wir könnten gleich losgehen, die Route habe ich im Kopf. Wir würden zuerst beim Drogeriemarkt Douglas einkehren. Nicht, weil der Priorität hat, sondern weil es das erste Geschäft ist, an dem wir auf unserem Weg vorbeikämen. Ich würde alle Make-ups und Lippenstifte durchprobieren, und zwar ganz ohne das schlechte Gewissen gegenüber der Verkäuferin, das ich normalerweise habe, weil ich vorher schon weiß, dass ich das bil-

---

30 »Bedingungsloses Grundeinkommen« heißt das dann.

ligste Teil aussuchen werde. Ich nehme nur, was ich möchte, egal, was es kostet. Eine neue Pflegelinie von Biotherm? Ins Körbchen! Die perfekte Lippenstiftfarbe ist von Chanel? Ins Körbchen! Puderquasten in allen Größen und ein Schmink-Reiseset? Sì, señor.

Nach Douglas müssten wir dann rechts abbiegen, da geht es in die Passage, wo Tiffany sein' Laden seit Jahren eine Kette für mich liegen hat. Dann weiter zu Hugo, wo das schwarze Kleid hängt, und direkt im Anschluss, mit dem schwarzen Kleid, zwei Straßen weiter zu Sergio Rossi, da such ich dann ein bis fünf Paar passende Schuhe dazu aus. Auf meiner Einkaufstour liegen noch ein Kosmetikstudio, ein Habitat-Einrichtungsgeschäft, ein Luxusfriseur, ein Chocolatier und ein Buchladen. Das wäre Tag eins meines Lottogewinns. Danach reihen sich die Eigentumswohnung in der Innenstadt mit Dachterrasse, ein Häuschen im Grünen mit Pferd, ein Motorrad der Marke Triumph für L., Reisen, Einkäufe im Bioladen und Geschenke hintereinander auf, es gäbe so viel zu tun, die ganzen Spenden noch gar nicht mitgerechnet.

Was daran soll mich denn nun *nicht* glücklich machen? Die Gewöhnung, sagen die Wissenschaftler. Lottogewinner sind im Schnitt nach zwei Jahren genauso glücklich wie vor dem Gewinn. Gut, die zwei Jahre haben es aber auch in sich, finde ich. Wenn die Shoppingtour, die Wohnung und das Haus am See nichts Besonderes mehr sind, ist man natürlich eine arme Sau. Da sich in meinem Fall wahrscheinlich kein Gewöhnungseffekt in Sachen Luxus einstellen kann, müsste mein Glücksgefühl ja wie ein Flummi nach oben schnellen, wenn ich mir etwas Besonderes leiste. Das mache ich, ich werde mir etwas unerhört Luxuriöses leisten. Etwas, das ich schon immer gerne gehabt hätte und nicht brauche. Mal sehen, wie glücklich es mich macht.

MIR ETWAS LUXURIÖSES LEISTEN, DAS ICH NICHT BRAUCHE

Ich bespreche mit L., was für ein Luxusgut ich mir gönnen könnte. »Ein Motorrad der Marke Triumph?«, schlägt L. vor. Netter Versuch.

Nein. Es ist auch nicht so, dass ich tatsächlich überlege, was ich will. Das ist nur eine Alibi-Diskussion. Ich weiß haargenau, was ich haben möchte. Erwähnte ich die Kette bei Tiffany's? Genau die. Aber je teurer etwas ist, desto öfter fahre ich um den heißen Brei herum. Ich nähere mich teuren Anschaffungen wie einem knurrenden Hund. Ganz langsam und beruhigend drauf einredend. Ich ziehe Kreise drum herum und halte so viel Abstand, dass mich der Preis nicht in die Wade zwickt. Je teurer etwas ist, desto länger dauert der Tanz. Ich zähle die Vor- und Nachteile eines luxuriösen Wellnessurlaubs auf, lege den Kopf schief und wäge ab. »Es müsste etwas sein, was nicht an Wert verliert«, überlege ich laut und L. nickt. »Vielleicht auch nichts Großes, wir haben ja nicht so viel Platz«, füge ich noch hinzu. »Ja«, meint L., »so was wie Schmuck vielleicht oder eine HiFi-Anlage von Bang & Olufsen!« Bei den Worten »Bang & Olufsen« leuchten seine Augen auf. Warum muss eigentlich an allem, was Männern gefallen soll, ein Schalter dran sein?

»Schmuck ist keine schlechte Idee«, stimme ich zu. Na also, da wären wir. Für mich ist die Suche hiermit beendet, ich könnte noch ein paar Zweifel bezüglich des Preises äußern und wäre dann bereit, mich überzeugen zu lassen die Kette zu wollen. Aber L. ist jetzt in Fahrt: »Oder ein Goldbarren – was kostet eigentlich ein Goldbarren?[31] Oder eine *25er Siglo VI*?[32]«

---

31 Ein-Kilo-Barren: momentan 22.600 Euro
32 Zigarre von Cohiba, ca. 607 Euro. Das Stück.

»Du spinnst ja«, finde ich und hänge mich ans Telefon, um die Anschaffung mit Jana zu besprechen. Ich komme gar nicht dazu, die Vor- und Nachteile von Designer-Stereoanlagen, Sporträdern oder Spa-Aufenthalten darzulegen: »Du willst doch sowieso die Kette«, sagt sie. Es kennt einen eben niemand so gut wie die beste Freundin. Jana findet die Kette zwar auch schön, würde aber an meiner Stelle neue Möbel kaufen. Meine Mutter hingegen empfiehlt mir, in meine Gesundheit zu investieren in Form von einer Zusatzversicherung. »Nichts ist so viel wert wie gesund zu sein«, sagt sie. Damit hat sie natürlich recht – aber ich habe festgestellt, dass ich Gesundheit erst schätzen kann, wenn sie weg ist. Das ist wie mit Geldproblemen, irgendwie steht das in keiner Relation: Krank zu sein, Schmerzen oder Geldprobleme zu haben, macht mich sehr unglücklich. Gesund zu sein hingegen und Geld zu haben, macht mich aber anders herum nicht ebenso glücklich.

Anne findet Versicherungen und Möbel gleichermaßen überflüssig und schlägt ein zweiwöchiges Meditationsseminar in Indien vor. Oder eine Schweigewoche im Kloster, das kostet ungefähr 120 Euro die Nacht. 120 Euro? Dafür, dass ich eine Woche lang die Klappe halten muss, morgens um fünf aufstehe und im Klostergarten sitze? Das ist doch ein erstaunliches Phänomen, dass Leute, die sich einen fünfwöchigen Luxusurlaub im besten Hotel von St. Tropez leisten könnten, nicht in Urlaub fahren, sondern in ein Kloster gehen oder den Kilimandscharo besteigen, wo sie sich in einem windigen Zelt die Zehen abfrieren und sich vor ihrem Führer ihres Geldes schämen. Oder sie latschen sich in fünf Wochen auf dem Jakobsweg die Socken durch und treffen dort auf Tausende Schwaben. Oder expedieren in die Antarktis und essen rohe Robben. Kurz, sie verbringen eine Zeitspanne an einem möglichst ungastlichen Ort, ringen dort mit beschissenem Wetter und fragwürdigem Essen, um nachts auf einer unbequemen Schlafstatt zu erahnen, dass Geld nicht glücklich macht. Um das toll zu finden, muss man Geld haben. Wer kein Geld hat, nimmt die fünf Wochen in St. Tropez. Oder eine Kette von Tiffany's.

Beim traditionellen Sonntagsessen mit meinem Stiefvater spreche ich das Thema Geld wieder an. Diesmal relativiert er seine Aussage. »Geld macht nicht glücklich, das stimmt schon«, gibt er zu und nippt an seinem Weinglas. Genüsslich schließt er die Augen und genießt den guten Roten. Dann sieht er mich an und aus seinen Augen blitzt der Schalk: »Aber man kann sich eine Menge Dinge kaufen, die glücklich machen.«

Die Kunst ist also zu wissen, was einen glücklich macht. Macht mich eine Kette von Tiffany's wirklich glücklich? Bin ich so oberflächlich materialistisch gestrickt? Kann mir ein Stück Schmuck echte Befriedigung verschaffen? Ich überlege kurz und die Antwort ist: Ja! Ich stehe vor dem Schaufenster und atme tief durch. Unzählige Male stand ich hier und habe die Ausstellungsstücke bewundert, Kollektionen sind an meinem Auge vorbeigewandert und haben in Gedanken meinen Hals geschmückt. Kette, Ohrringe, Armbänder kamen und gingen, aber eine Kette war immer hier: der Klassiker, eine schwere Gliederkette mit einem auffälligen Verschluss, die perfekte Kette. Und jetzt ist es so weit. Ich habe mich extra hübsch gemacht und trage dem Anlass entsprechend meine Audrey-Hepburn-Sonnenbrille. Als ich den Laden betrete und der flauschige Teppich meine Schritte verschluckt, komme ich mir trotzdem klein vor. Unter den Blicken der zwei perfekt gestylten Verkäuferinnen werde ich noch kleiner. Ich habe das Gefühl, als könnte jeden Moment eine der beiden um den Tresen kommen, mich am Oberarm fassen und hinausgeleiten, weil ich hier nichts verloren habe. Verkäuferinnen erkennen so was. Die scannen einen kurz und können dann eine Hochrechnung der Vermögenssituation in Bezug auf den Grad der Unwahrscheinlichkeit, dass man etwas kaufen wird, anstellen. Entweder sie wuseln dann um einen herum oder, wie in meinem Fall, sie fallen in eine Art Gesichtsstarre und fixieren einen Ort jenseits meines Blickfelds. Was soll ich sagen – die zwei aus dem Tiffany's-Laden sind Spezialistinnen auf ihrem Gebiet. Sie durchschauen meine Verkleidung sofort. Obwohl ich für ein kleines Vermögen bei ihnen einkaufe, ist es, als müsste ich mich bedanken, dass sie sich die Zeit nehmen, sich mit mir zu beschäftigen.

Als ich das Geschäft mit der kleinen, edlen Tüte verlasse, an deren Seiten jeder den geschwungenen Schriftzug des Ladens lesen kann, fühle ich mich nicht wie eine Prinzessin, sondern wie ein trotziges Kind, das seinen Willen durchgedrückt hat. Ich trage die Kette hin und wieder. Aber jedes Mal, wenn mich jemand darauf anspricht und mir sagt, wie hübsch sie ist, steigt die Erinnerung an die Situation in dem Laden auf und legt sich schal über meinen Besitzerstolz.

MIR ETWAS KAUFEN, DAS ICH WIRKLICH BRAUCHE UND MIR NIE GEGÖNNT HABE

Es gibt Dinge, deren Anschaffung einem das Leben ungemein erleichtern kann, aber dadurch, dass es sich nicht um Herzenswünsche handelt, will man nicht viel Geld dafür ausgeben. Ein Beispiel? Gute Küchenmesser! Ich koche nicht ungern, aber mir fehlt jede Leidenschaft für komplizierte Experimente oder aufwendige Menüfolgen. Ich sehe mir keine Kochsendungen an und ich habe keinen Schuber mit den Jamie-Oliver-Büchern im Regal. Ebenso wenig wird man mich vor den Schaufenstern für Küchengeräte antreffen – es gibt ein paar Töpfe, eine Pfanne und eine Flasche Wein. Vielleicht noch ein Schneidebrett. Damit ist für mich eine Küche perfekt ausgestattet. Die Offenbarung kam

in Form von drei neuen Küchenmessern der Marke Zwilling. L.
hatte sie in einer Tombola gewonnen, an der er teilnahm, um für
irgendeine gute Sache zu spenden. Es gab zu gewinnen:

1. Eine Sammlung der *Kuschelrock*-Alben 1–20

2. Zwei handgearbeitete Sammlerpuppen in Fantasie-Tracht

3. Drei Küchenmesser von Zwilling

Fragen Sie mich nicht, was das für eine Veranstaltung war, ich
habe sie erfolgreich verdrängt. Nur so viel: Die Gewinne 1 und
2 entsprachen vollkommen dem Publikumsgeschmack. L.s Teilnahme an der Verlosung war reine Verzweiflung, er musste auf
der Veranstaltung Präsenz zeigen und wollte gleichzeitig nur weg,
als Übersprungshandlung nahm er an allem teil, was geboten war.
Als er den Hauptgewinn zog, durfte er aus den Gewinnen aus-
wählen. Er sah mich an und fragte so ernst wie möglich: »Liebes,
möchtest du zwei handgearbeitete Sammlerpuppen?«

»Nein, danke, dann kotze ich im Strahl«, antwortete ich so freundlich wie möglich und schenkte ihm mein schönstes Lächeln. So
kamen die Messer zu uns. Seit ich die Messer zum ersten Mal
benützt habe, ist mir absolut schleierhaft, wie ich davor ohne sie
leben konnte. Das Schneiden von Zeug ist kein notwendiges Übel
mehr, sondern macht Spaß. Es ist so ähnlich wie mit den Bettsocken: Ich freue mich jedes Mal, wenn ich sie benütze. Von solchen Dingen muss es doch noch mehr geben – etwas, das mir das
Leben erleichtert und mich täglich erfreut, für das ich nur bisher
kein Geld ausgeben wollte oder das mir nicht in den Sinn kam.
An dem Abend frage ich L., ob ihm etwas einfällt. »Ein Motorrad der Marke Triumph?« Ich hätte es mir denken können.

Als ich später in meine Bettsocken schlüpfe, denke ich, so etwas Ähnliches müsste es sein. Ich bräuchte eine Ganzkörperbettsocke, die mich tagsüber warm hält, ich bin nämlich schrecklich verfroren. Während der Wintermonate habe ich deswegen immer Nackenschmerzen, weil ich permanent die Schultern nach oben ziehe. Warum macht man das eigentlich? Es wärmt überhaupt nicht! Man kann den Hals nicht zwischen den Schulterblättern verschwinden lassen, es sei denn, man ist eine Schildkröte. Ich mache es trotzdem, es ist ein Automatismus. Auch wenn ich mich warm anziehe und mehrere Schichten trage: Wenn es kalt ist, leide ich. Die Idee mit der Bettsocke für den ganzen Körper hatten schon Leute vor mir, die waren bestimmt auch verfroren. Da gibt es zum Beispiel den Selk'Bag, einen Schlafsack zum Anziehen, mit Armen und Beinen.[33] Der wäre für meine Zwecke ideal, der Nachteil ist, dass man eben aussieht, als hätte man einen Schlafsack an. Der Rest der Vorschläge aus dem Internet zum Thema »Ganzkörperanzug« hat nichts mit Wärme zu tun. Falls Sie aber schon immer in einem Vakuum-PVC-Anzug mit Staubsaugeranschluss stecken wollten, dann wird Ihnen auf der Seite www.catsuitkontor.de das Herz aufgehen.

All diese interessanten Fakten recherchiere ich, während ich in der Arbeit an meinem Schreibtisch sitze. Das ist auch viel spannender, als über die Marketingstrategien für eine blöde Bohrmaschine nachzudenken. Gerade, als ich den schwarzen Catsuit im Wet Look betrachte, sieht mir die Drösel über die Schulter. »Was ist das denn?«, fragt sie und ich schrecke zusammen. »Das? Das ist, das ist ...«, stammle ich und rede wirres Zeug von der »Zielgruppe für Bohrmaschinen« und »man könnte ja einen Pin-up-Kalender machen«, die Drösel guckt skeptisch auf die Dame im schwarzen Lackleder. »So im Stil von *Kill Bill*? Uma Thurman?«,

---

33 www.selkbag.de

rudere ich herum und schließe die Seite. »War nur so eine blöde Idee«, sage ich und drehe mich demonstrativ um.

Nach der Arbeit bin ich mit Anne im Café Vermont verabredet. »Wenn so ein Anzug nicht aus Plastik, sondern aus Wolle wäre, käme das ziemlich nah an deine Idee mit der Ganzkörper-Bettsocke«, sagt Anne und schlürft ihren Tee. »Stimmt«, finde ich und klappe den Laptop auf. »Ob es das schon gibt?« Das gibt es natürlich schon, ob Ganzkörperanzug, Maske oder Peniswärmer, alles kann man aus Wolle bei der Firma Wolltraum[34] bestellen. Anne packt mich plötzlich am Arm und sieht mich mit großen Augen an: »Mensch, Alex! Merino!«

Sie wartet darauf, dass ich verstehe, was sie meint, dass ich mir mit der Hand auf die Stirn schlage und rufe: »Klar, Merino!«, aber ich habe keine Ahnung, was sie mir sagen will. »Merino?«, frage ich. »Wer ist Merino?« Anne lässt meinen Arm wieder los.

»Das ist so eine feine Wolle, sauteuer und ganz warm, daraus gibt es auch so langärmelige Shirts und Leggins, das ist fast so was wie eine Bettsocke für unten drunter!«

Für Outdoor-Sportler, die auch im Winter und bei Kälte das tun, was Outdoor-Sportler eben so tun, mag das keine große Überraschung sein, für mich hingegen ist es die Entdeckung des Jahrhunderts: Es gibt tatsächlich Kleidung zum Druntertragen,[35] die selbst die verfrorensten Fröschlein im Winter warm hält. Das ist außerdem ganz dünne Kleidung! Ich habe mich bis jetzt im Winter immer nach dem Prinzip *viel hilft viel* angezogen. Mehrere Schichten langärmeliger Oberteile, darüber den dicken Pulli, darüber Daunen und kalt war es dann trotzdem. Bei gleichzei-

---

34 www.wolltraum.de
35 … und auch welche zum Drübertragen!

tiger Geruchsentwicklung, weil die Haut irgendwie wegen des Materialwusts durchdreht und in ihrer Not das Transpirieren anfängt. Derweil muss man von Oktober bis März gar nicht aussehen wie das Michelin-Männchen! Mein Shirt (208 Euro) besteht aus einer Mischung aus Merinowolle und Possumgarn. Es kommt aus Neuseeland und lässt meine Lebensqualität bei Kälte um 100 Prozent steigen, und während alle anderen die Schultern hochziehen, um den Hals zwischen den Schulterblättern zu verstecken, fühle ich mich pudelwohl. Mein Merino-Possum-Shirt ist pures Glück!

GESCHENKE MACHEN

Geschenke zu machen, kann ein Quell großen Glücks sein, es kann einem aber auch ganz schön die Stimmung vermiesen, wenn man etwas schenken will-soll-muss und keine Ahnung hat, was. Als Weihnachten noch zu Hause bei meinen Eltern gefeiert wurde, war der schönste Moment des Abends der, wenn ich mein Geschenk überreichte und wusste, dass ich damit goldrichtig lag. Die ganze Mühe und Arbeit vorher waren diesen einen Moment wert: die Freude in ihrem Gesicht und das Glück, das daraufhin im eigenen Inneren aufging wie die Sonne. Dieses Glück leuchtete sogar heller als jenes, das ich spürte, wenn ich die Geschenke öffnete, die für mich bestimmt waren.

Inzwischen fahren die verschiedenen Teile der Familie an Weihnachten in Urlaub oder müssen arbeiten, L. und ich bleiben zu Hause und machen es uns gemütlich. Abgesehen von Weihnachten hagelt es in einem fort Geburtstage, Namens- oder Hochzeitstage und im Laufe der Jahre feiern nicht nur die Verwandten und Freunde Geburtstag, sondern auch deren Kinder, und die werden mit der Zeit immer mehr. Da beschenkt man noch in einem Jahr die Single-Freundin und im nächsten, hast du nicht gesehen, ist aus ihr eine Kleinfamilie geworden. Mit Hochzeit, Mann (Geburtstag) und Baby (Geburt). Das kann in einem gewissen Alter ganz schnell gehen. Und schon ist man im Geschenkewahnsinn.

Es gibt ja Geschenke und Geschenke. Es gibt diese Geschenke, die man verzweifelt sucht, weil eine Arbeitskollegin Geburtstag hat oder Tante Hermine Namenstag. Zuerst schiebt man die Besorgung ewig und drei Tage auf, dann läuft man sich kurz vor knapp Blasen an die Füße und landet am Schluss in einem Geschenkartikelladen, einem Ort der Verzweiflung, an dem man einkauft, wenn einem einfach nichts Passendes einfallen will. Da kommt man dann raus mit einer lustigen Tasse oder mit Eiswürfelspendern in Kuhform. Das sind keine guten Geschenke. Da ist man froh, wenn das Öffnen nicht in großer Runde zelebriert wird, wenn nicht 20 Leute um das Geburtstagskind stehen und das Auspacken mit großem Hallo begleiten. Kaum hält der Jubilar nämlich seine Kuh-Eiswürfel in der Hand, kommt ein verhaltenes »Wie schön«, und alle suchen mit den Augen in der Runde, wem das wohl eingefallen ist. Ein Tipp: Falls Sie auch eine Tante Hermine haben, verschenken Sie keine Kochschürze, auf die vorne ein nackter Mann gezeichnet ist. Auch Stoffhüte mit einer Plüsch-Geburtstagstorte obendrauf sind nicht immer ein Stimmungsbringer. Zumindest nicht bei *meiner* Tante Hermine. Die feinen Geschenke sind die, die einen überkommen wie eine Erleuchtung. Plötzlich hat man die Idee für das ideale Geschenk für eine bestimmte Person im Kopf und man freut sich schon darauf, es zu verschenken. Leider, leider halten sich solche Eingebungen überhaupt nicht an Anlässe und bestimmte Tage im Jahr.

Ich möchte gerne L. eine Wahnsinnsfreude bereiten. Das hat er sich verdient. Was er normalerweise so bekommt, an Weihnachten oder zum Geburtstag, sind Dinge, die ihm zwar gefallen (Digitale Wetterstation), ihm Spaß machen (Carrerabahn) und die er genießt (eine Flasche Barolo Le Rocche del Falletto 2003), aber es sind keine Herzenswünsche.

Es heißt ja immer, es sei schwierig, für Männer Geschenke zu finden. Das denke ich nicht, man kann schenken, was man will, Hauptsache, es sind Schalter, Stecker oder zumindest ein paar Batterien dran. Viel schwieriger ist es anscheinend für Männer, Geschenke für Frauen zu finden. Für L. auch. Aus einem mir nicht näher bekannten Grund geht er davon aus, dass ich mir Dinge wünsche, die nützlich sind. Oder zumindest Schalter, Stecker oder Batterien enthalten. Wenn kurz vor Weihnachten der Mixer kaputtgeht, weiß ich schon, wer freudestrahlend mit einem neuen Modell am 24. unter dem Baum stehen wird. Dass ich seit Wochen immer wieder fallen lasse, wie gern ich einen Städtetrip nach Venedig machen würde, kommt hingegen nicht an. Klar, Venedig ist ja auch nicht kaputtgegangen.

Inzwischen bin ich dazu übergegangen, L. in der Vorweihnachtszeit ab und zu den Arm auf den Rücken zu drehen und ihn dreimal laut nachsagen zu lassen, was ich mir wünsche. Das finden Sie unromantisch? Unromantischer als ein neuer Mixer ist es auch nicht.

Das ideale Geschenk für L. wäre selbstverständlich das Triumph-Motorrad. Da der Mann von der Lottogesellschaft aber noch nicht vor der Tür stand, kann dieser Wunsch jedoch vorerst direkt vor meiner imaginären Eigentumswohnung mit Dachterrasse und Pferd parken. Auf einer Internetseite, die sich auf Geschenke für Männer spezialisiert hat, finde ich aber viele andere Vorschläge:[36]

---

36   http://www.presents4friends.com/

- Einen Fotowecker. Da kann man einen eigenen Text drauf-
sprechen, mit dem der Beschenkte dann zärtlich geweckt
wird, und ein persönliches Foto kann man auch einfügen.
Das ist schon praktisch, der Hersteller schlägt den Satz vor:
»Guten Morgen, mein Schatzi, genieße deinen Tag.« Seien
wir ehrlich. Nach einer gewissen Zeit weckt man sich morgens nicht mehr mit Kosenamen. Aber der Wecker kann
auch jeden Morgen tönen: »Jetzt steh schon auf, Herrgott
noch mal, wie oft muss ich es denn noch sagen, jeden Morgen das gleiche Theater …« Das stelle ich mir schon schön
vor.

- Ein Mondgrundstück. Das habe ich noch nie verstanden.
Wenn L. nach Hause käme und mir mit einem Strahlen erzählen würde, er habe gerade 1000 Quadratmeter Land *auf
dem Mond* erworben, ich würde ihn direkt auf selbigen schicken, dann kann er sehen, ob da vielleicht ein bisschen Pfeffer
wächst. Anne findet das mit dem Mondgrundstück romantisch. »Wenn man abends in den Himmel sieht, denkt man
an den, der einen beschenkt hat«, findet sie. Ja, das glaube ich
auch. Ich würde jedes Mal, wenn ich den Mond ansehe, an L.
denken. Was für ein Trottel er ist, dass er einem Mondgrund-
stücksmakler auf den Leim geht.

- Einen Geldkoffer. Dabei handelt es sich um einen Koffer mit 150.000 Euro in gebrauchten Scheinen. Der kostet
24,90 Euro. Klingt nach einem guten Geschäft, denke ich und
sehe mir die Anzeige näher an. Es sind tatsächlich 150.000
Euro in dem Koffer, einziger Nachteil: Sie sind geschreddert.
Gechreddert! 150.000 Euro in Schnipseln! Ich frage mich, ob
sich da jemals jemand drüber gefreut hat – das ist doch ein
Hohn, oder? 150 Tausend Tacken so nah und doch so fern.
Ich säße wahrscheinlich tagelang mit Pritt-Stift und Tesa vor

meinem Geldkoffer, käme mir verarscht vor und würde den Schenker direkt auf das Mondgrundstück wünschen.

Dann entdecke ich aber ganz unten einen famosen Geschenkvorschlag: Hubschrauber selber fliegen. Da darf man, solange man sich nicht zu blöd anstellt, während eines Hubschraubefluges die Steuerung übernehmen. Yes. Das ist doch toll. Besonders für einen Freund von Schaltern und Knöpfen und Technik. Das Ganze kostet 359 Euro, das ist jetzt nicht wenig, aber für ein einmaliges Super-duper-Geschenk geht das schon. Als ich meine Kreditkartennummer in das Onlineformular eingebe, horche ich sehr genau hin: Ich fühle mich kein bisschen glücklich. Null, nada, niente. Ich fühle nur ein leichtes Unbehagen, wegen des vielen Geldes.

Am nächsten Tag stehe ich in der Arbeit vor der Kaffeemaschine und erzähle Lena, unserer Praktikantin, von meiner Geschenkidee. »Und wann schenkst du es ihm?«, fragt sie, und ich überlege. »Vielleicht erst, wenn es wärmer ist? Es ist doch gerade eiskalt und in so einem Hubschrauber – ich weiß ja nicht, aber haben die da eine Heizung?« Da lacht jemand hinter mir: »Nein, eine Heizung gibt es da bestimmt nicht.« Die Drösel. Wo die immer herkommt, die tumbe Nuss.

Als ich am nächsten Sonntag meinem Stiefvater von der Superidee erzähle, ist der gar nicht so begeistert. »Aha«, sagt er und zündet sich eine Zigarre an. »Ich dachte immer, L. hätte so gerne eine Triumph?«

Ich schiebe eine Spargelstange auf meinem Teller von links nach rechts. »Ja. Eine Triumph Bonnville.«

»Hmhm«, macht mein Stiefvater und nickt mit dem Kopf. »Schönes Motorrad.« Ich runzle die Stirn. »Weißt du, wie viel so ein Ding kostet?«

»Nein«, antwortet mein Stiefvater. »Und du?«

Ich weiß es auch nicht. Aber ich bin mir sicher, es ist viel. Mehr als ein Hubschrauberflug und wahrscheinlich auch mehr als eine Zehnerkarte Hubschrauberflüge. Zu Hause sehe ich die Annoncen in der Zeitung und im Internet durch und sehe eine Anzeige für 900 Euro. Das geht ja, denke ich und bemerke kurz darauf, dass es sich dabei ausschließlich um ein Ersatzteil handelt. Das billigste, das ich finde, ist ein Unfallmotorrad, 200 Kilometer von unserer Stadt entfernt. Trotzdem ist der Preis noch stattlich – in meinem Kopf rattert es los:

Eventuell als Geburtstagsgeschenk zum 40. und eventuell, wenn sich Freunde und Verwandte beteiligen … allerdings muss ich das dann organisieren. Ich kenne mich auch leider überhaupt nicht mit Motorrädern aus, ich müsste jemanden bitten, das Ding für mich anzuschauen. Und wie soll ich es überhaupt hierherbekommen? Spätestens bei dieser letzten Frage geht mir auf, dass ich Argumente sammle, warum diese Motorradsache nicht klappen kann. Es ist überhaupt kein Problem, ein Motorrad 200 Kilometer von A nach B zu fahren. Ich kenne auch jemanden, der sich mit mir das Gefährt ansehen würde und der weiß, ob es sich um ein Schnäppchen oder die Niete des Jahrhunderts handelt. Und Freunde und Verwandte zu fragen, ob sie Lust haben auf ein Gemeinschaftsgeschenk, das ist jetzt auch kein himmelschreiender Aufwand. Aber es ist ein Aufwand. Und den scheue ich instinktiv. Im Internet eine Kreditkartennummer einzugeben, ist einfacher, keine Frage. Wenn ich so überlege, welche Geschenke mich am meisten freuen, dann fallen mir als Erstes die selbst gebackenen Torten von Anne ein, die, weil Anne Backen hasst, umso wertvoller sind. Oder der liebevoll bemalte Mülleimer von Jana. Oder als L. heimlich Klavierstunden nahm, um mir an meinem Geburtstag mein Lieblingslied vorzuspielen. Er, der noch nie vor einem Instrument gesessen war. Die schönsten Geschenke sind die, für die sich jemand wegen uns Mühe gegeben hat. Die müssen dann auch gar nicht groß sein.

Aber L. eine Triumph Bonnville zum Geburtstag zu schenken, wäre schon der Hammer.

Und das zu organisieren, ist dann genau so, wie ich das während der Buddha-Nummer erfahren habe: Die Vorstellung, etwas erledigen zu müssen, ist immer schlimmer, als es einfach zu tun. Genau einen Nachmittag lang telefoniere ich, schreibe Mails und dann ist alles klar. Markus fährt mit mir das Motorrad anschauen, alle Freunde und Verwandte, die zum 40. Geburtstag von L. kommen, finden die Idee eines Gemeinschaftsgeschenks super und zahlen mit. Mein Stiefvater bietet fast schon etwas aufdringlich an, das Motorrad nach Hause zu bringen, falls es gekauft wird. Und so kommt es dann auch. Am Tag vor L.s Geburtstag fährt mein Stiefvater die Triumph Bonnville in die Garage der Nachbarn zwei Straßen weiter, das habe ich mit ihnen so ausgemacht. Am nächsten Tag am frühen Abend sage ich L., ich müsste noch mit Schmitz raus, bevor die Gäste kommen, und treffe mich mit allen Freunden und Verwandten vor der Garage. Wir binden bunte Luftballons und Schleifen an das Motorrad, auf den Ballons stehen die Namen aller, die mitgeschenkt haben. Mein Stiefvater fährt im Schritttempo, ich sitze hintendrauf und alle Freunde, Eltern, Geschwister und Schmitz gehen nebenher zu uns nach Hause. Wir sehen aus wie ein Karnevalszug mit nur einem Gefährt. Als wir in die Straße einbiegen, hupen wir so laut, dass es alle Nachbarn auf die Straße treibt. Auch L. kommt aus dem Haus und als er uns sieht, klappt ihm tatsächlich die Kinnlade nach unten. Wie vom Schlag getroffen steht er regungslos da und das Erste, was sich bewegt, ist ein kleines Tränchen der Rührung aus seinem Augenwinkel.

Die Anspannung der letzten Tage, die Geheimniskrämerei und meine unendliche Vorfreude, L. dieses Geschenk machen zu können, lösen sich in dem Moment in einen Wasserfall von Glückstränen auf und ich heule, dass es eine wahre Pracht ist. Schniefend liegen L. und ich uns in den Armen, beide glücklich, und die empfindsameren Pflänzchen in unserem Freundeskreis heulen gleich mit. Wenn ich Ihnen das so erzähle, kriege ich gleich wieder einen See in den Augen.

Geld macht schon glücklich. Es kommt immer darauf an, wofür wir es ausgeben.

DAS LACHYOGA-SEMINAR

Marlene hat Speichelfluss. Und das ist eine gute Nachricht. Marlene sitzt neben mir im Stuhlkreis und damit da kein Missverständnis aufkommt: Wir sind nicht die Gruppe Sonnenschein des städtischen Kindergartens. Wir sind Teilnehmer eines Lachyoga-Kurses. Und Marlene ist auch nicht 5, sondern 45. Warum die Spucke von Marlene freut? Das ist so: Christoph, unser Lachyoga-Therapeut, hat uns gerade angewiesen, die Augen zu schließen und an Kaiserschmarrn zu denken. Zu beweisen gilt, dass wir körperliche Reaktionen provozieren und abrufen können. Da bin ich jetzt froh, dass er sich für den Speichel entschieden hat und nicht für den Angstschweiß.

Lachen, so der Clou der Geschichte, kann auch jede Menge toller Sachen im Körper anstellen:

- Es reduziert Hormone, die Stress verursachen (Adrenalin und Cortisol).

- Es fördert die Durchblutung und die Sauerstoffzufuhr im Körper.

- Es regt den Stoffwechsel und die Verdauung an.

- Es stimuliert das Herz-Kreislauf-System, normalisiert den Blutdruck und stärkt das Immunsystem.

158

- Es regt das Gehirn an, »Glückshormone« freizusetzen (Serotonin, Dopamin, körpereigenes Morphium).

- Es schaltet das Denken ab.

- Es hellt das Gemüt auf. *Über den Körper ans Gemüt*, ist die Devise. (Das hat bei der Sport-Nummer ja schon gut geklappt.)

Lachforscher (Gelotologen)[37] berichten außerdem, dass Lachen die Menschen kreativer macht, Männer potenter und dass eine Minute Lachen einem 45-minütigen Entspannungstraining entspricht. Lustig: Lachen und Lächeln senkt auch das Schmerzempfinden, und zwar um bis zu 30 Prozent. Der Humorforscher Willibald Ruch hat 77 Leute ihre Hand in Eiswasser baden lassen. Diejenigen, die lächelten oder lachten, hielten es länger aus. Saulustig, denke ich. Worüber kann man lachen, wenn einem gerade die Hand abfriert? Und jetzt kommt der Knaller: über nichts, man lacht einfach so. Ohne Grund. Man tut so, als ob man gerade den Witz des Jahrhunderts gehört hätte. Weil, und das ist der Weg des Lachyoga, ein künstliches Lachen in ein echtes Lachen übergehen soll. Ganz ohne Witze zu erzählen, nur aus Spaß an der Freude. Oder wie es der Gründer der Lachyoga-Bewegung, der indische Arzt Madan Kataria, sagt: »Wir lachen nicht, weil wir glücklich sind – wir sind glücklich, weil wir lachen!« In Deutschland haben sich die Lachyogis in einem Verband organisiert: www.hoho-ha-ha.de. Deren Vorstand, Dr. Michaela Schäffner,[38] bezeichnet das Lachen gar als »laute Sofortmeditation«.

---

37 Gelotologie ist die Wissenschaft der Auswirkungen des Lachens. Der Gründer, Prof. Dr. William Fry, forschte ausschließlich mit dem »echten« Lachen. Sein Lieblingswitz: Sagt ein Freund zum anderen: »Manchmal frage ich mich, was schlimmer ist: Ignoranz oder Apathie.« Darauf der andere: »Das weiß ich nicht und es interessiert mich auch nicht.« Außerdem ist er ein großer Fan von Calvin & Hobbes-Comics.
38 Die Website von Frau Schäffner: www.lacheinfach.com

Es gibt also etwas, das Spaß macht, gesund ist, das ich selbst machen kann, nichts kostet, mich kreativer und fröhlicher macht und total simpel ist. Klingt gut, finde ich. Das nehme ich!

Ich buche einen Wochenendkurs beim Meister des Lachens, beim Lachyoga-Therapeuten und Ausbilder, Trainer für Stressmanagement, Betriebswirt, Buch- und Filmautor: Christoph Emmelmann, Gründer der ersten Münchner Lachschule. *(Emmelmann, hihi)*

Münchner Lachschule

»Lachschuhe? Was sind denn Lachschuhe?«, fragt L., als ich ihm von meinem Vorhaben erzähle. Ich rede öfter über Schuhe, da ist er konditioniert.

»Nein, Lach*schule*«, sage ich und zeige ihm die Website www.muenchner-lachschule.de

»Da steht, Kinder lachen etwa 300 bis 400 Mal am Tag. Erwachsene tun es im Schnitt nur 15 Mal.«

»Na und?«, L. sieht mich verständnislos an. »Kinder machen auch drei bis vier Mal am Tag in die Hose und Erwachsene gar nicht mehr!« Ich lese weiter: Die Lachyoga-Übungen bestehen aus einer Kombination von Atem- und Streckübungen, gemischt mit pantomimischen Lachübungen und Klatschübungen.

»Na? Kommst du mit?«, frage ich ihn.

160

»Unter gar keinen Umständen«, antwortet L.

Jana, die ich zu begeistern versuche, tippt sich mit dem Finger an die Stirn. »Ich bin doch nicht bescheuert!«. Was ich als klares Nein deute. Ich melde mich also alleine an.

Am Freitag vor meinem Kurs habe ich das Gefühl, ich müsste mich ein bisschen vorbereiten. Weiß der Himmel, was da auf mich zukommt! Bei Youtube sehe ich mir Filme vom letzten Weltlachtag[39] an, und das macht mir richtig Angst. Ich sehe eine Gruppe Leute, die mit abgewinkelten Armen im Kreis laufen und gackern wie Hühner. »Und das ist die Krone der Schöpfung«, schießt es mir durch den Kopf.

»L.? Sicher, dass du nicht mitkommen möchtest?« Aber er verdreht nur die Augen.

Und dann ist es wie immer, wenn ich morgens irgendwo sein soll: Ich verschlafe und komme gleich am ersten Tag zu spät. Als ich außer Atem im »MIA – Raum für Begegnungen«[40] ankomme, hat der Kurs schon angefangen. Gott sei Dank habe ich dicke Socken dabei, da kann ich die bereitgestellten Filzschlappen umgehen. Wer weiß, wie viele Evangelen-Füße da schon reingekäst haben. Ich schnappe mir einen Stuhl und schiebe mich mit in den Stuhlkreis hinein. 13 Erwachsene sitzen im Kreis, plus der Emmelmann-Lehrer, der mir freundlich zunickt. Entgegen aller Erwartungen ist er kein langhaariger Batikhosen-Träger, sondern sieht aus wie ein seriöser Geschäftsmann. Ich lächle entschuldigend in die Runde und sehe mir die Lachkollegen an. Alle sind in der Lebensmitte, 90 Prozent Frauen.

---

39 Weltlachtag ist am ersten Sonntag im Mai. Weltweit treffen sich die Lachclubs an diesem Tag und lachen um 14 Uhr deutscher Zeit drei Minuten lang.
40 Ein Raum, den man für Veranstaltungen mieten kann. So ähnlich wie die Räume, in denen sich evangelische Schulfreizeiten treffen. Oder Besinnungstage stattfinden.

Neben mir sitzt Marlene, in einem XXL-T-Shirt mit einer Siamkatze vorne drauf. Gab es in Ihrer Schulklasse auch so eine her-
zensgute, nette Brillenschlange, die Übergröße, Akne und schlechte Frisuren trug? Die man die ganze Zeit in Schutz nehmen wollte?
Dann kennen Sie Marlene. Es sind überhaupt alle Typen von damals aus der Schule dabei: Da sitzt immer eine, die man sofort
nicht leiden kann, und eine, die vielleicht eine Freundin werden
könnte, der Typ, mit dem man flirten will, und eine Streberin ist
auch dabei, die alle hassen können. Das ist wichtig für eine Gruppe. Ein altes chinesisches Sprichwort sagt: Das Glück eines Dorfes
hängt davon ab, dass es einen gibt, den alle hassen können. Oder
so ähnlich. Plötzlich stehen alle auf (auch das ist wie früher in der
Schule: Ich habe nicht aufgepasst) und fangen auf Kommando zu
schreien an: »Sehr gut, sehr gut, jaaaa!«, und zwar während sie
mit den Armen pumpen, um sie dann bei »Jaaaa« in die Höhe zu
schmeißen. Das sieht ungefähr so aus:

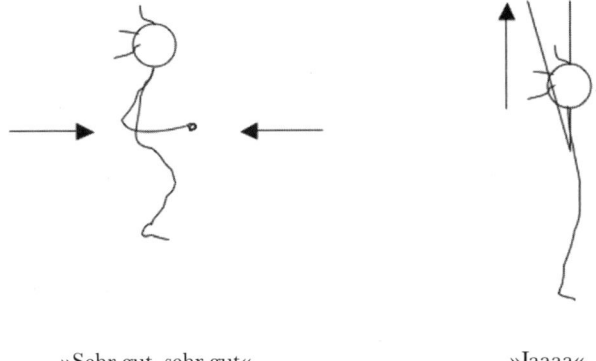

»Sehr gut, sehr gut«   »Jaaaa«

Finden Sie eigenartig? Ich auch, und das muss man mir ansehen:
Meine Lachkollegen lachen mich und meinen depperten Gesichtsausdruck erst mal schön aus. Ihr mich auch, Kollegen. Dann
kommt die Vorbereitung auf die Lachübungen, wie Warmlaufen

vor dem Sport: die Klatschübung. Ich stehe Marlene gegenüber und wie die Schulmädchen klatschen wir uns links, rechts und beidhändig in die Hände. Statt wie früher dabei zu sagen:

> Ich ging zum Doktor Wulle Wulle Wull,
> mit meiner Schwester Kille Kille Kill,
> mit meinem Bruder Box Box Box,
> er sagt, ich sei ein Ochs Ochs Ochs.

sagen Marlene und ich im Rhythmus: »Hoho, hahaha.« Ich komme mir immer noch deppert vor. Das Klatschen, sagt unser Lachmeister, stimuliert die Reflexzonen in unseren Handflächen, über die dann der gesamte Körper wach und aktiv wird. Wir könnten uns also auch gegenseitig eine knallen.

Eine Atemübung noch, um uns zu energetisieren, dann geht es los mit den Lachübungen. Ob jetzt künstliches Lachen genau so gesund ist wie echtes – keine Ahnung. Unser Emmelmann geht da jedenfalls kein Risiko ein – deswegen sollen die Lachübungen so lustig sein, dass unser künstlich angeschmissenes Lachen zu einem echten Lachen wird. Nach dem Motto: »Fake it until you make it!« Tu so als ob, bis es wirklich klappt. Warum nicht, ich habe das mit meinem Orgasmus früher genauso gemacht, da hat das Prinzip auch funktioniert. Unsere erste Lachübung sieht folgendermaßen aus:

Wir laufen mit den Händen am Kopf durch den Raum und begrüßen die anderen auf Schwedisch. Ich kann gar kein Schwedisch, aber das ist egal, sagt Christoph. Wir sollen einfach so tun als ob, und zum Abschluss »Ikea, Ikea« sagen. Ich nehme die Hände an die Ohren und sehe mich um. Da kommt auch schon Pia, eine Gymnasiallehrerin, auf mich zu. »Smöreflöd hamsterbröd!«, sagt sie erfreut. Ich wackle mit den Händen: »Östebotten Västebräd«, entgegne ich höflich.

»Ikea, Ikea.«

»Ikea, Ikea.«

Mann, Mann, Mann. Wenn ich das zu Hause erzähle.

Und wieder eine Atemübung. Ich atme an diesem Tag so viel, dass ich Sauerstoff für zwei Tauchurlaube habe. Als Nächstes spielen wir »Bild stellen«. Aufgeteilt in zwei Gruppen, denken wir uns ein Thema aus, das die andere Gruppe darstellen soll. Selbstverständlich kommt sofort die Idee: Rotlichtmilieu. Die anderen müssen nun einer nach dem anderen vortreten, spontan sagen, was sie darstellen, und ihre Rolle spielen. So lange, bis alle Teilnehmer dieser Gruppe eine Rolle gefunden haben. Dabei habe ich die erfreuliche Möglichkeit, Rolf, einen 65-jährigen Rentner (ehemals bei der Bundesagentur für Arbeit), als Peepshow zu sehen: Er geht einfach auf und ab und macht: »Piep! Piep! Piep!« Auch nicht schlecht ist die Idee von Pia: Die formt mit Zeigefinger und Daumen ein Okay-Zeichen, läuft ihm hinterher und geht so als Guckloch der Peepshow. Muss ich lachen? Ich biege mich vor Lachen. Ich haue mir auf die Schenkel, krümme mich und halte mich an Marlenes Schulter fest. Lachen ist schon herrlich. Und wieder Atemübung.

Zurück im Stuhlkreis merke ich, dass ich gelöst und albern bin und mich gut fühle. Es ist doch so: Hat man sich erst einmal vor versammelter Mannschaft zum Affen gemacht (ich ging in dem Zoo-Bild als Schwein), ist man nicht mehr so genierlich. Deswegen fällt mir die nächste Nummer nicht schwer: Wir klopfen uns alle selbst mit der rechten Hand auf die linke Schulter und umgekehrt und »schenken uns ein Loblachen«. Obwohl ich es ja selbst bin, die mir auf die Schulter klopft, habe ich doch das Gefühl, etwas gut gemacht zu haben. Und da stehen wieder alle auf: »Sehr gut, sehr gut, jaaaa!« Alles, was recht ist, aber so weit bin ich noch nicht.

Bei der nächsten Übung stehe ich Petra, einer Physiotherapeutin in rot-weiß kariertem Hemd, gegenüber. Einen Arm strecken wir in die Luft, mit dem anderen zeigen wir auf den Bauch unseres Gegenübers, unterhalb der Rippen. Dazu sagen wir laut: »Wo deine Bauchspeicheldrüse sitzt, sitzt auch meine Bauchspeicheldrüse, und wo meine Bauchspeicheldrüse sitzt, sitzt auch deine Bauchspeicheldrüse.« Dann bohren wir unsere Finger dahin, wo wir ebendiese vermuten. Noch während wir den Spruch aufsagen, lachen wir los, die Situation ist einfach zu blöd. Mir macht die Sache allmählich richtig Spaß.

In den kleinen Pausen zwischendurch stehen wir zusammen und ratschen. Die sind alle sehr nett, meine Lachkollegen, ich stelle aber fest, dass sie, im Unterschied zu mir, echte Seminar- und Workshop-Profis sind. Ob transzendentale Feedback-Kurse, Neurolinguistische Programmierung oder Kinesiologie, unter mindestens einer Familienaufstellung macht es hier keiner. Das würde Anne gefallen. Ich höre aufmerksam zu, während meine Kollegen zitieren, was das Zeug hält. »Dr. Block-Eberhagen sagte ja schon, dass …« und »Die Theorie nach Rudolf Meiler besagt, dass …«, klingt es hier und dort und ich frage mich, ob ich die Einzige bin, die diese ganzen Namen nicht kennt.

Von links bietet mir Petra ein paar von ihren Chlorella-Kapseln[41] an, die meinem Körper helfen sollen, sein Schwermetall loszuwerden. Vor meinem inneren Auge ploppen mir die Amalgam-Füllungen aus den Zähnen. Petra finde ich trotzdem nett. »Das Erlebnis ist das Ergebnis«, höre ich gerade unsere Streberin mit der Buddhakette sagen. Sigi, die fränkische Krankenschwester, hält dagegen: »Jeder ist seines Glückes Schmied, aber nicht jeder ist Schmied.« Erwartungsvoll sieht mich Marion, eine Bankkauffrau aus Wiesbaden, an. Dank Anne kenne ich einen Satz, der immer funktioniert: »Es gibt ja ganz viele verschiedene Ebenen.«

Weiter geht's zur nächsten Übung. Diesmal sind wir Lachsäcke. Ich ziehe Petra eine imaginäre Schnur aus dem Nabel, und die Lachsack-Petra fängt an zu giggeln und zu kichern und steigert sich in ein beachtliches Bauch-halte-Lachen. Dann bin ich dran. Petra zieht an der unsichtbaren Schnur an meinem Nabel und ich komme mir schon wieder blöd vor. Einfach so loslachen ohne Grund – »Hähä«, mache ich und denke mir: Wie ein Depp. Und wieder Atemübung.

Unsere Zwerchfelle brauchen eine Pause, im Stuhlkreis erzählt Christoph schlaue Dinge über Humor und den Umgang mit Ablehnung – die kommt schon mal auf, wenn er als Trainer für Stressmanagement von einer Versicherung engagiert wird und die Führungsriege in Anzug auffordert, sich gegenseitig Lachsack-Schnüre aus den Bauchnabeln zu ziehen. Wenn da einer aufsteht und sagt, das sei Blödsinn – was dann? »Dann sage ich Danke! Das ist super, dass Sie hier aufstehen und etwas sagen, da müssen wir drüber sprechen, gleich im Anschluss!«

---

41 Chlorella ist eine Alge aus der Gattung der Grünalgen und wird in der Alternativmedizin gerne als Mittel zur Schwermetall-Ausleitung verwendet. Chlorella-Algen können zwar prinzipiell Schwermetalle aufnehmen, Chlorella-Tabletten enthalten jedoch keine lebendigen Algen.

Er nehme Angriffe nicht persönlich, sagt er – und das ist so wichtig, das schreibt er uns gleich auf das Flipchart. Wir sollen lernen, Ereignisse nicht persönlich zu nehmen, dann stoßen uns Dinge nicht zu, sie geschehen einfach. Wir schreiben alle mit. Ob beim nächsten Seminar einer meiner Kollegen sagt: »Emmelmann sagt ja, wir sollen Ereignisse nicht …«?

Marlene rutscht auf ihrem Stuhl herum, das mit der Ablehnung macht ihr zu schaffen. »Und wenn der dann nicht darüber reden will? Und wenn der sich dann einfach umdreht und geht?« – Ach Marlene, denke ich und will sie schon wieder in den Arm nehmen. Da steht Sigi auf: »Aber das ist doch ein G'schmarre«, sagt sie und Christoph kontert: »Danke! Das ist super, dass du hier aufstehst und etwas sagst …«, und wir lachen, diesmal ganz ohne Übung. Auch Christoph. Das ist das Nette an diesem Mann, er lacht auch über sich selbst und sein Lachen ist so ansteckend wie Masern im Kindergarten. »Ich will, dass die Menschen glücklicher werden«, sagt er und ich glaube ihm sofort. Der Mann hat eine Mission. Wahrscheinlich, weil er am eigenen Leib erfahren hat, wie sehr Lachen hilft. Zehn Jahre lang war er selbstständig im Baumanagement tätig. Zehn Jahre Stress und anschließende Herzoperation. Danach kam ihm das Yogalachen wie eine Offenbarung vor, und wirklich, er strahlt eine Ausgeglichenheit aus, auf die man neidisch sein kann.

Als ich nach Hause komme, sieht L. mich erwartungsvoll an. »Und? Wie war's?« Ich stelle mich breitbeinig vor ihn hin und pumpe mit den Armen: »Sehr gut, sehr gut«, dann reiße ich die Arme hoch: »jaaaa!« Er zuckt zurück. So wie L. jetzt aussieht, muss ich heute Morgen auch ausgesehen haben.

Für den nächsten Tag haben wir, auch das ist wie in der Schule, eine Hausaufgabe bekommen. Wir sollen morgens eine Lachdusche nehmen. »Nehmt den Brausekopf in die Hand und lacht, während das warme Wasser über euren Körper läuft. Lasst die Brause zu eurem Mikrofon werden, in das ihr hineinsingt. Kichert, tanzt mit der Brause und lacht frei mit eurer ganzen Lebensfreude.«

Der hat gut reden, der ist bestimmt kein Morgenmuffel. Ich hingegen schon. Und ich muss heute, am Sonntag, wegen meines Lachkurses früher aufstehen als sonst. Missmutig stehe ich unter der Dusche, die nassen Haare hängen mir ins Gesicht. Saukomisch, denke ich und maule vor mich hin. Ob es den anderen auch so geht? Ich stelle mir meinen Lachkollegen Klaus vor, den Polizisten, wie er nackig unter der Brause tanzt. Das zaubert mir dann doch ein Grinsen ins Gesicht. Ob er in den Duschkopf singt? Das Bild entlockt mir tatsächlich ein Kichern. Auf meinem Weg zum »Raum für Begegnungen« merke ich, dass ich gut gelaunt bin, nahezu fröhlich.

Als alle da sind, setzen wir uns im Stuhlkreis hin – ich bin ja ein echter Stuhlkreis-Fan geworden – und geben *Feedback* von gestern. »Stuhlkreis» und »Feedback«, das sind zwei Wörter, die untrennbar miteinander verbunden sind. Unsere Streberin sitzt mir im Kreis gegenüber und sagt: »Ich habe heute keine Worte.«

Stille.

Was soll das denn jetzt? »Hä?«, frage ich. »Wie, du hast keine Worte?« Sie gestikuliert in die Luft: »Bei mir passiert gerade innerlich so viel, ich kann gar nichts sagen.« Neben ihr sitzt Petra. Die sieht mich an und fängt mit einem Auge an zu schielen. Dieses Lachen unterdrücke ich jetzt lieber. Bei der nächsten Übung sind wir Löwen. Wir reißen Mund und Augen auf und strecken die Zunge bis zum Anschlag nach draußen. Mit gespreizten Händen neben dem Kopf gehen wir durcheinander, fauchen und lachen dann ein tiefes Hähähä. Das ist gut für die Gesichtsmuskulatur, Zunge, Kehle und fördert die Durchblutung der Schilddrüse, sagt Christoph. »Hähähä«, faucht mich Rolf, der Rentner, mit aufgerissenen Augen an. »Hähähä«, fauche ich zurück und denke: Für uns ist also Jesus am Kreuz gestorben, das würde sich der heute auch zweimal überlegen. Und muss lachen.

Ich lache heute sowieso viel mehr. Es hat eine sehr befreiende Wirkung, sich zum Affen zu machen. Danach sind wir Borkenkäfer. Dazu liegen wir auf dem Rücken im Kreis, die Köpfe eng nebeneinander. Wir zappeln mit Armen und Beinen in der Luft und lachen künstlich. Ich überlege, ob ich mich nicht lieber auf der Toilette einschließe, bis die Übung vorbei ist – und ist nicht gerade die berühmte Ein-Wochen-Migräne im Anmarsch? Dann fliegt von einem zappelnden Lachkollegen-Fuß ein Filzpantoffel über unsere Köpfe. Lustig. Kurz darauf folgt der zweite. Ich muss lachen. Hie und da fliegen die Pantoffeln durch die Luft und wir liegen auf dem Rücken, strampeln und lachen. Immer wenn ich mich beruhige, werde ich wieder von einem meiner Kollegen angesteckt, ihre Filzschuhe sind alle weg, wir lachen nur noch, weil die anderen lachen. Weil es so schön ist. Weil ich mir vorkomme, als wäre ich wieder ein Kind unter Kindern.

Als ich Tage später mit Jana durch die Stadt laufe, entdecken wir in der Fußgängerzone einen Straßenverkäufer. Vor sich hat er eine Decke ausgebreitet, darauf liegen ein paar Stoffhunde, in denen ein Lachsack steckt. Während es aus den Hunden lacht, wälzen sie sich auf dem Boden um ihre eigene Achse, was wahnsinnig komisch aussieht. Die Passanten gehen vorbei, schmunzeln, manche bleiben kurz stehen und sehen etwas verschämt zur Seite. Das hätte ich vor dem Seminar noch genauso gemacht. Jetzt aber ziehe ich Jana vor die Decke und lasse mich einfach anstecken. Ich gebe dem Drang nach und lache laut los, Jana kichert verhalten, bis sie sich auch nicht mehr zurückhält und mit mir losprustet. Immer mehr Passanten bleiben stehen und lachen mit – wenn sich schon zwei zum Affen machen, fällt es den anderen nicht mehr so schwer. Sogar der Verkäufer muss jetzt lachen. Als Jana und ich uns die Tränen aus den Augen wischen und jeder mit einem Tierchen in der Tüte davongeht, bin ich euphorisch und – glücklich.

Das mit dem Tier muss ich unbedingt dem Emmelmann erzählen. *Emmelmann*, hihi.

FREUNDE UND ANDERE HERAUSFORDERUNGEN

1. Alte Freunde aktivieren

2. Mindestens einen neuen Freund/eine neue Freundin finden

3. Mich von jemandem trennen, der mir nicht guttut

Eckart von Hirschhausen schreibt in seinem Buch *Glück kommt selten allein*:[42] »Wenn ich nur eine Idee aus der ganzen Recherche über Glück auf eine einsame Insel mitnehmen dürfte: Ich würde die Idee zu Hause lassen und einen Freund mitnehmen. Freunde sind die größten Glücksbringer!«

»Freunde sind wichtig fürs Glück« – das hat man als Halbwissen irgendwo hinter »Spinat hat gar nicht so viel Eisen« abgespeichert. Außerdem sind Freunde gut für die Gesundheit: In der Zeitschrift *Psychologie Heute* wird der amerikanische Psychologe Edward Hoffman zitiert: »Es ist vor allem die Vertrautheit, sich mit jemandem aussprechen zu können. Menschen, die mindestens einen solchen Ansprechpartner haben, weisen einen weitaus besseren Gesundheitszustand auf als Eigenbrötler. Sie sind weniger von chronischen Krankheiten betroffen wie hohem Blutdruck, Asthma oder Herzproblemen. Auch leiden sie seltener an

---

42   Eckart von Hirschhausen: *Glück kommt selten allein* …, Rowohlt 2009.

Depressionen und Ängsten. Die Beziehung zu einem vertrauten Menschen verlängert das Leben von Frauen durchschnittlich um vier, das von Männern sogar um fünf Jahre …«

Vier Jahre gleich. Na, denn.

EINE INVENTUR

»Wie viele Freunde habe ich überhaupt?«, frage ich mich und zucke ein bisschen vor der Frage zurück: Schließlich gilt, wer nicht über eine stattliche Anzahl von Freunden verfügt, als asozial, ausgestoßen und unattraktiv. Gibt es etwas Schlimmeres, als sagen zu müssen: Ich habe keine Freunde? Als Mann kann man ja wenigstens ein »einsamer Wolf« sein, aber eine *einsame Wölfin*? Gut, ich bin keine einsame Wölfin, das wäre übertrieben. Aber ich habe keinen Freundes*kreis*. Eher ein Freundesdreieck. Und das ist eine ziemlich magere Veranstaltung. Deswegen irritieren mich auch diese Reality-Dokus im Fernsehen, in denen Häuser umgebaut werden: Da kommen die Eigentümer nach der Renovierung zurück und vor der Türe stehen Hunderte von Freunden und Bekannten. Das macht mich fertig. Kann mir jemand sagen, dass die nicht echt sind? Vielleicht kommt es auch nur darauf an, wie man Freundschaft definiert. Joachim Kaiser, ein großer Gelehrter der Geisteswissenschaften, hat in einem Interview gesagt: »Sie können sich, wahrscheinlich erfolglos, selbst mit 90 noch Hals über Kopf verlieben. Freundschaft aber ist ein menschliches Glück, das sehr viel Zeit braucht. Man muss miteinander verdammt viele Scheffel Salz gegessen haben, man muss Erfahrungen gemacht haben, man muss sich auch mal gestritten haben, man muss ein bisschen aneinander gelitten haben, man muss voneinander gelernt haben. Das macht Freundschaft aus.«[43]

---

43 Georg Diez & Dominik Wichmann: »Ich weiß, dass ich sterben muss. Und zwar relativ bald.«, *Süddeutsche Zeitung Magazin*; Heft 50/2008.

Demnach tue ich mich ziemlich leicht beim Zählen, mein Freundeskreis besteht nämlich aus zwei Personen. Plus vielleicht L., den könnte man noch dazurechnen, denn wir haben weiß Gott schon oft miteinander gestritten. Drum herum tummeln sich noch einige Menschen in der Nähe des Freundchen-Status wie Teenager um eine Dorfbushaltestelle, manche näher, manche weiter entfernt. Eine meiner zwei Freundinnen ist Anne. Meine Freundin mit dem Eso-Fimmel. Würde ich Anne heute kennenlernen – ich würde sie nicht zweimal treffen. Mir geht die Eso-Nummer bei allen anderen Leuten außer Anne auf die Nerven. Warum bei ihr nicht?

Vielleicht, weil ich das Gefühl habe, ihr Innerstes zu kennen. Der Mensch, der sie ist, ihre Natur. Und die ist wunderbar – da kann sie noch so viele energiegeladene Pullis drüberziehen, ich werde durch sie hindurch immer Anne sehen und nicht die Eso-Tante. Ist das das Besondere an alten Freundschaften? Dass man die Menschen kennengelernt hat, bevor sie sich hundert selbst gestrickte Pullis überwerfen und von ihnen selbst nichts mehr zu erkennen ist? Bevor sie anfangen, anderen etwas vorzumachen, das dann mit der Zeit selbst glauben und sich dadurch verlieren? Bin ich nur zu faul, den einen oder anderen Freund zu entdecken? Zu uninteressiert? Oder ist es mir einfach zu aufwendig? Ich frage Anne, was sie meint. »Ich denke, das liegt an deinem Sternzeichen.« Ach, Anne.

Andere Jugendfreundschaften gingen langsam auseinander. So langsam, dass der Trennungsschmerz zu verwinden war, aber ebenso endgültig. An sie erinnere ich mich fast wie an vergangene Liebesbeziehungen: Schön war es mit euch, ich werde euch nicht vergessen. Zumindest habe ich mich so an sie erinnert, bis Stayfriends, Facebook und Xing auf der Internetfläche erschienen sind. Da war es dann vorbei mit der Romantik. Klassentreffen konnte man noch

meiden, wenn man nicht zu neugierig war. Weil dort eh nur diejenigen anzutreffen sind, an die man sich damals schon nicht erinnern
konnte. Die interessanten Leute kreuzen nie bei Klassentreffen
auf, das ist ein Gesetz. Und wenn man selbst dort sitzt und sich die
Leben der anderen in Echtzeit anhört (mein Haus, meine Kinder,
meine Riesterrente), betrinkt man sich nur und macht dann selbst
mit (mein Übergewicht, mein Beziehungsmalheur, mein Karriereknick). Dank der Internetplattformen kann man dem nicht mehr
ausweichen. Man meldet sich an, weil man irgendwie schon immer
wissen wollte, was aus dem großen Schwarm aus der Parallelklasse
geworden ist, und dann ist man eigentlich schon geliefert. Es melden sich all jene, mit denen man aus gutem Grund nicht in Kontakt
geblieben ist, und außerdem alle Exfreunde, die wissen wollen, wie
man jetzt so aussieht und ob sie was verpasst haben. Ich persönlich
habe zumindest alle Exfreunde abgeklappert, um zu sehen, wie sie
jetzt aussehen und ob ich etwas verpasst habe. Das Schwierige ist
dann, den E-Mail-Kontakt souverän wieder ausklingen zu lassen.
Die Mehrheit sieht ungefähr so aus:

Von:	ernstkneese23@yahoo.de
Betreff:	Alex?
Datum:	30. März 2009 13:45:38
An:	alexreinwarth@yahoo.de

Hi Alex!

Das ist ja Wahnsinn, dass ich dich hier finde. Wie geht's dir?
Was ist aus dir geworden? Ich bin nach blabla gezogen und
habe geheiratet. Ich arbeite blabla und habe bis vor Kurzem
als blabla gearbeitet. Blabla. Anbei ein paar Blabla-Bilder.

Lass was von dir hören,

Liebe Grüße, Ernst

Die nächste Mail ist dann:

Von:	ernstkneese23@yahoo.de
Betreff:	Re: Re: Alex?
Datum:	12. April 2009 18:24:12
An:	alexreinwarth@yahoo.de

Hi Alex!

Hast du eigentlich meine letzte Mail mit den Bildern erhalten?

Grüße, Ernst

Und dann:

Von:	ernstkneese23@yahoo.de
Betreff:	Re: Re: Alex?
Datum:	21. Mai 2009 18:24:12
An:	alexreinwarth@yahoo.de

Hi Alex,

danke für die Antwort. Schön, dass es jetzt nicht mehr so kalt ist, nicht?

Grüße, Ernst

Da ist dann die ganze Erinnerung an die schöne Schulzeit mit dem Ernst versaut. So weit zu den *alten Freunden*. Magere Bilanz, finden Sie? Ich auch. Zwei Schulfreunde fallen mir aber aus dem Stand ein, die würde ich wahnsinnig gerne wiedersehen: Charlotte und Tobias.

ALTE FREUNDE AKTIVIEREN

Charlotte war meine Banknachbarin in der Sekundarstufe. Meine Charly! Mein schlechter Einfluss, wie meine Mutter sie auch wenig liebevoll nannte. Charly und ich galten über Jahre hinweg als siamesische Zwillinge, weil wir einander nicht von der Seite wichen. Wir machten alle Beste-Freundinnen-Dinge:

• Uns als Schwestern ausgeben,

• Die erste gemeinsame Zigarette rauchen,

• Busenwachstum vergleichen,

• Knutschflecke am Unterarm üben,

• Zusammen *Dirty Dancing* gucken,

• Zusammen *Dirty Dancing* üben,

• Sich schminken, bis man aussieht wie Pogo der Clown.

Charly war saufrech, verrückt nach Nougat-Schokolade und hatte immer viel zu weite Klamotten an, die sie von ihren Schwestern auftragen musste. Mit ihr verbrachte ich die Freistunden im Park und die Sommer im Freibad. Mit ihr und: Tobias.

Tobias war mein erster »richtiger« Freund. »Richtig« im Sinne von »wir gingen miteinander«, nicht im Sinne von »zügelloser Sex«. Mit ihm hielt ich zum ersten Mal Händchen und von ihm bekam ich auch meinen ersten Kuss. Tobias lag mit uns auf dem Handtuch im Freibad und holte uns Pommes und Eis. Charly, Tobias und mich verband eine Kinderfreundschaft, die sich unbeeindruckt zeigte von romantischen Gefühlen. Alles war wunderbar, bis ich mich in einen Dummkopf aus der Oberstufe verknallte. Warum wir uns aus den Augen verloren, weiß ich gar nicht mehr genau. Ich glaube, zum einen war mein Schulwechsel daran schuld, zum anderen verliebte sich Charly in der 7. Klasse in Tom. Und obwohl ich ihr das Glück von Herzen gönnte, stand ich Tom kritisch gegenüber, er war nämlich ein Arschloch. Da ich ihm gegenüber so vorbehalten war, vertraute sich Charly mir nicht mehr an wie früher. Sie behielt ihre Ängste für sich und ihre Hoffnung auch. Wir waren keine Schwestern mehr. Und auch Tobias verschwand langsam und unbemerkt aus meinem Blickfeld. Charly und Tobias würde ich wirklich gerne wiedersehen. Und wissen Sie, was? Das mache ich. Charly zu finden, ist leichter, als ich dachte. Sie ist wissenschaftliche Assistentin an einer Uni in Norddeutschland mit zugehöriger Mailadresse und ich schreibe ihr, in der Hoffnung, dass sie

- überhaupt antwortet,

- nicht antwortet: Alex? Welche Alex?

Charly antwortet noch am gleichen Nachmittag. Wo ich denn so lange gesteckt hätte? Wir schreiben hin und her, tauschen Fakten und Ist-Stände aus. Und natürlich auch ein Foto. Sieht eigentlich aus wie immer, nur in älter. Was aus Tobias geworden ist, frage ich sie.

»Lustig, dass du fragst«, schreibt sie. »Ich fliege nämlich in zwei Wochen nach Kairo, ihn besuchen. Kommst du mit?«

Tobias hat einen von diesen Berufen ergriffen, bei denen man einen Anzug tragen muss und für *Projekte* ein halbes Jahr nach hierhin oder nach dorthin gehen muss. Irgendwas mit Software, fragen Sie mich nicht. Die beiden blieben all die Jahre in freundschaftlichem Kontakt, telefonieren mindestens einmal die Woche und besuchen sich regelmäßig. Hätte sie gesagt: »Komm doch nach Hamburg für ein Wochenende«, hätte ich keine Sekunde gezögert. Aber Kairo? Da fliegt man ja auch nicht eben für zwei Tage hin – ich muss überlegen. Und Charly muss noch Tobias fragen, wie er die Idee findet, schließlich würden wir uns bei ihm einquartieren. Charly meinte zwar »Schnickschnack«, aber ich bestehe darauf.

»Was hältst du davon?«, frage ich am Abend L., der die beiden nur aus Erzählungen kennt. L. wackelt mit dem Kopf »Na ja«, überlegt er, »könnte toll werden oder eine totale Katastrophe«, und das ist genau das, was ich mir auch gedacht habe. Es ist eigenartig, dass L. die zwei nicht kennt, während ich eigentlich das Gefühl habe, L. kennt alles von mir. An diesem Abend erzählen wir uns von unserer Schulzeit. Es ist schön, dem anderen etwas von sich erzählen zu können, das er noch nicht weiß, und wir fühlen uns allmählich wie aufgekratzte Teenager, albern herum und sind froh, dass uns niemand schimpft, als wir betrunken und sauspät ins Bett fallen.

Am nächsten Morgen blinkt es schon im Posteingang der Mailbox. Charly. Sie hat mit Tobias gesprochen, der hält die Idee für grandios, ich soll mitkommen. Als ich im Internet ein echtes Spitzenangebot für einen Flug entdecke, gehe ich beim Onlinekauf bis vor den letzten Bestätigen-Klick. Über der Entertaste hängt mein Zeigefinger in der Luft. Will ich wirklich eine Woche mit zwei Menschen verbringen, die ich seit über 20 Jahren nicht gesehen habe? Was, wenn die beiden sich zu völligen Knallköpfen entwickelt haben? Oder plötzlich ärmellose Jeansjacken tragen? Oder wir uns einfach nichts zu sagen haben? Bevor mir noch 100 Szenarien einfallen, denke ich an meinen neuen Vorsatz

178

Nicht ständig schwarzsehen und drücke die Entertaste. Diese kleine Bewegung meines Zeigefingers wird mich in zwei Wochen sehr weit weg befördern, ich finde das immer noch unglaublich. Danach sitze ich ganz still und mir ist ein bisschen feierlich zumute. Der Computer ist sich des großen Moments nicht bewusst und macht einfach nur »Pling«.

An den Tagen vor dem Abflug verfolgt mich eine Vorstellung von Charly und Tobias, wie sie am Flughafen in Kairo nebeneinanderstehen, um mich abzuholen. Beide in ärmellosen Jeansjacken, Tobias mit einem Bierbauch über kurzen Hosen und rot gebrannt, Charly mit offenem Mund Kaugummi kauend. Ich kann dann immer noch sagen, ich habe Migräne, überlege ich. Die bekannte Ein-Wochen-Migräne. Da muss man alleine in einem klimatisierten Zimmer liegen und darf nicht gestört werden. Ja, das könnte gehen.

Als ich in Kairo meinen Koffer vom Band nehme und auf die Türe zugehe, hinter der die Abholer warten, bekomme ich feuchte Hände. Ich war noch auf der Toilette und habe mich mithilfe von Kajal und Wimperntusche so hübsch gemacht, wie es die Reise zulässt. Ich habe mich vor meinem Abflug zehnmal umgezogen, damit ich gleichzeitig umwerfend gut aussehe, ohne dass es so wirkt, als hätte ich mich dafür zehnmal umgezogen. Ich habe während der Landung ein Tic-Tac für frischen Atem in meinem Mund zergehen lassen. Mehr kann ich jetzt auch nicht machen, denke ich und gehe durch die Automatiktüre nach draußen. Nach zwei, drei Schritten bleibe ich stehen, denn der beste Platz, um jemanden zu entdecken, der einen abholen will, ist direkt nach der Türe. Es ist aber auch gleichzeitig der unangenehmste Platz, weil man im Mittelpunkt von 100 Blicken steht, die alle auf jemanden warten. Ich halte das maximal 5 Sekunden lang aus. Und da entdecke ich Tobias, der allein schon wegen seiner Körpergröße aus der Menge heraussticht. Gott, ist der groß geworden, schießt es mir durch den Kopf. Und dann: Klingt wie die alte Tante Hanni in meiner Kindheit, und dann: Völlig unangemessen, jetzt an Tante Hanni zu denken. Gott sei Dank erlöst mich Tobias aus meinen Gedanken, indem er mich in den Arm nimmt. »Hallo, Alex.« *Diese Stimme kenne ich noch ein paar Töne höher.* Dann stehen wir voreinander und betrachten uns, wie man ein seltenes Tier betrachtet. Er trägt natürlich keine ärmellose Jeansjacke. Tobias kommt aus der Arbeit und trägt einen Anzug, ein blaues Hemd, eine Krawatte und eine Brille – so eine ähnliche hatte er mit zwölf auch schon. Er sieht aus wie einer dieser Geschäftsmänner, die in Abflughallen von Flughäfen wohnen. Nur dass dieser hier eine kleine Narbe auf der Wange hat, von der ich weiß, dass sie von einem Fahrradsturz stammt. Und wie er aussah, als er dachte, er müsse deswegen sterben, das weiß ich auch – ich war nämlich dabei. Und dieser Schalk, der ihm aus den Augen blitzt, den sieht das ungeübte Auge auch nicht ohne Weiteres. Ich kann mich auch an seinen Liebesbrief von damals erinnern und daran, dass er »Hertz« mit »tz« geschrieben hat. Es ist wie eine optische Täuschung – er sieht zwar aus wie alle anderen Businesstypen, er hat bestimmt Meetings und leitet Projekte und isst Geschäftsessen, aber darunter ist er nur Tobias. »Du siehst aus wie immer«, sage ich, und Tobias sagt im selben Augenblick genau das Gleiche. Wir lachen und er bietet mir seinen Arm an, »Komm, Charly kauft gerade da hinten ein Eis.« Charly kommt uns entgegen, sie winkt mit drei Eis und strahlt übers ganze Gesicht. »Da bist du ja«, sagt sie und drückt mich an sich und an die Vanillekugeln. Als wir später mit einer Flasche Weißwein auf einem Lager aus Teppichen und Liegekissen auf Tobias' Dachterrasse sitzen, uns unterhalten und in die Sterne gucken, ist es, als hätte es die letzten 20 Jahre nicht gegeben. Ich fühle mich wohl und frei, denn ich bin bei Menschen, die mich gut kennen, und zwar so, wie ich wirklich bin. (Und mich trotzdem mögen.)

Ich hätte mich gar nicht so oft umziehen müssen. Ich hätte auch im Dirndl oder in ärmelloser Jeansjacke kommen können. Das ist nämlich tatsächlich das Besondere an alten Freunden: Sie schauen durch alle Verkleidungen hindurch. Diese Woche wird super. Das spüre ich.

MINDESTENS EINEN NEUEN FREUND/IN FINDEN

Meine Bilanz an *Neuen Freunden* ist nicht das, was man unübersichtlich nennen kann, das habe ich an einem Finger abgezählt: Jana. Jana lernte ich während des Studiums kennen, sie fiel mir gleich am ersten Tag auf, sie trug nämlich ein T-Shirt mit der Aufschrift »Andere Länder, andere Titten«. Wir verstanden uns auf Anhieb. Während der Jahre kamen immer mal wieder neue Freunde hinzu, aber sie gingen auch wieder. Wie durch eine Eingangs- und Ausgangstür. Geblieben ist Jana. Ich bin mir sicher, dass es da draußen noch mehr Menschen gibt, mit denen ich befreundet sein könnte. Vielleicht ist es die Trägheit, die mich daran hindert, neue Menschen zu entdecken. Schließlich bedeuten Freunde auch Aufwand – ich habe manchmal das Gefühl, ich bin mit Jana und Anne schon ziemlich ausgelastet, was meine freundschaftlichen Kapazitäten angeht. Aber eine/n neue/n Freund/in will ich mir suchen, das kann nicht so schwer sein!

Nur wo bekommt man neue Freunde her? Im Internet gibt es unzählige Portale, die auf Freunde- oder Partnersuche spezialisiert sind. Aber ich habe keine Lust auf chatten. Es ist in jedem Chat mit mehreren Leuten das Gleiche: Man kann darauf warten, bis der Erste beleidigend wird, weil ihm was gegen den Strich geht. Gibt es schon einen Begriff für diese Zeitspanne? Bis der Erste in einem Chat »Arschloch« sagt? Das Internet ist zum Freundefinden durchgefallen. Also wo soll ich suchen? *Egal, Hauptsache, in der Nähe,* ist die Schlussfolgerung einer Untersuchung, die der Sozialpsychologe Leon Festinger 1950 in einem Studentenwohnheim anstellte. Dabei kam heraus, dass sich Freundschaften hauptsächlich zu den näheren Zimmernachbarn entwickelten. Je näher, desto Freund. Mit jeder dazwischenliegenden Tür wächst die Unwahrscheinlichkeit einer Freundschaft seiner zugehörigen Bewohner. Zu einem ähnlichen Schluss kamen Psychologen der Universität Leipzig, die im Rahmen einer Studie neue Studenten vor der ersten Vorlesung abfingen und ihnen per Los Sitzplätze im Hörsaal zuteilten. Nach einem Jahr wurden die Studenten über ihre Freundschaften zu den Kommilitonen befragt und es stellte sich heraus, dass sie mit jenen besser befreundet waren, neben denen sie in der ersten Stunde gesessen hatten. Sogar mit denen, die nur in der gleichen Reihe saßen, waren sie mehr verbunden als mit den anderen. Erstaunlich, oder? Da meinen wir immer, wir suchen unsere Freunde aus, weil sie uns ähnlich sind oder uns ergänzen oder toll sind, und sehen die Tatsache, dass sie damals in der Uni neben uns saßen, als glückliche Fügung an – derweilen haben wir sie nur ausgesucht, weil sie eben da saßen. Und die sogenannte Realität gibt den Experten recht: Die meisten Leute finden ihre Partner und ihre Freunde dort, wo sie viel Zeit verbringen – in der Arbeit.

So ein Scheiß, denke ich am nächsten Tag, als ich in der Agentur an meinem Schreibtisch sitze und mir gegenüber die Drösel mit einem »Halli-Hallöchen!« Platz nimmt. Da muss es andere Wege geben.

Einem Verein beizutreten, heißt es, wäre eine Möglichkeit. Nachteil: Man lernt nur Vereinsmeier kennen. Einen Hund soll ich mir anschaffen – ich habe einen Schmitz, der zählt durchaus als Hund. Aber mit den Leuten, die ich durch Schmitz kennenlerne, spreche ich selten über etwas anderes als über Kauknochen und Wurmkuren. Von den meisten kenne ich nicht mal den Namen, die tragen alle Adelstitel: das Frauchen von oder das Herrchen von. Auch mit organisiertem Kennenlernen habe ich keine guten Erfahrungen gemacht: Auf einer großen Hochzeitsfeier verteilten die Brautleute Namensschilder für alle Gäste, darunter stand dann jeweils ein »lustiger« Spruch, den sie sich einfallen hatten lassen. Damit die Leute leichter miteinander ins Gespräch kämen. Unter meinem Namen stand »Miss Sex«, ich hatte nämlich kurz zuvor ein Buch mit ebendiesem Titel veröffentlicht. Fragen Sie nicht, was ich da für Leute kennengelernt habe …

»L.? Wo finde ich neue Freunde?«, frage ich ihn und L. sieht mich verwundert an: »Wieso? Sind dir welche kaputtgegangen?« Mit Männern über Freundschaften zu sprechen, ist völlig sinnlos. Da steige ich nicht durch. Wenn L. seinen besten Freund Sven trifft, können die stundenlang einfach nichts machen. Auch wenn sie sich nur zweimal im Jahr sehen. Die mailen sich auch nicht zwischendurch oder telefonieren. Wenn ich L. frage, wie es Sven geht, ob er noch mit Laila glücklich ist, ob ihm sein Job Spaß macht, ob eigentlich seine Eltern noch leben, sieht mich L. an, als hätte ich nicht alle Tassen im Schrank. Er hat nämlich den Leitsatz aller Männerfreundschaften verinnerlicht:

Solange dein Freund nichts Gegenteiliges sagt, ist alles in Ordnung.

L. macht sich nur Sorgen, wenn Sven anruft. Dann ist etwas passiert. Meldet er sich für einen Besuch außer der Reihe an, stellt L. schon mal das Bier kalt, denn dann muss es wirklich schlimm sein. Nicht, dass sie dann die ganze Nacht das Problem wälzen würden – Sven stellt die Sachlage dar und dann betrinken sie sich, gelegentlich wird geseufzt. Wie gesagt, ich steige da nicht durch.

Am nächsten Tag unterhalte ich mich mit Lena, der Praktikantin, vor unserer Kaffeemaschine. »Lena, wie findet man neue Freunde?« Lena sieht mich erschrocken an. Vermutlich stellt sie mich in Gedanken gerade ihren superhippen Retro-Acid-Techno-Shakalak-Kollegen vor, aber ich kann sie da beruhigen. »Nur aus Interesse«, und sie entspannt sich etwas. »Keine Ahnung«, überlegt sie. »Vielleicht wenn man authentisch ist? Ehrlich? Und offen für andere Leute?«

Hm – das erinnert mich an meine Zugfahrten als Kind und Jugendliche. Ich war eines von diesen Kindern, die jedes zweite Wochenende einen Elternteil in einer anderen Stadt besuchten. Nicht, dass das weiter schlimm gewesen wäre, nur die zweistündige Fahrt war manchmal langweilig. Ich unterhielt mich dann immer mit den Menschen in meinem Abteil. Anfangs machte ich mir einen Spaß daraus, irgendwelche Geschichten zu erfinden. Mal war ich eine arme Waise, dann die Tochter eines Rockstars, die am Wochenende die tourende Mutter besuchte. Ich fuhr als Hochbegabte zu einem Wettbewerb oder als Spenderin einer seltenen Blutgruppe zu den verschiedensten Krankenhäusern. Ich war außerdem Veganerin und litt unter mehreren todbringenden Krankheiten. Meine Mitfahrer hatten es auch nicht immer leicht.

Mit der Zeit wurde mir das zu eintönig und ich entdeckte etwas viel Spannenderes: Da ich erzählen konnte, was ich wollte, konnte ich auch einfach die Wahrheit sagen! Das war wesentlich aufregender und es hatte einen erstaunlichen Effekt: Meine Gegenüber wurden auch gesprächig. Vermutlich, weil wir nach zwei Stunden wieder auseinandergingen und uns aller Voraussicht nach nie wieder sehen würden, tauschte ich in diversen Zugabteilen mit Leuten, deren Namen ich meist nicht mal kannte, Geheimnisse, Wünsche und Sorgen aus. Das war toll. Wenn man sich nun traut, so zu Leuten zu sein, die man immer wieder trifft …?

»Du hast was?« L. sieht mich mit großen Augen an. »Habe ich mich verhört?« Nein, hat er nicht. Ich habe die Drösel zu uns nach Hause eingeladen. Während L. sich in einer Art Schockstarre befindet, zweifle ich an der Weisheit meiner Entscheidung. L. fängt sich und bohrt nach: »Die Doof-Drösel? Die Frau Hummeldumm? Die, von der du immer sagst, du bekommst Nasenkrebs, wenn du ihr Parfüm riechst?« Er hat ja recht. Ich bin mitunter in meiner Ablehnung wenig liebreizend im Ausdruck. Ich weiß auch nicht, was mich geritten hat, sie einzuladen, da muss irgendein buddhistischer Gaul mit mir durchgegangen sein. Irgendwie war ich so beschwingt von meiner Erinnerung an die Zugfahrten, dass ich dachte: Hey, wenn das mit irgendwelchen Mitreisenden ging, dann geht das mit jemand anderem auch. Und just in diesem Moment kam die Drösel zur Tür rein …

L. drückt sich und verschwindet an diesem Abend zum Sport, ich sitze auf dem Sofa und warte auf die Drösel. Kennen Sie so Momente, wo man sich mit der flachen Hand an die Stirn haut und sich 100 Mal vorsagt: »Was bin ich nur für ein Vollidiot?« Dabei stört mich die Türklingel. Das muss sie sein. Anstatt mich tot zu stellen oder zu sagen, ich hätte überraschend die bekannte Ein-Wochen-Migräne bekommen, bitte ich sie herein und nehme ihr die Jacke ab. Steif wie zwei Zinnsoldaten stehen wir im Flur herum und wissen beide nicht, was wir sagen sollen. Die Drösel macht den Anfang: »Hier«, sagt sie vorsichtig und hält mir eine Flasche Cava hin. »Äh, danke«, antworte ich und kratze mich als Übersprungshandlung am Kopf. »Komm doch rein.« Während ich die Flasche öffne und uns eingieße, rudern wir in der Küche um unsere jeweilige Verlegenheit herum. Sie hält mir ihr Glas hin: »Na dann, Prösterchen«, und wir stoßen zaghaft an und sehen uns beim Nippen in die Augen. Wie zwei Gladiatoren: nur nicht den Feind aus den Augen lassen, denke ich.

»Ich wollte immer schon mal deine Wohnung sehen«, sagt die Drösel plötzlich, und da bin ich baff. »Warum das denn?«, frage ich und sehe mich reflexartig gleich selbst um. »Weil du so kreativ bist, da war ich einfach neugierig, wie es bei dir aussieht.«

Sie findet mich kreativ? »Ach, findest du?« Ich schenke uns gleich noch ein Glas ein. »Ja«, sagt sie, »das bin ich leider überhaupt nicht.«

Stille.

Ich halte ihr mein Glas entgegen: »Dafür kannst du besser mit Leuten umgehen, da stelle ich mich an wie eine Autistin.« »Stimmt«, sagt sie lächelnd und stößt mit mir an. Ich werte das als eine Art Nichtangriffspakt. Und dann sieht sie mir über ihren Sektglasrand direkt in die Augen: »Warum hast du mich überhaupt eingeladen?« Ach herrje. Ich kann ja schlecht sagen: Weil ich mich in einem nostalgisch-euphorischen Zustand darin verstiegen habe, ich könnte sogar mit *dir* Freundschaft schließen. Ehrlich bleiben, denke ich und sage: »Wir arbeiten jetzt schon so lange zusammen, aber irgendwie hatten wir keinen guten Start und wir haben das auch nie ausgebessert.« Sie nickt ernst. »Stimmt.« Und schon wieder Stille. Die Einladung war ein erster Schritt, aber jetzt muss hier was vorwärtsgehen. Und dann rettet mich Schmitz, der um die Ecke biegt und ausgiebig die Drösel'schen Schuhe beschnüffelt. »Der ist aber süß«, und schon knuddelt und knautscht sie an Schmitz herum, dem das gut gefällt. »Ich habe zwei Katzen zu Hause«, erzählt sie, ohne ihren Blick von Schmitz abzuwenden. Froh, dass es um etwas anderes geht als um uns, frage ich ein bisschen nach und sie kommt in Schwung. Ich lasse mich anstecken und wir erzählen uns gegenseitig lustige Geschichten aus der Tierhalterwelt. Wie mein Hund Haschkekse gefressen hat, wie ihre Katze von der Feuerwehr vom

Baum geholt werden musste und sofort nach der Rettung wieder auf den gleichen Baum gestiegen ist. Sie sieht plötzlich aus, als hätte sie ein Lifting machen lassen, das Gesicht ist gestrafft, ihre Augen glänzen und auf ihren Wangen leuchtet es gesund rot. Vor lauter Begeisterung fängt sie das Gestikulieren an, der Cava schwappt aus dem Glas und wir lachen. Zum ersten Mal, seit wir uns kennen. Jetzt wage ich es: »Es tut mir leid, wie ich mich dir gegenüber benommen habe.« Ihr Gesicht wird wieder ernst, sie zieht eine Augenbraue nach oben. »Du meinst, dass du mich immer ›die Drösel‹ nennst?«

Jetzt bin ich platt. »Das weißt du?« Sie nickt langsam und ihre Augen blitzen schelmisch. »Und rate mal, wie ich dich immer genannt habe.«

»Du mich?« Das läuft mir aber langsam aus dem Ruder hier. »Wie denn?«

»Die Ente.«

Das gibt's doch nicht. »Das gibt's doch nicht, wieso das denn?«, frage ich und sehe auf meine Füße, ob die vielleicht einen watscheligen Eindruck machen.

»Weil du, immer wenn dir was nicht in den Kram passt, so eine Schnute machst. Wie eine Ente«, antwortet sie und wird jetzt etwas unsicher, ob ich ihr nicht vielleicht doch eine auf die Zwölf gebe. Wir sehen uns an, mucksmäuschenstill ist es und Schmitz zu unseren Füßen sieht abwechselnd von einer zur anderen.

»Quak«, mache ich und im nächsten Moment lachen wir laut los. Wenn sie lacht, sieht sie gar nicht mehr so dröselig aus.

»Wie heißt du eigentlich mit Vornamen?« frage ich sie. »Eva«, sagt sie. Wie Eva sieht sie jetzt aus. Das ist doch ein Anfang.

MICH VON KATHRIN TRENNEN

Eine Extraspalte meiner Freundesbilanz bildet Kathrin. Jana, Anne und L. können Kathrin nicht ausstehen. Ich habe sie in der Hundeschule kennengelernt, in die ich mit Schmitz ging, um ihm beizubringen, dass er sehr wohl kommen muss, wenn ich ihn rufe. Eine Sache, die er bis dato nur als eine Option unter mehreren angesehen hatte. Kathrin gehört zu diesen Leuten, die sich über alles beschweren, aber nie irgendetwas verändern. Das Leben scheint ihr permanent übel mitzuspielen, der Job ist doof, ihre Beziehung mit Jean-Claude im Eimer, die Familie wälzt alles auf sie ab, die Zukunft ist düster, sie weiß weder ein noch aus. Verstehen Sie mich nicht falsch, das geht mir haargenau so, wenn meine Tage im Anmarsch sind. Dann ist auch alles Mist. Und zwar das Leben, das Universum und der ganze Rest.[44] Aber dann sehe ich es auch wieder positiver. Vor allem erkenne ich diesen Zustand und weiß, dass er vorbeigeht und nicht weiter ernst genommen werden muss. L. weiß das glücklicherweise inzwischen auch und geht mir wohlweislich aus dem Weg.

Kathrin jedoch befindet sich in einem konstanten Jammertal. Wäre es ihr ernst damit, könnte man vermuten, sie habe Depressionen. Mir wurde aber mit der Zeit klar, dass Kathrin mitnichten depressiv ist, sondern eine blöde Gans. Während ich mir nämlich Sorgen um sie machte, unternahm Kathrin Kreuzfahrten, gab Partys und heiratete Jean-Claude. Von da an war nicht mehr die Beziehung im Eimer, sondern die Ehe. Es passiert nie,

---

44   Ja, ich weiß: Das ist der Titel eines Buches der *Per-Anhalter-durch-die-Galaxis*-Reihe. Des dritten Teils, um genau zu sein.

dass ich Kathrin treffe und sie auf die Frage »Wie geht's?« mit einem »Gut!« antwortet. Irgendwas ist immer. Und immer ist es ein Schicksalsschlag, darunter macht sie es nicht. Als sie mir das letzte Mal leid tat (»Die Ehe ist so gut wie gescheitert!«) und sie mit Jean-Claude eine Städtereise nach Venedig machte (die Idee kam von mir: damit die beiden etwas Schönes miteinander unternehmen), passte ich auf den Hund auf, goss die Pflanzen und salzte das Meerwasser-Schwimmbecken in ihrem Keller. Und das Haus von Kathrin liegt nicht um die Ecke. Das Haus von Kathrin ist außerdem sehr groß, modern und sauteuer eingerichtet. Hatte sie nicht über ihre finanzielle Not geklagt? Weil sie wegen ihrer Gutmütigkeit zu viele Ausgaben hat? Kathrin sagt von sich selbst, dass sie viel zu gut sei für diese Welt. Zum Beispiel, wenn sie einen Handwerker normal bezahlt, anstatt ihn monatelang hinzuhalten, um ihn dann mit der Hälfte abzuspeisen. So ginge das nämlich auch. Aber der hat ja vielleicht auch Familie, denke ich mir dann, sagt sie und schaut wie eine Madonna.

Als sie zurückkam, war der Trip natürlich ein Desaster, sie hatte aber tapfer das Beste draus gemacht. Jetzt war dafür ihre Mutter krank, und das sagt die dann mit einem Timbre, dass man davon ausgehen konnte, die Mama würde morgen vom Stängchen kippen. Derweilen hat die nur Kopfweh oder Wasser in der Hüfte oder was weiß denn ich.

Nach einem Treffen mit Kathrin komme ich mir immer vor, als hätte sie eine faule Frucht in meine Seelenkiste gelegt. Wie in einen Mülleimer. Warum ich sie noch nicht längst los bin? Das fragt mich L. auch immer. Zuerst war mir nicht klar, dass sie mich nur benutzt, und seit ich das weiß, gehe ich der Konfrontation mit Kathrin aus dem Weg. Aber jetzt räume ich auf. Ich mache Schluss mit Kathrin.

Haben Sie schon mal mit einer Freundin Schluss gemacht? Ich
nicht. Meistens läuft es doch so, dass man sich irgendwie nicht
mehr so gut versteht, sich seltener sieht und dann schläft der
Kontakt sanft ein. Fertig. Der Schlag Freunde aber, die einen aus-
saugen wie die Blutegel, die lassen nicht los. Dazu ist man zu
praktisch für sie. Mit denen muss man richtig Schluss machen.
L. schlägt vor, es kurz und schmerzlos zu gestalten. »Du gehst
einfach hin und sagst: ›Kathrin, du gehst mir auf die Nerven und
ich will dich nicht mehr sehen‹«, dann überlegt er kurz, nickt,
und hängt noch »du Sau« hintendran. Das schaffe ich im Leben nicht. Janas Vorschlag ist noch kürzer: »Die bist du mit drei
Worten los. Wenn du sie das nächste Mal siehst und sie mit ihrer
Mitleidsnummer anfängt, sagst du einfach: ›Kathrin – fick dich!‹
Zufrieden sieht sie mich an und schleckt ihren Milchkaffee-Löffel
ab. »Gut, oder?« Nein, nicht gut. Ich kann das nicht. Nicht so jedenfalls. Mir sind Konfrontationen rasend unangenehm und ich
gehe ihnen möglichst aus dem Weg. Da kann ich schon gleich
dreimal nicht mit Schimpfwörtern um mich schmeißen.

Zwei Wochen lang höre ich nichts von Kathrin und ich hoffe
schon, das Problem würde sich in Luft auflösen. Dann meldet sie
sich. Mist. Erst berichtet sie von ihrem Hund, der »um ein Haar«
gestorben wäre, dann machen wir ein Treffen aus. Ich schlage das
Café Einstein vor, neutrales Gebiet, nicht zu voll und die Toilette
hat ein Fluchtfenster. Nur für den Notfall. Vor unserem Treffen
überlege ich, wie ich dem Gespräch aus dem Weg gehen könnte.
Ich würde einfach umziehen, eine neue Telefonnummer beantragen und die Mailadresse löschen. Die Arbeitsstelle zu wechseln
ist möglich, und nach einer kleinen Operation wäre auch mein
Gesicht nicht mehr zu erkennen. Oder wir wandern gleich aus.
Spanien vielleicht. Oder die Azoren? Zugegeben, das ist nicht
ganz ohne Aufwand, aber gemessen an meinem Treffen mit Kathrin – well.

»Soll ich mitgehen?«, fragt mich L. nachdem er mit hochgezogenen Augenbrauen meine Überlegungen verfolgt hat.

»Das wäre wunderbar«, freue ich mich, »dann brauche ich ja eigentlich selbst gar nicht mehr mitgehen!«, aber daraus wird wohl nichts. Ich kann ja niemand anderen vorschicken, wir sind nicht mehr in der Grundschule. Obwohl sich Jana darum reißt, für mich hinzugehen. »Und dann sage ich ihr noch …«, und sie hält sich einen Zeigefinger an die Stirn, – »… darf man als Frau *Fotze* sagen?«, überlegt sie laut. Nein, das wird so nichts, da muss ich alleine durch. »Darf ich nicht wenigstens mitkommen?«, bettelt Jana, »ich setze mich auch in eine andere Ecke.« Ich überlege, ob das geht. »Und von da aus strecke ich ihr dann die Zunge raus«, freut sie sich schon. »Unter gar keinen Umständen kommst du mit«, beschließe ich und beende die Diskussion. Das ist ja lächerlich. Ich bin mit einem *Miss Sex*-Schild auf einer 350-Mann starken Hochzeit rumgelaufen, da werde ich doch ohne Hilfe diesen manipulativen Jammerlappen loswerden. Oder?

Für unser Treffen mache ich mich hübsch wie für ein Date. Ich schätze, da ist eine Automatik in meinem Hirn angesprungen:

1. Ein Treffen + 2. Aufregung = 3. Date! → Hübsch machen!

Im Einstein ist nicht viel los, Kathrin ist noch nicht da. Ich setze mich in einen der dunkelrot gepolsterten Samtsessel und atme tief durch. Es muss ja auch nicht dieses Mal sein, denke ich, und das ist ein beruhigender Gedanke. Kathrin kommt, wie immer, eine halbe Stunde zu spät und ist, auch wie immer, im Stress. »Sorry, aber ich musste Jean-Claude jetzt noch schnell bei der Massage abliefern, diese Betten in dem Hotel in Venedig, das du uns empfohlen hast, waren ja ka-tas-tro-phal.« Wie sie es immer schafft, dass ich ihr gegenüber ein schlechtes Gewissen bekomme.

Obwohl ich gerade drei Tage lang ihr Heim, ihren Hund und ihren beschissenen Pool gehütet habe. Sensationell.

»Kathrin, ich muss mit dir reden«, fange ich an und werde sofort unterbrochen: »Ja, wir haben uns ja so lange nicht mehr gesehen, das Schlimmste weißt du ja noch gar nicht.« Und das ist der Moment, wo so eine kleine Wut in mir hochsteigt.

»Der Mann meiner Mutter hat wahrscheinlich Krebs.« Daraufhin verschränkt sie die Arme vor der Brust, lehnt sich zurück und sieht mich erwartungsvoll an. So weit ich mich erinnern kann, konnte sie den zweiten Mann ihrer Mutter noch nie leiden. Und »wahrscheinlich Krebs« hieß bei Kathrin so viel wie »es wurde ihm vorsichtshalber eine Gewebeprobe entnommen«. Und er ist jetzt Mitte 80. Und ich kenne ihn nicht mal. Verstehen Sie mich nicht falsch, das ist eine grässliche Diagnose, aber ich kann das nicht mehr ernst nehmen. Vielleicht auch wegen der Wut, die macht das Herz vorübergehend hart.

»Tja«, sage ich und sehe sie ebenfalls an. Das ist nicht die Reaktion, die sie von mir gewöhnt ist. Sie beugt sich nach vorne und rührt heftig in ihrem Kaffee. »Aber wen interessiert das schon«, seufzt sie, guckt in ihre Tasse und macht dabei wieder das Madonnen-Gesicht. *Fotze*, denke ich.

»Für wen hast du dich überhaupt so angemalt?«, fragt sie scheinbar interessiert, aber bevor ich antworten kann, sieht sie aus dem Fenster und redet weiter: »Ich ziehe ja den Nude-Look vor, man muss es natürlich aber auch tragen können ...«, und während sie weiterredet, sehe ich uns beide von oben im Café Einstein sitzen, als wäre ich eine Kamera und sähe auf uns herab. Und da ist sie wieder, die Wut von gerade eben. Ich will sie mir zunutze machen. Normalerweise legt Wut das Mitgefühl und die Empfindsamkeit kurz auf Eis und dann sage ich unter Umständen etwas Verletzendes, das mir hinterher leidtut. Jetzt aber kann ich die kurze, innere Eiszeit dazu verwenden, Kathrin etwas zu sagen, das ich sonst nicht übers Herz bringen würde.

»Kathrin?«, unterbreche ich sie und sie sieht mich mit hochgezogenen Augenbrauen an. »Ja?«

»Fick dich.«

DIE SUCHE NACH DEM SINN

Wer sinnvolle Dinge tut und anderen hilft, gewinnt an Lebensfreude und Glück. Man hat ein gutes Gewissen, das Selbstwertgefühl wird gestärkt, man fühlt sich mit dem anderen verbunden, Wohlfühlhormone werden freigesetzt und Stress wird reduziert. Tiefe Zufriedenheit und Erfüllung sollen sich einstellen. Deswegen werde ich mir eine sinnvolle Tätigkeit suchen. Oder wie L. es nennt: Karma-Punkte sammeln. Angeblich ist jeder Dritte in Deutschland in irgendeiner Form ehrenamtlich tätig.[45] Jeder Dritte? Wieso kenne ich keinen davon? Und die Palette möglicher Hilfsaktionen ist breit gefächert! In Freiwilligenagenturen kann man sich aussuchen, ob man lieber Behinderte während ihrer Ferienfreizeit betreut, eine Kita renoviert, für Tibeter Wohnungen in München sucht oder Essen bei der Tafel ausgibt. Obwohl – einen kenne ich schon, der sich ehrenamtlich engagiert, und zwar meinen Schwiegervater: Der trägt das Kirchenblatt aus. Da verstehe ich allerdings das System nicht – die Kirche müsste doch eigentlich wirklich genug Kohle haben, um ihre Zeitschriften per Post zu verschicken. Da könnte er ja gleich Prospekte für BMW austragen, finde ich.

Während L. am Abend ein Huhn mit Zwiebeln füllt, überlege ich laut, ob ich lieber eine Schule in Russland mit aufbaue oder ein Waisenheim in Mosambik. In die engere Wahl kommt außerdem ein Camp für Erlebnispädagogik auf Sizilien.

---

45   Weiß Wikipedia.

»Ich könnte mich auch für den Transport medizinischer Geräte nach Peru melden!«

»L.? Was meinst du?« Die Antwort kommt sofort: »Spende Geld.«

Aber Geldspenden oder anonyme Hilfe haben bei Weitem nicht denselben Effekt, man muss schon tatsächlich aktiv werden. L. lässt nicht locker: »Alex, was sollen die denn in Mosambik mit dir anfangen? Du hast keine Ahnung, wie man ein Haus baut, wahrscheinlich stehst du denen im Weg rum und beschwerst dich, dass es so heiß ist.«

»Hm«, überlege ich, »wie heiß ist es denn da?« L. verdreht die Augen. Manchmal kann man wirklich nicht mit ihm reden.

»Ich finde, du hast schon so was Ähnliches wie ein Ehrenamt«, sagt Jana am nächsten Tag und sieht mich nachdenklich an. »Und das wäre welches?«, will ich wissen und gehe im Kopf Seniorenheime, Wüstenbrunnen und Waisenheime durch, aber: kein Treffer. Jana zuckt mit den Schultern: »Na, das Onkelchen!« Ach herrje, das Onkelchen.

DAS ONKELCHEN

Der Onkel ist gar nicht mein Onkel, so geht es schon mal los. Er ist der Onkel von Thomas. Thomas, ein alter Bekannter von L., wohnte jahrelang in einer kleinen Hütte außerhalb der Stadt auf einem großen Grundstück im Wald. Eines Tages stand sein Onkel vor dem Tor beziehungsweise er saß in seinem Auto und hupte. Am Auto hintendran hing ein Wohnwagen, das Zuhause vom Onkel. Der Onkel war nämlich rausgeflogen aus seinem

Haus, nachdem seine zweite Frau ebendieses mit extremen Verlusten an Geldautomaten verspielt hatte. Haus weg, Frau weg und kein Stellplatz für seinen Wohnwagen – für das kleine, alte Onkelchen sah es nicht gut aus. Und weil Thomas kein schlechter Mensch ist, blieb sein Onkel fortan bei ihm. Er stellte seinen Wohnwagen in die hinterste Ecke des Grundstücks und begann sich einzurichten. So weit, so gut. Leider ist Thomas aber vor vier Jahren nach Spanien ausgewandert. Währenddessen ist die Hütte im Wald in sich zusammengefallen und das Onkelchen ist auch kurz davor. Seit Thomas weg ist, fahren L. oder ich alle ein, zwei Wochen zum Onkel, um nach dem Rechten zu sehen. Vor dem uralten Wohnwagen steht sein Opel Astra aus dem Jahr 1723 und dazwischen sind mehrere Lagen Plastikplanen gehängt: die Terrasse. Auf der Terrasse stapeln sich Eimer mit Batterien (es gibt nämlich keinen Strom), leere Hundefutterdosen, Stapel mit Wäsche und Dinge, deren Nutzen man nicht erraten kann. Auf dem Auto liegen Schaumstoffmatratzen, die den Opel vor weiterer Verwitterung schützen sollen und dem Ganzen den Charme eines Sperrmüll-Lagers verleihen. Der Wald macht daraus einen dunklen, feuchten und ungemütlichen Ort, an dem es immer etwas modrig riecht, und es gibt jede Menge Nacktschnecken, die überall Schleimspuren hinterlassen. Die Toilette vom Onkel besteht aus einem roten Eimer, den er in den Wald leert, nicht zu verwechseln mit dem grünen Eimer, darin wäscht er und spült ab. Unter dem Wohnwagen lebt außerdem eine Kolonie von kleinen Hunden in Pinschergröße, alle mit Unterbiss. Ein scheußlicher Haufen. Da das Onkelchen jetzt kein Bilderbuch-Onkel ist, den man einfach gernhaben muss, sondern ein sehr bärbeißiges und unwirsches kleines Kerlchen, halte ich mich dort immer so kurz wie möglich auf. Und spätestens seit ich einen totalen Anschiss kassiert habe, weil ich ihm vorschlug, in eine Wohnung zu ziehen, versuche ich es so hinzudrehen, dass L. bei ihm vorbeifahren muss.

Ich hatte mich eher mit einem süßen Waisenkind auf dem Arm gesehen, das mir vor Dankbarkeit ein Küsschen auf die Backe drückt – das Onkelchen kann man nicht herzen. Das beißt nämlich. Und dankbar ist es auch nicht – da macht doch die gute Tat nur halb so viel Spaß. L. nennt meine Überlegungen egoistisch, aber hey! Ich bin auch keine Heilige! Anne findet es eigenartig, dass man sich per Internet oder Agentur aussuchen kann, wo man hilft. »Das ist, als würde man im Katastrophenkatalog blättern – mal sehen, welches Elend mir am meisten Spaß macht.«

»Aber es ist sehr praktisch, wenn man wissen will, wo man helfen kann«, entgegne ich. »Ja«, sagt Anne, »aber wer sich in seinem Umfeld umsieht, braucht gar keine Agentur.« Ich seufze: »Wenn ich mich umsehe, sehe ich das Onkelchen.«

»Na, komm«, Anne klopft mir auf die Schulter. »So schlimm wird es schon nicht sein.«

Es ist aber viel schlimmer.

Bepackt mit ein paar Tüten voller Einkäufe, einigen Mülltüten und meinem besten künstlichen Lächeln stehe ich ein paar Tage später vor dem Tor. Ich hätte Gummistiefel anziehen sollen, denke ich, und da kommt auch schon der Onkel angewackelt. Klein ist er geworden, er reicht mir höchstens bis zur Brust, er geht gebeugt und sehr, sehr langsam. In sicherem Abstand folgt ihm seine kläffende Hundebande. Wie lange war ich schon nicht mehr hier? Schlechtes Gewissen macht sich in mir breit. »Was willst du?«, schreit er mir unwirsch aus ein paar Meter Entfernung zu. Und schon habe ich kein schlechtes Gewissen mehr.

»Ich wollte mal sehen, wie es dir geht«, rufe ich zurück. Der Onkel bleibt stehen. »Gut!«, und macht Anstalten, sich wieder umzudrehen. »Kann ich reinkommen?«, rufe ich hinterher. Er kneift die Augen zusammen und sieht mich prüfend an, seine Hunde auch. Die härteste Türstehertruppe der Welt. »Hmhm«, sagt er und schlurft wieder Richtung Wohnwagen. Ich schlüpfe durchs Tor und hole ihn ein. »Das sind mehr Hunde geworden, oder?«, versuche ich Konversation zu machen und deute auf zwei Welpen, die um die anderen herumspringen. »Nein, es sind vier«, brummelt der Onkel. Ich zähle durch und komme auf sechs. »Ich glaube, es sind sechs«, sage ich und deute auf die kleinen Monster, die um uns herumlaufen. »Vier«, sagt der Onkel und damit ist die Diskussion beendet. Auf seiner Terrasse packe ich die Einkäufe aus. Brot und Milch, ein paar Dosen Ravioli, Obst, Seife und Schokolade. In meiner Vorstellung freut sich der kleine Alte, wir trinken einen Kaffee auf seiner Terrasse und dann fahre ich wieder nach Hause, zufrieden und erfüllt. Ich würde in Zukunft jede Woche etwas zu Essen vorbeibringen und den Müll mitnehmen. Vielleicht könnte ich dieses Fleckchen sogar in etwas Hübsches verwandeln. *Wenn man ein paar Pfeiler in den Boden macht und die Planen daran aufhängt, wenn man den Wohnwagen streicht, der Terrasse einen Holzboden baut und vielleicht diese Schaumstoffmatratzen wegschmeißt?* Ich sehe mich um und stelle mir vor, wie es hier aussehen könnte. Kurz bevor ich mir ein Lagerfeuer, eine bunte Lichterkette, ein Sommerfest und den Onkel mit Gitarre unterm Arm vorstellen kann, der *Hotel California* singt, höre ich ihn murmeln: »Das brauche ich alles nicht.«

Er sieht die Tüten mit den Einkäufen durch. Fragend hält er mir die Rolle Mülltüten hin: »Und die, was soll ich mit denen?« Ich deute vage um mich: »Ich dachte, wir könnten ein bisschen – ausmisten«, antworte ich und bin froh, dass mir nicht statt »ausmisten« »alles wegschmeißen« rausgerutscht ist. Aber der alte Mann ist schon in seinem Wohnwagen verschwunden und rumpelt darin herum. Ob er mich jetzt einfach hier stehen lässt? Kurz darauf kommt er wieder angewackelt und streckt mir sein Handy entgegen. Das piept nämlich, wenn er es auflädt. Ob ich mich damit auskenne? Endlich kann ich mich als nützlich erweisen, mit Handys umgehen kann ich, zumindest besser als das Onkelchen. »Klar«, großzügig und mit dem nachsichtigen Lächeln einer Benefiz-Diva sehe ich mir das Handy an. Es dürfte aus dem gleichen Jahr wie der Opel Astra sein und wiegt so viel wie ein mitteldickes Buch. Ich drücke im Menü herum und suche mir einen Wolf, aber ich finde keine Möglichkeit, den Ladeton abzustellen. Das gibt's doch nicht, denke ich mir, aber das gibt es eben doch. »Also, das ist komisch«, sage ich und der Onkel nimmt mir das Handy wieder aus der Hand. Ich sehe ihm hinterher, als er es wieder in seinen Wohnwagen bringt. Was mache ich hier eigentlich? Als ich mitsamt meinen Einkaufstüten wieder gehe, begleitet mich das Onkelchen zum Tor. Das ist nämlich abgesperrt und ohne Schlüssel kommt man weder hinaus noch hinein. Um das Schweigen zwischen uns zu vertreiben, frage ich ihn nach den Namen der Welpen. Erst glaube ich, er hat mich nicht gehört, aber dann sagt er: »Johnny und Chickie.«

Als ich L. an diesem Abend von meinem fatalen Onkeltrip erzähle, weiß der genau, was ich meine. »Das ist schon gettoartig beim Onkelchen, das muss man so sagen.« Dann runzelt er die Stirn: »Ich dachte, die Welpen heißen Santi und Susi?« Ich räume die Ravioli und die Seife aus den Einkaufstüten und da fällt mir auf: Die Schokolade ist weg.

Als ich das nächste Mal vor dem Tor stehe, ist der Onkel in heller Aufregung: Er muss sein Auto ummelden, es fehlen ihm aber die Fahrzeugpapiere, die haben zur Hälfte die Mäuse gefressen. Darum müssen wir jetzt sofort los und neue Papiere beantragen. »Gut«, sage ich und bin froh, dass ich was tun kann. »Ich rufe beim Straßenverkehrsamt an …«, aber da habe ich die Rechnung ohne das Onkelchen gemacht. Das weiß schon ganz genau, wie es die Sache lösen will: Ich soll ihn nur in die Stadt fahren. So schnell er kann, wackelt der Onkel zurück zu seinem Wohnwagen, um seine Unterlagen zu holen. Ich warte lange an dem Tor, es hat 59 Eisenstäbe, an 34 von ihnen ist die grüne Farbe abgeblättert. Ich habe das mehrfach nachgezählt. Als der Onkel wieder erscheint, trägt er einen ehemals schwarzen Anzug und einen Aktenkoffer, der vom Design mit seinem Handy und dem Opel Astra auf einer Linie liegt. Während wir durch die Vororte der Stadt rollen, überlege ich, ob er überhaupt nach vorne raussehen kann oder ob er dazu ein paar Kissen bräuchte. Das traue ich mich aber nicht zu fragen. »Wo genau müssen wir denn hin?« Der Onkel wendet den Blick nicht von der Straße: »Zur Sparkasse.«

Das wundert mich jetzt ein bisschen, was hat denn eine Bank mit den Fahrzeugpapieren zu tun? »Bist du dir sicher?«, frage ich. »Selbstverständlich«, sagt der Onkel. Als wir in der Sparkasse vor einem Schalter stehen, hinter dem uns eine junge Frau namens »Frl. Biersack« freundlich entgegenlächelt, lächelt der Onkel ebenso freundlich zurück – und sagt kein Wort. Er blickt Frl. Biersack geradeaus ins Gesicht und wartet. Wie ein Staatslenker, der still lächelnd wartet, dass sein Dolmetscher die nötigen Worte ausspricht. »Äh, wir kommen wegen der Fahrzeugpapiere …«, fange ich an zu erklären. »Die Mäuse haben nämlich einen Teil, also einen großen Teil, der alten Papiere aufgefressen und mein Onkel hier«, ich nicke zu ihm rüber, der immer noch Frl. Biersack ins Gesicht lächelt, »nun, er meinte, Sie könnten ihm in der Sache weiterhelfen.« Dabei versuche ich mit einem Schulterzucken zu signalisieren, dass ich mit dieser Idee nicht das Geringste zu tun habe und sie ausschließlich auf des Onkels Mist gewachsen ist. Frl. Biersack legt den Kopf leicht schief und streckt ihn ein bisschen nach vorne wie eine Schildkröte und wartet anscheinend darauf, dass der Teil der Geschichte kommt, der Sie etwas angeht. So etwas wie: »Und darum brauchen wir eine Überweisungsbestätigung« – oder was man in Sparkassen eben so als Anliegen mitbringt. Als sie begreift, dass dies nicht geschehen wird, hebt sie beide Handinnenflächen nach oben und ich überlege kurz, dass sie wie eine indische Gottheit aussehen könnte mit dieser Geste. Vorausgesetzt, sie hielte nicht einen Kuli und ein Papier darin, sondern Blütenblätter oder Räucherstäbchen. Während meinen Überlegungen verbeugt sich das Onkelchen, dreht sich um und geht. Ich lächle noch mal entschuldigend Frl. Biersack an, die in ihrer Geste versteinert ist, und hole das Onkelchen ein. »Also?«, frage ich gereizt. »Was jetzt?«

»Jetzt gehen wir zu meinem Steuerberater«, sagt das Onkelchen und sieht mich nicht an dabei.

»Du hast einen Steuerberater?«

»Selbstverständlich.«

Als wir um die Ecke biegen, strebt er zielsicher auf eine ADAC-Geschäftsstelle zu. »Service Center« steht in großen schwarzen Lettern auf gelbem Grund über dem Eingang. »Hier?« Ich stehe noch skeptisch davor und sehe zu dem Schild hoch, aber das Onkelchen erklimmt schon die drei Stufen zur Eingangstür. Hinter einer Theke strahlt uns ein junger Mann entgegen, das Onkelchen stellt sich vor ihm auf und lächelt ihn an. Kurz überlege ich, einfach nichts zu sagen, aber das halt ich dann doch nicht aus. »Mein Onkel hier meint, Sie als sein Steuerberater würden ihm bei einem Problem mit den Fahrzeugpapieren helfen …«, fange ich an und versuche ein ironisches Lächeln, dabei werfe ich immer wieder Seitenblicke auf den kleinen Onkel, damit der Typ genau weiß, WER hier eventuell einen an der Klatsche hat. Wie seine Sparkassen-Kollegin Frl. Biersack macht der Mann den Schildkröten-Kopf, er reckt ihn nach vorne und legt ihn leicht schief. Dazu faltet er die Hände vor der Brust wie ein guter Protestant. Ob man in Momenten großer Unsicherheit unbewusst zu religiösen Gesten greift? Das Onkelchen lächelt ihn stoisch weiter in Grund und Boden. Aus Ermangelung anderer Ideen, wie er sich in dieser Situation verhalten soll, fragt der Mann schließlich: »Sind Sie denn Mitglied bei uns?« Das Onkelchen sieht mich triumphierend von der Seite an: »Nein. Aber mein Neffe, Thomas. Der ist Mitglied.«

»Der Thomas«, wiederholt der Angestellte. »Hmhm«, bestätigt das Onkelchen und nickt dabei wie Queen Mum aus ihrer Pferdekutsche. Der junge Mann wendet sich an mich, vermutlich in der Hoffnung, ich könnte erklärende Worte sprechen, aber ich ziehe nur die Augenbrauen nach oben und hebe die Schultern. *Was weiß denn ich*, soll das bedeuten, und das versteht er auch sofort. In seiner Not dreht er sich um und ruft in eine angelehnte Seitentüre: »Frau Hiebner! Könnten Sie mal kommen?« Da hat seine Stimme schon einen leicht gepressten Klang. Für einen Mann eine Spur zu hoch. Frau Hiebner erscheint in der Tür und füllt dadurch den Rahmen. Sie nimmt ihre goldene Lesebrille von der Nase und mustert uns, das schönste Gespann seit Dick und Doof. Ihr junger Kollege erklärt murmelnd die Lage, zuckt mit den Schultern und sieht dabei immer wieder zu uns herüber. Frau Hiebner ist nur einen Moment überrascht, was an ihrer linken Augenbraue zu sehen ist, die sich nach oben zieht, dann grinst sie. Sie geht zum Onkelchen, das sich in bekannter Manier lächelnd vor dem Tresen aufgestellt hat. »Die Papiere Ihres Autos sind also – weg?«, fragt sie ihn freundlich. »Von den Mäusen gefressen«, berichtet der Onkel den Tathergang und sieht sie dabei ernst an. »Na, dann kommen Sie mal mit, das kriegen wir schon hin«, sagt Frau Hiebner und mütterliche Güte hüllt uns ein und öffnet uns die Türe hinter den Tresen und in ihr Büro. Während wir eintreten, wirft mir der Onkel einen Blick zu, der sagt: Siehst du. Ich verdrehe die Augen.

L. verschluckt sich vor lauter Lachen an diesem Abend an seinem Bier. »Herrje, da hätte ich gerne Mäuschen gespielt«, japst er und hält sich den Bauch. »Ja, war wahnsinnig komisch«, kontere ich übellaunig und nehme selbst einen großen Schluck. »Und was hat diese Frau Hiebner dann gemacht?«, fragt L., immer noch giggelnd. »Die hat beim Straßenverkehrsamt angerufen und für morgen einen Termin ausgemacht«, antworte ich. »Dann musst du morgen gleich wieder mit ihm los?«

»Jepp«, ich nicke und schließe die Augen. »Vorausgesetzt, ich bringe ihn nicht vorher um. Bei meinem Karma-Punkte-Stand kann mir da eigentlich nichts passieren.« L. streicht mir liebevoll über die Wange. »Tapfer«, sagt er und dann: »Kannst du noch einmal den Fräulein-Biersack-Blick nachmachen?«

Als ich am nächsten Tag ankomme, ist das Tor nicht abgesperrt. Ich schlendere den Weg entlang nach hinten. Es ist ein schöner Tag, warm und sonnig, und durch die Bäume fallen Sonnenstrahlen auf den Boden. *Gottesfinger* hat meine Oma die immer genannt. Auf der Lichtung zwischen dem Opel und dem Wohnwagen sehe ich ihn dann sitzen: Er hat die Schaumstoffmatratzen vom Autodach herunter und in die Sonne gezogen. Darauf sitzt er und lehnt sich mit dem Rücken an den Kotflügel des Autos. Er schnarcht leise und sein Mund steht offen. Um ihn herum liegen die sechs (oder vier) Hunde und machen ebenfalls ein Nickerchen. In dem Moment ist mir klar: Ich werde hier gar nichts verändern. *Ich* hätte vielleicht gerne eine Holzterrasse, eine ordentlich gespannte Regenplane und weniger Müll herumliegen, und in meiner Vorstellung haben die Hunde Namen und dafür keinen Unterbiss. Aber das sind eben *meine* Wünsche. So wie *ich* mir vorstelle, dass es ihm besser geht. Derweil weiß das Onkelchen selbst am besten, was es braucht, damit es ihm besser geht. Zum Beispiel eine Kühlbox, damit ihm die Butter nicht immer schlecht wird, und ein paar von diesen Lämpchen, die mit Batterien gehen. Und vor allem: Jemanden, der sich interessiert zeigt, wenn er seinen Aktenkoffer herausholt und stolz die Baupläne seines ehemaligen Hauses zeigt. Oder seine Arbeitsunterlagen von vor 20 Jahren, als er noch ein hoch angesehener Schwertransportfahrer war und Touren durch ganz Europa fuhr. Sogar mit dem Flugzeug haben sie ihn irgendwohin geschickt, damit er die Lastwagen nach Hause fährt! Und es braucht jemanden, der versteht, dass man Einkäufe nicht mitbringt, denn der Onkel braucht niemanden, der ihn versorgt, man darf aber trotzdem hin und wieder Schokolade bei ihm vergessen. Der Onkel fordert genau das, was ich nicht habe: Geduld. Und wissen Sie, was ganz komisch ist: Ich genieße das richtig. Wenn ich bei ihm bin, fühle ich mich wie befreit, denn dann bin ich mich für kurze Zeit endlich mal selbstlos.

DER TRICK MIT DEM KLEIDERSCHRANK

Ich weiß nicht, warum, aber irgendwie ist das Ausmisten eines Kleiderschranks zum Symbol für ein besseres Leben geworden. Haben Sie Depressionen, hat die Liebe Ihres Lebens Sie verlassen oder sehen Sie durch das Fenster des Flugzeugs, dass das Triebwerk brennt? Entrümpeln Sie erst mal Ihren Kleiderschrank STøPF von Ikea, dann sieht die Welt schon ganz anders aus. Wie konnte das passieren? Haben wir uns alle für dumm verkaufen lassen? Warum wird unser Leben von einem Kleiderschrank symbolisiert? Solche und andere Fragen quälen mich, seit ich es ausprobiert habe. Schritt für Schritt bin ich den Kleiderschrank-Gurus gefolgt in die leeren, hallenden Weiten des Resopalmöbels. In den Arsch beißen könnte ich mir.

Es fing damit an, dass ich von der zugemüllten Onkel-Wohnanlage nach Hause kam, mich auf das Sofa fallen ließ und in einem Glücksratgeber schmökerte.[46] Dieser behauptet, meine Wohnung sei der Spiegel meiner Seele. Heute weiß ich: Meine Wohnung ist nicht der Spiegel meiner Seele. Sie ist lediglich der Spiegel meines persönlichen, wenn auch eigentümlichen Geschmacks. Je mehr Chaos in meinen vier Wänden herrscht, so heißt es weiter, desto wirrer gehe es auch in meinem Innenleben zu. Dort, auf dem Sofa, lasse ich das Buch sinken und sehe mich

---

46   Und zwar in: Werner Tiki Küstenmacher, Lothar J. Seiwert: *Simplify your life. Einfacher und glücklicher leben*, DroemerKnaur 2008.

um: Zwischen Sofa und vollgestopften Billy-Regalen lehnt ein windschiefer Stapel Zeitschriften, darauf ein paar CDs. Darüber hängt eine klägliche Hängepflanze von der Decke, die ich einfach nicht wegschmeißen kann, solange sie sich noch verzweifelt an ihr Leben klammert. Der Couchtisch quillt über vor Büchern, ausgeschnittenen Artikeln und Kugelschreibern, und unter ihm lugt ein halbes Hundespielzeug hervor. (Hat eigentlich schon jemand diese Firmen verklagt, die behaupten, ihr Hundespielzeug hielte ewig?) Auf dem Fernseher in der Ecke liegen ein paar Zeitschriften, daneben steht eine von diesen drachenverzierten Holzsäulen, die vor chinesischen Restaurants Wache halten – wo habe ich die eigentlich her? Und vor allem: Was sagt sie über mein Innenleben aus?

Laut Ratgeber hinterlässt jeder Bewohner in seinen Räumen unsichtbare Abdrücke, die wiederum Auswirkungen auf die nächsten Bewohner der Räume haben. Das könnte ja von Anne sein, denke ich und erinnere mich an die äußerst sichtbaren Abdrücke, die uns das Kind unserer Vormieter hinterlassen hatte: Kugelschreiberzeichnungen auf einem Meter Höhe in allen Räumen. Mit leichter Unruhe denke ich an den Wohnwagen des Onkels und seine Wäsche- und Müllberge und sehe mich in ferner Zukunft alt und zauselig zwischen Zeitschriften, CDs und der unkaputtbaren Hängepflanze am Boden hocken, um mich herum vier bis sechs Hunde mit Unterbiss. Nein, das wird mir nicht passieren. Ich blättere in meinem Ratgeber. Er rät zur Entrümpelung und sagt, dass alle Räume einen bestimmten Teil meines Lebens symbolisieren:

• Der Keller: Vergangenheit und Unterbewusstes

• Dachboden: Ideen und Zukunft

- Abstellräume: persönliche Freiheit

- Eingangsbereich: Verhältnis zu anderen Menschen

- Türen: Offenheit

- Wohnzimmer: Herz

- Küche: Bauch

- Fußboden: Finanzen

- Kleiderschrank: Körper

- Badezimmer: innere Mitte

- …

Da schauen Sie, was? Ich habe auch geschaut. Was sagt es über meine Vergangenheit, wenn ich einen Gemeinschaftskeller habe? Und wenn ich obendrein den Schlüssel dazu verloren habe? Und wie stelle ich mir meine Dachboden-Zukunft vor, wenn ich unter einem Flachdach wohne? Meine persönliche Freiheit ist ein Abstellraum? Was hat meine persönliche Freiheit mit dem Staubsauger und dem Bügelbrett zu tun, die darin aufbewahrt werden? Und wohin soll ich die beiden räumen, wenn ich meine persönliche Freiheit befreien möchte? In meine Zukunft? Ins Unterbewusste? Und finde ich sie dann noch? Ich bin skeptisch. Es will mir nicht so recht aufgehen, warum der Eingangsbereich meiner Wohnung eine andere Bedeutung haben soll als jene, dass man durch ihn die Wohnung betreten kann. Angeblich will ich auf andere Menschen genau so wirken, wie der Eingangsbereich aussieht. Falls Sie jemals bei mir zu Besuch sein sollten: Ich hoffe, ich wirke auf Sie nicht klein, verwinkelt und mit Jacken zugehängt. Ich stelle mir auch diese Konversation komisch vor: Schatz, da sind Silberfischchen in deiner inneren Mitte, kannst du die wegmachen? Dass der Fußboden meinen Finanzen entspricht, halte ich hingegen für recht plausibel, es erklärt zumindest einiges. Als ich dann lese, dass mein Körper mein Kleiderschrank ist oder umgekehrt, packt mich der Forscherdrang. Ich meine, das Buch hat sich über zwei Millionen Mal verkauft! Da muss doch was dran sein!

Meinen Kleiderschrank-Körper zu simplifien, halte ich für relativ ungefährlich: Stellen Sie sich bloß mal vor, ich fange mit dem Wohnzimmer (Herz) an und L. verlässt mich stellvertretend, bloß weil ich die Hängepflanze entsorgt habe. Außerdem hoffe ich, so dem Paradoxon näherzukommen, dass der Schrank zwar überquillt, ich aber regelmäßig davor stehe und nichts zum Anziehen darin finde. Wenn nur erst Platz im Schrank ist, kaufe ich Hängefächer und staple meine Schals und Tücher dekorativ eingerollt hinein. Vielleicht nach Farben sortiert. Der Schrank wird so spartanisch aufgeräumt sein, dass man darin meditieren möchte. Spaß beiseite und an die Bügel: die Aktion *Befreit STøPF* kann beginnen. Ich fange an mit Schritt eins: Die Dinge aussortieren, in die man nicht mehr hineinpasst. Das allerdings würde bedeuten, dass ich nicht mehr damit rechne, diese verdammten fünf Kilo wegzubekommen. Ich soll also kapitulieren und mir sagen: Es sind zwar nur fünf Kilo, aber du wirst es eh nie schaffen, die loszuwerden. Du Pfeife.

Was ist denn das für eine Logik? Gut, die engen Jeans und das schwarze Kleid liegen schon seit Langem da oben im Fach, aber ich vertraue eben fest darauf, dass ich die irgendwann wieder tragen werde. So sieht nämlich die Zukunft aus, positiv, nicht resigniert. Tschakka, ich kann das! Sehr gut, sehr gut, jaa! Ohne mich da jetzt unter Zeitdruck setzen zu wollen. Auch Kleidungsstücke, die ich über ein Jahr nicht getragen habe, sollen verschwinden.

Das würde aber bedeuten, dass mein Paillettenkleid, das Hochzeitskleid meiner Tante und die Lederkorsage rausfliegen, ebenso wie ein Kimono, ein Samtanzug und ein wahnsinnig verruchter, durchsichtiger Morgenmantel mit Pelzbesatz. Jetzt mal im Ernst: Wie könnte ich diese Perlen wegschmeißen? Ich gebe zu, ich trage das Hochzeitskleid nicht oft und auch die Lederkorsage wird nie mein tägliches Büro-Outfit werden, aber alle diese Dinge leisten hin und wieder hervorragende Dienste. Unvergessen ist L. in meinem Paillettenkleid, als er eine Wette verloren hatte und in diesem Aufzug mit mir ein Bier trinken gehen musste. Und für die Kinder meiner Schwester ist es der schönste Moment eines Tantenbesuchs, wenn sie sich endlich über Tüll und Tafte hermachen können. Sie sollten den kleinen Leonhard (4 Jahre) in der duften Lederkorsage sehen – das tausche ich doch nicht gegen Leonhard in *Mango Basics* ein. Der Rat einer Frauenzeitschrift zu dem Thema ist, seinen eigenen Stil zu finden. Anschließend könne man alle Kleidungsstücke, die nicht dazu passten, einfach wegwerfen. Aber was ist denn mein Stil? Ich habe mindestens vier Stile:

- Der Kurz-vor-der-Periode- und der Perioden-Stil: Da herrschen wallende Gewänder vor, lange Shirts und weite Hosen, weiche Stoffe und Lieblingsunterhosen.

- Der Schmitz-Stil: Alle Kleidungsstücke, die zu einem Hundespaziergang taugen, gedeckte Farben, Kapuzen und viele Taschen sind da die modischen Highlights.

- Der Courtney-Love-Stil: Alle Dinge, die ich anziehe, wenn ich jünger, besser oder extravaganter scheinen möchte, als ich bin.

- Der Date-Stil: Alles, was sexy, anliegend, transparent, schmeichelnd, kurz und tailliert ist. Eigentlich alles, was ich trage, wenn ich meinem Exfreund eins auswischen will.

Da finden Sie erst mal ein Kleidungsstück, das in keine dieser Kategorien passt! Ich räume schließlich alles, alles, alles aus dem Schrank aufs Bett. Das war eine andere Empfehlung – motivieren soll mich diese luftige Weite im Schrank. Stunden später sitze ich immer noch auf dem Bett inmitten eines riesigen Kleiderbergs und halte mal dieses und mal jenes Stück hoch. Wenn es stimmt, dass kurz vor dem Tod das Leben an einem vorbeizieht, dann musste es mich jetzt vom Stängchen hebeln. Zu fast jedem Teil fällt mir eine Geschichte ein, eine Erinnerung. Daran, wie ich war, und vor allem, wie ich sein wollte. Wie soll ich das alles in Mülltüten stecken? Ich packe am Ende alle Kleidungsstücke mitsamt den Erinnerungen wieder säuberlich in den Schrank. Zufrieden, sie zu haben. Und schmeiße Hosen von L. weg.

Auch andere Empfehlungen kann ich nicht so richtig in die Tat umsetzen: Ein stummer Diener (diese altmodischen Kleiderständer) im Schlafzimmer soll den Sessel ersetzen, auf dem man immer seine Klamotten zwischenlagert. Weil Sessel und Stühle immer unter mehreren Kilo Kleidungsstücken begraben werden. Sie wissen schon: dieser Berg, auf den man abends seine Sachen schmeißt, um sie am nächsten Tag wieder anzuziehen. Aus ungeklärten Gründen wächst dieser Berg pro Tag um 1,5 Meter an. Das mag schon sein, denke ich, aber wenn ein stummer Diener in meinem Schlafzimmer steht, wo soll ich dann den Berg Kleidung hinlegen? Das wäre vermutlich irgendwann so wie mit dem Papierkorb im Büro: Man stapelt in die Höhe, bis nichts mehr draufpasst, und legt dann mit der Präzision eines Chirurgen immer noch etwas obendrauf, was dann einen balancierenden Stapel ergibt, dem man schlussendlich einen Namen geben kann. Außerdem soll ich den Fußboden (Finanzen) frei halten. Als Anregung wird auf die Shaker[47] verwiesen, die einfach alles an die

---

47 Eine Religionsgemeinschaft, hierzulande hauptsächlich wegen des unverschnörkelten Designs ihrer Möbel bekannt.

Wand gehängt haben, sogar ihre Stühle, wenn sie gerade nicht in Gebrauch waren. Ich muss zugeben: Die haben schöne Möbel gemacht, keine Frage. Aber wegen ein paar asketischer Häubchenträger hänge ich doch nicht meine chinesische Säule und das Hundespielzeug an die Wand.

Ich verweigere mich auf ganzer Linie. Ich glaube einfach nicht daran, dass es ein Zeichen dafür ist, dass meine Seele noch eine Aufgabe lösen muss, wenn im Keller besonders viele unaufgeräumte Sachen lagern. Für welche ungelöste Aufgabe meiner Seele sollen die verstaubten Einmachgläser stehen? Dafür, dass ich dringend etwas konservieren muss? Ich halte es auch für irrig, wenn jemand, der beruflich scheitert, sein Dachgeschoss dafür verantwortlich macht.

Das Simplify-Prinzip, das auf einem Überdruss an Überfluss fußt, zieht bei mir nicht. Zumindest nicht, was Dinge betrifft. Für mich ist weniger nicht mehr, für mich ist mehr mehr. Hätte ich viel Platz, ich hätte vermutlich einen eigenen Schrottplatz! Ich halte mich an das System: alles aufheben, vielleicht kann man es noch brauchen. Egal, wie verrostet, verbogen oder überflüssig. Es kommt immer der Moment, wo man genau das braucht, was man weggeschmissen hat. Meist tritt der ein, just wenn die Müllabfuhr mit dem Krempel außer Sichtweite ist. Während ich am Schreibtisch meinen Gedanken nachhänge, erscheint L. plötzlich im Türrahmen:

»Sag mal, Alex, hast du meine alten Lieblingshosen irgendwo gesehen?«

Mist.

NACHTRAG

Ich habe das dann doch noch verstanden, und das ging so: L. und ich sind umgezogen. Während sich in der alten Wohnung die Kisten stapeln und wir nicht mehr wissen, was in welcher Kiste ist, und die Sätze fast alle beginnen mit: »Weißt du zufällig, wo …«, laden wir unsere Matratze, das Bettzeug, zwei Flaschen Wein, den Schmitz und zwei Gläser in den alten Kombi und ziehen schon mal voraus. Wir streichen durchs Haus, zeigen dem Hund den Garten und stellen uns unser Leben in dem neuen Haus vor. Als es dunkel wird, breiten wir die Matratze vor dem Kamin im leeren Wohnzimmer aus und machen ein Feuerchen, neben uns liegt zusammengerollt Schmitz. Ich sehe mich in dem leeren Zimmer um und fühle mich, als wäre ich wieder 18. Was braucht man denn schon wirklich? L. ist hier und Schmitz, ein Dach über dem Kopf, ein Feuer im Kamin. Wäre es nicht viel schöner ohne den ganzen Ballast? Wer braucht die Unmengen an Kram? Das sind doch alles Erinnerungen aus der Vergangenheit, das Familiensilber und die Fotoalben, die Plattensammlung und die Enzyklopädie. Weg damit!

Es wäre fast wie neu anzufangen, wie eine Bibliothek voller Regale, über allen stünde ihr Fachgebiet, *Geschichte* über einem, *Kunst* über einem anderen. *Politik, Naturwissenschaften, Religion* und alle Bücher, wenn man sie aufschlüge, wären weiß. Nur blanke Seiten, die darauf warten, dass man sie füllt. »Wir wären so, so – frei!«, schwärme ich L. vor und breite meine Arme aus. »Hmhm«,

grummelt L. zustimmend und drückt den Korken einer Rot-
weinflasche in den Flaschenhals. »Vielleicht, dass wir aber doch
mindestens einen Korkenzieher mit umziehen.«

»Ja, doch«, winke ich ab, »und natürlich Zahnpasta und Dusch-
gel und Handtücher und solche Sachen.« Wir stoßen an. »Und
Geschirr und Besteck«, füge ich noch dazu. »Und natürlich ein
paar Klamotten und den Computer mit Schreibtisch und Stuhl
und den Flauschteppich, den legen wir hier vor den Kamin.«
Und so zähle ich Stück für Stück alle Ding auf, die sich in unserer
alten Wohnung befinden. Es ist eben nur die Idee, die schön ist.
Tatsächlich nehmen wir unsere Vergangenheit natürlich immer
mit – und den Korkenzieher.

FREIZEIT

Freizeit ist, wenn man mal nichts tut, richtig? Oder ist es nur die Abwesenheit von Arbeit? Wikipedia findet: »Freizeit im Sinne von arbeitsfreier Zeit ist der Zeitraum, über den der Einzelne frei verfügen kann und in dem er frei von bindenden Verpflichtungen ist.«

Früher war das leicht: Freizeit war, wenn die Schule aus war und die Hausaufgaben gemacht waren. Und heute? Heute erledige ich in der Freizeit eine Menge Dinge, zu denen ich während der Arbeitszeit nicht komme. Ich packe meine Freizeit voll mit Bankbesuchen, Wocheneinkäufen und Arztterminen, ich telefoniere mit Handwerkern, bringe den kaputten Drucker zur Reparatur, telefoniere mit dem Reparaturservice und besorge einen neuen Drucker. Ich besuche meine Eltern und auf dem Weg fahre ich noch beim Recyclinghof vorbei. Aber sehen Sie, was ich meine? Meine Freizeit hat mit frei nicht viel zu tun. Und ich bin selbst schuld: Wenn ich nämlich mal tatsächlich nichts zu tun habe, überlege ich sofort, was ich erledigen *könnte*. Ich bin so irritiert, wenn ich nicht in Bewegung bin, dass ich es vermeide, zum Stillstand zu kommen. Und etwas zu erledigen gibt es immer. So streiche ich permanent Dinge von meiner To-do-Liste, die ich gerade eben dort hingeschrieben habe – um was? Um danach wieder die Zeit totschlagen zu müssen, die ich ständig versuche einzusparen? Da beißt sich doch die Katze in den Schwanz …

Freizeitbeschäftigungen gelingen mir nur, wenn ich sie plane, zum Beispiel eine Wanderung mit L. und Schmitz. Oder ein Abend mit Jana und Anne. Aber das sind Ausnahmen. Außerdem kann man das Lesen noch dazuzählen, das aber viel zu oft auf die zehn Seiten beschränkt ist, die ich abends im Bett schaffe, bevor ich das Licht aus und die Augen zumache. Und das leidige Fernsehen natürlich – da bin ich so abgelenkt, dass ich nicht mal überlege, was ich noch tun könnte, müsste oder sollte. Deswegen finde ich es auch entspannend. Vielleicht ist das der Grund, warum Fernsehen so beliebt ist – 28 Prozent ihrer Freizeit verbringen die Deutschen damit, sagt eine Studie der OECD[48] aus dem Jahr 2002. Sie besagt auch, dass wir im Schnitt täglich sechs Stunden und 34 Minuten an Freizeit haben. Das beschert uns den zweiten Platz auf der Liste der Industrienationen, noch mehr Muße haben nur die Belgier. Ich überschlage Arbeitsstunden und Schlafzeit und komme durchaus auf die sechs Stunden. Sechs Stunden, eine Menge Zeit. Was ich da alles erledigen könnte, schießt es mir gleich wieder durch den Kopf. Wenn ich zwei Stunden pro Tag für Erledigungen abziehe, dann sind immer noch vier Stunden übrig, die mir zur freien Verfügung stehen. So habe ich das noch nie gesehen. Ich habe Zeit! Nur: Was mache ich jetzt damit? Ich habe mich bisher nicht genug um meine Freizeit gekümmert, so viel steht fest. Vielleicht auch deswegen, weil ich kein Hobby habe. Auf Menschen, die ein Hobby haben, bin ich ein bisschen neidisch, weil sie eine Passion verspüren, die mir völlig verschlossen bleibt. Diese große Befriedigung, die jemand erfährt, der in seinem Hobby aufgeht, wird mir wohl ewig verwehrt bleiben. Und es muss schon echte Leidenschaft im Spiel sein, wenn Hobbyisten ihre ganze Zeit, all ihr Geld und nicht selten ihre Beziehung dafür drangeben. Außer Neid mischt sich aber auch eine gewisse Skepsis in meine Betrachtung, weil ich nicht weiß, ob es

---

48 Organisation for Economic Co-operation and Development: Organisation für wirtschaftliche Zusammenarbeit und Entwicklung

nicht nur ein Zeichen von totaler Hirnverbranntheit ist, wenn sich zum Beispiel begeisterte Autobastler stundenlang über linksdrehende Schnurchverzapfungen austauschen.

Nach dem Motto »Meine Freizeit soll schöner werden« recherchiere ich, was andere Menschen in ihrer Freizeit machen. Ich brauche Ideen. Dabei erfahre ich, dass in Deutschland 46 Prozent des Freizeitanteils auf eine Kategorie entfällt, die zu großen Teilen aus *am Computer spielen, Telefonieren* und aus *mit dem Hund spazieren gehen* besteht. Na dufte, ganz inspirierend, danke, Deutschland. Zu 28 Prozent wird, wie oben erwähnt, ferngesehen, verschwindende 15 Prozent bekommen *Veranstaltungen* und lächerliche 7 Prozent machen *sportliche Aktivitäten* aus. Mit Bestürzung lese ich außerdem, dass die Deutschen sich insgesamt nur 4 von 100 Minuten mit Freunden, dem größten Glücksfaktor überhaupt, treffen. Das ist weniger Zeit, als alle, alle, alle anderen Industrienationen für Freundschaften aufbringen. Liebe OECD, ich habe mich umgeschaut und auch eine Studie erstellt, was Leute gerne in ihrer Freizeit tun. Du kannst sie gerne benutzen, wenn du möchtest:

Was Leuten so Spaß macht:

• Parteimitglied sein

• Nordic Walking

• Freizeitparks

• Fan sein (Formel 1, Fußball, Tokio Hotel)

• Christ sein

• Nachbarn ärgern und/oder verklagen

- Kölner Karneval

- Yoga-Ayurveda-Pilates-Wellness

- Kroatienurlaub

- Selbsterfahrungskurse

- FKK-Urlaub

- Shopping

- Klosteraufenthalte

- Spaßbäder

- Kinobesuche

- Schwimmen mit Delfinen

- Wetten

- Alkohol und Drogen

- Sammlungen anlegen

- Radfahren

- Eine Sprache lernen (VHS)

- Kochen/Essenseinladungen

- Tagebuch schreiben

Ich weiß nicht – das sieht doch so aus, als würden die auch alle die Zeit totschlagen.

Als ich mit Jana über die Sache mit der Freizeit spreche, erzählt sie mir von einem Ratschlag, den sie in einem Buch gelesen hat: »Du musst dich einfach daran erinnern, was du als Kind gern gemacht hat. Etwas, das dir früher Spaß gebracht hat, wird dir bestimmt heute immer noch gefallen.« Das ist eine interessante Idee, finde ich. Wenn auch waghalsig. »Du meinst, wir sollten es mal wieder mit Gummihüpfen probieren?« Jana lacht und fängt an zu singen, ich falle mit ein:

»Peter Alexander,
Haxen auseinander,
Haxen wieder zam'
und du bist dran!«[49]

Das ist zwar lustig, aber ich möchte mir jetzt trotzdem keinen Haushaltsgummi um die Knöchel schnallen. Auch andere Beschäftigungen, die ich als Kind äußerst reizvoll fand, halte ich für mich als Erwachsene ungeeignet. Zum Beispiel Heuschrecken (Heimchen) zu fangen, um sie in einem Eimer mit Folie darüber unter meinem Bett übernachten zu lassen. Weil die so schön zirpen.[50] Ich kann mich heute auch nicht mehr für Kästchenhüpfen (Hickelhäuschen) begeistern. Und obwohl es mich rasend interessieren würde, wie meine damalige Lieblingsfeindin Ines reagiert, würde ich heute nicht mehr mit Kreide

---

49   Ebenfalls ein großer Renner:»Bei Müllers hat's gebrannt ... brannt ... brannt, da bin ich schnell gerannt ... rannt ... rannt, da kam ein Polizist ... zist ... zist, der schrieb mich auf die List ... List ... List, die List fiel in den Dreck ... Dreck ... Dreck, da war mein Name ... weg ... weg ... weg, da lief ich schnell ins Haus ... Haus ... Haus, zu meinem Onkel Klaus ... Klaus ... Klaus, der lag ja schon im Bett ... Bett ... Bett, mit seiner Frau E l i s a b e t h. Elisabeth die schämte sich und zog die Decke über sich, die Decke hat ein Loch ... Loch ... Loch, da sah man sie ja doch ... doch ... doch, da lief ich in den 1. Stock, da lief ich in den 2. Stock, da lief ich in den ..., da lief ich in den 10. Stock, da saß ein Mann im Unterrock.« Viel Spaß.

50   Sie wurden am nächsten Tag immer wieder freigelassen und hatten ausreichend Wasser und Kekse als Verpflegung zur Verfügung.

Ines ist ein Mongokopf

vor ihre Haustüre auf die Straße schreiben. Vielleicht lieber Sachen, die mir als Halbwüchsige Spaß gemacht haben? War da irgendwas außer *Jungs*? Und wie wahnsinnig muss man sein, um dieses Hobby wieder aufzuwärmen? Die Vorstellung, wieder an Bushaltestellenhäuschen herumhängen zu müssen, finde ich allerdings auch nicht verlockend, vom Mofafahren ganz zu schweigen. Eine Sache gibt es da allerdings, an deren Reiz kann ich mich noch gut erinnern: Ich setzte mich manchmal mit einem Moleskine-Notizbuch in ein Café mit dunkler Holzverkleidung, schrieb hin und wieder etwas enorm Wichtiges hinein, um dann sofort wieder verträumt in die Ferne zu blicken und an meinem Wermut zu nippen. Dabei kam ich mir vor wie eine französische Schriftstellerin aus dem letzten Jahrhundert und fand mich rasend interessant. Gerne hätte ich dazu noch selbst gedrehte Zigaretten geraucht, aber die Tabakkrümel, die an der Lippe hängen blieben, schmeckten immer so bitter.

Ob einige der Hipsters in den Szenecafés mit ihren Laptops ähnlich motiviert sind? Seien wir ehrlich: Zum Arbeiten sind Cafés nicht gut geeignet. Auf dem Monitor ist kaum was zu erkennen, man wird permanent abgelenkt und der Caffé Latte schwappt einem schon mal auf die Tastatur. Ich kann mir auch nicht vorstellen, dass sich jemand das neueste iBook von Apple kaufen kann, aber dann kein Geld für einen Internetanschluss hat und sich deswegen ins nächste W-LAN-Café setzen muss. Vielleicht fühlt man sich da aber auch für kurze Zeit kreativer, als man wirklich ist. Reine Unterstellung, natürlich. In die Zeit meiner Moleskine-Sitzungen fallen auch die Versuche, eine gute Klavierspielerin zu werden. Ich quälte mich außerdem durch die Klassiker der Weltliteratur, nahm an Seminaren teil und probierte mich durch die verschiedenen Preisklassen der Rotweine vom Supermarkt um die Ecke. Ich fand Männer anziehend, die Nickelbrillen trugen, älter waren als ich und einen melancholisch-tiefsinnigen Eindruck machten. All das lief auf eine Alex hinaus, die ich gerne sein wollte. Das Moleskine-Buch war ein Statement: Ich nehme mir Zeit fürs Denken und Schreiben und meine Gedanken sind es wert, festgehalten zu werden, sie sind nämlich enorm tief greifend. Der Rest war schmückendes Beiwerk.

Das komplett Bescheuerte an der Sache ist: Nichts davon hat mir wirklich Spaß gemacht. Mir fehlt jegliche Disziplin für das Üben, *Ulysses* habe ich bis heute nicht begriffen, bei Lesungen beobachte ich aus den Augenwinkeln immer die anderen Besucher und melancholische Männer mit Nickelbrillen sind das absolute Gegenteil von spaßig. Mache ich das heute immer noch? Mich mit Dingen beschäftigen, die einer Wunschvorstellung von mir selbst entsprechen? Da fällt mir sofort mein gescheiterter Yogakurs ein. In meiner Vorstellung trug ich ein pastellfarbenes Trägertop mit passender Dreiviertelleggins, saß im Schneidersitz im Sonnenuntergang und hielt einen Gymnastikball vor meine Chakren. Dieses Selbstbild war verwoben mit einer Alex, die sich gesund ernährt, und zwar von Obst aus dem Biomarkt, die samstags mit einem Weidenkorb auf dem Markt einkaufen geht und die Einkäufe mit dem Fahrrad nach Hause bringt. In meiner blitzsauberen Küche bereitet sie daraus ein leckeres Abendessen für ihre unzähligen Freunde zu, die über ihre fantasievolle Tischdekoration ganz aus dem Häuschen sind. Das einzige Problem ist: Diese Alex existiert nicht. Ich mag mich nicht an Marktständen anstellen, ich kaufe lieber anonym ein und der 10-Kilo-Sack Hundefutter passt in kein Weidenkörbchen. Meine Küche ist selten sauber und das Abendessen mit Freunden endet immer in einem betrunkenen Zustand mit Rotweinflecken und übervollen Aschenbechern auf dem Tisch statt Dekoration. Dementsprechend ging auch der Yogakurs aus: Ich halte mich nicht gern mit anderen, transpirierenden Leuten in geschlossenen Räumen auf, ich sehe in pastellfarbenen Trägertops aus wie ein Schweinchen und bin dann neidisch auf die Vorturnerin – die sieht nämlich nicht aus wie ein Schweinchen, sondern wie jemand, der eine schöne Tischdekoration hinbekommt. Aus Bioobst!

Das alles fällt in dieselbe Kategorie wie mein Versuch mit der Badewanne und den Kerzen: Schon schön, aber nicht für mich. Aus diesem Grund habe ich die Kinoabende gestrichen. L. ist ein leidenschaftlicher Kinogänger. Einer von denen, die man fragen kann: Wie hieß noch gleich der glatzköpfige Nebendarsteller aus dem tschechischen Dokumentarfilm, wo es um die fingierte Eröffnung eines Kaufhauses ging? Da schaut der noch nicht mal auf, wenn er »Zdenek Svejda« sagt. Ich versuche ihn manchmal auszutricksen, aber er gewinnt immer. Da wir am Anfang unserer Beziehung manchmal zusammen ins Kino gegangen sind (in der Phase, in der noch jeder dem anderen vormacht, seine Interessen zu teilen), hat sich das zu einer Art Folklore entwickelt. Jede Woche gehen wir zumindest einmal ins Kino. Diese Tradition hat für mich so etwas wie eine Signalwirkung: Alles läuft wie gewohnt, ergo alles ist in Ordnung. Danach gehen wir noch ein Glas trinken in eine Kneipe um die Ecke und reden über den Film. Mir gefällt das Bild, dass wir so ein schickes Hauptstadt-Pärchen sind, das nach einem Programmkinofilm in einer Kneipe sitzt und sich über Regisseure, Schauspieler und Handlung auslässt. Aber mir gefällt das Bild besser, als es tatsächlich zu tun – ich habe schon erwähnt, welche Risikofaktoren so ein Kinosaal für mich birgt (Popcornesser).

L. hat auf meinen Entschluss nicht mit Weinen, Händeringen und Verzweiflung reagiert. Er sagte einfach nur: »Okay.« Er geht jetzt mit seinem Freund Mike ins Kino, so haben die beiden wieder mehr miteinander zu tun und ich genieße es, abends mal alleine zu Hause zu sein. Ich bin fertig mit Kino. Mich würde der neue Film von Darioush Shirvani interessieren, vielleicht sehe ich mir den irgendwann an. Aber wenn es so weit ist, werde ich alleine gehen und habe danach meine Ruhe, hänge der Stimmung des Films nach und sehe meiner inneren Aufgewühltheit zu, falls vorhanden.

So viel zu den Dingen, die ich *nicht* mehr machen möchte. Ich mochte auch *nicht* in einem Chor singen, Töpfern lernen oder ein Jodeldiplom machen. Kein Schwimmen mit Delfinen und kein Klosteraufenthalt. Das ist immer einfacher: zu sagen, was man nicht mag. Ich möchte mich auch nicht mit etwas beschäftigen, nur um beschäftigt zu sein. Ich will nichts konsumieren. »Weißt du, was ich meine?«, frage ich L., der sich das Dilemma ausführlich bei Pasta arrabbiata erklären lässt. »Ja«, sagt L. »So etwas wie ein Instrument spielen.« Ich lasse mir kurz Klaviere und Flöten durch den Kopf gehen. »Ja, genau.« Ich deute mit meiner Gabel auf ihn. »Nur ohne, dass man es erst lernen muss.« Nach einer kurzen Bedenkzeit ruft L.: »Ich hab's!« Na, da bin ich aber gespannt. »Du lernst Melodica!« Sehr witzig. Da lerne ich noch eher Backpfeife.

Am nächsten Tag ruft mich L. aus der Arbeit an. »Ich weiß, was du tun könntest!« Mir schwant eine Triangel oder ein Blasrohr oder etwas in der Art. »Und das wäre?«

»Jetzt stell dir mal vor, es ist Wochenende und es regnet nicht in Strömen, was machst du dann?«, fragt L. mit so einem leicht triumphierenden Unterton. »Keine Ahnung«, antworte ich. »In den Garten gehen?« Da schnappt er zu wie eine Falle: »E-xakt! Und was machst du dann da?«

Ich gehe mit dem Hörer am Ohr zum Küchenfenster und sehe in den Garten hinaus. »Rumpuzzeln.«

»Nein«, widerspricht L. »Du *puzzelst* nicht. Du steckst bis zu den Ellenbogen im Matsch oder schneidest an der Geranie herum, und zwar den ganzen Tag lang!«

»Glyzinie, nicht Geranie«, sage ich automatisch und blicke in die Ecke des Gartens, wo der Blauregen an einer Terrassenstange hochrankt. Wunderschön sieht er aus. »Und die kleinen weißen Dinger, die du ständig vermehrst.«

»Storchenschnabel«, werfe ich ein. »Genau die«, sagt L. »Oder die Rosen – wo die Rosen im neuen Garten hinkommen, das war dir viel wichtiger als die Überlegung, wo wir dein neues Büro einrichten.« Ich nicke zustimmend. Als hätte er es am anderen Ende der Leitung gesehen, fährt er fort: »Wenn du im Garten bist und am Abend reinkommst und aussiehst wie ein Erdferkel, dann strahlst du übers ganze Gesicht. Worüber freust du dich als Geschenk immer am meisten?«

»Über Pflanzen«, sage ich leise. »Eben. Du kannst noch nicht mal diese scheußliche Hängepflanze im Wohnzimmer weg-schmeißen.«

Als er aufgelegt hat, sehe ich weiterhin in den Garten hinaus. Einige der gelben und rosa Rosenknospen sind schon aufgegangen. Davor schmiegen sich kleine Erdbeerpflänzchen, dazwischen wachsen Schnittlauch und Knoblauch und Kamille und ein paar Ringelblumen. Kräuter und Gemüse und Blumen wachsen wild durcheinander. Wir wohnen noch nicht lange hier, aber L. hat recht: Ich habe Pflänzchen für den Garten gekauft, noch bevor klar war, wo der Esstisch hin soll. In der alten Mansardenwoh-nung baute ich Salat auf dem Balkon an und die Fensterbretter waren voll von Pflanzen. Ich bin da auch nicht wählerisch, alles, was wächst, macht mir Freude. Es ist für mich immer noch Ma-

gie, diese Kraft, mit der das Leben hervorbricht. Egal, ob ich um-
topfe, aussäe, gieße oder zurechtschneide, wenn ich im Garten
bin, fühle ich mich geerdet und es kehren sofort innere Ruhe und
Zufriedenheit ein. Gärtnern macht mich glücklich. Ich bin also
keine Independent-Hauptstadt-Powerfrau, ich habe ein Rentner-
Hobby. Und nächsten Frühling baue ich mir ein Gewächshaus.

Wenn Sie eher jemand sind, der einen eigenen Garten

• nicht hat oder

• wenn er einen hätte, diesen betonieren und grün anstreichen
  würde,

vielleicht macht Ihnen das hier Spaß:

200-Teile-Puzzle puzzlen, Modellbau, Gedichte schreiben,
Schmetterlinge/Vögel beobachten, Motorrad fahren, einen Blog
schreiben, Statist am Theater werden, Reiten, Geocaching,[51]
Funken, Orchideen züchten, Schach spielen, Sterne mit einem
Teleskop beobachten, Badeöle selbst machen, Gesangsstunden
nehmen, mit Hunden aus dem Tierheim spazieren gehen, einen
Flamenco-Tanzkurs belegen, Lebend-fischen, Parfüm selbst machen, surfen lernen, tauchen, einen Flaschengarten bauen,[52] Ita-
lienisch lernen, Kinderbücher lesen, eine Doula werden,[53] Kla-
vierspielen lernen, Volontär im Zoo werden, einen VW-Bus in
ein Wohnmobil umbauen, damit verreisen, einen Internetshop
aufmachen, Briefmarken sammeln, Möbel restaurieren, einen
Film nachspielen und per Videokamera aufnehmen, Zaubern

---

51 Eine Art Schnitzeljagd für Erwachsene, bei der elektronische Hilfsmittel verwendet
    werden.
52 Ein Flaschengarten ist ein kleines Ökosystem in einer Flasche oder einem Glas.
53 Eine Doula ist eine Frau, meist selbst Mutter, die werdenden Eltern oder Müttern
    vor, während und nach der Geburt zur Seite steht.

lernen, eine Stripkurs machen, Segeln, Meditieren, Marmelade selbst kochen, ein Kleid oder Kissenbezüge oder eine Küchenschürze nähen, einen Schal stricken, ein Ölbild malen, einen Kürbis anpflanzen, ein Schmuckstück entwerfen und fertigen lassen, in einer Band spielen, Scrabble spielen, einen Prinzen aus Fimo kneten, campen mit Lagerfeuer, ein Floß bauen, Wandern, Schattenspiele lernen, Enten füttern, Flaschenpost verschicken, ein Haus renovieren, Fanpost schreiben, Lieblingsgedichte auswendig lernen, einen Pullover stricken, den Nichten eine eigene Gutenachtgeschichte schreiben, in der sie die Hauptrolle spielen, eine Patchworkdecke nähen, Kajak fahren, Kochen, Blumen stecken, ein Geheimversteck bestücken, um es in x Jahren wieder auszubuddeln, Segelflugstunden nehmen, einen Berg besteigen, Rosen züchten, Flaschenboote bauen, hinter Glas malen, alte Uhren reparieren, die Route 66 entlangfahren, die besten Sonntagstorten backen, Erich Fromm lesen, Skifahren, in der Kirche beten, mit Speziallack Weinreben und Blumenranken an den Badewannenrand malen, Fotoalben anlegen, in einem Chor singen, die Seidenstraße entlangfahren, Wassermelonen anpflanzen, in den Streichelzoo gehen, einen Streichelzoo aufmachen …

LIEBE

- Nicht immer recht haben müssen

- Loben, loben, loben

- Döff-Tage

Liebe ist die schönste Sache der Welt, heißt es. Die stärkste Macht auf Erden, die sogar den Tod überdauert. Zwei Menschen, die eins sind, deren Seelen sich berühren, die auf immer und ewig und blablabla. Ich frage mich bei so salbungsvollen Worten immer, ob deren Schöpfer auch abends die getragenen Socken ihrer Liebsten vom Boden aufsammeln. ·

L. und ich formen seit sieben Jahren eine *eheähnliche Lebensgemeinschaft* und er ist nach wie vor mein Lieblingsmensch – auch wenn er seine getragenen Socken im Schlafzimmer verteilt, statt sie in die Wäsche zu werfen. Er ist mein Mr. Right, der Richtige, der Prinz ohne Schimmel. Dass Prinzen eben auch alte Socken liegen lassen, hat mir vorher keiner gesagt. Das ist auch so ein ganz großes Mysterium: Liebe und Beziehungen sind mit der wichtigste Teil in unserem Leben, aber man kriegt sie nicht beigebracht. Alles muss man im Selbstversuch herausfinden. Ich frage mich, ob es nicht gescheiter wäre, die eine oder andere Schulstunde in Biologie über den Schwänzelflug der Honigbiene einzutauschen in Aufklärungsstunden über die Liebe. Zumindest die

Grundlagen:

- Prinzen sind auch nur Menschen.

- Verliebtsein hält nicht an, das ist ganz natürlich.

- Man kann den anderen mal an die Wand klatschen wollen, auch das ist ganz natürlich.

- Das mit dem Sex lässt auch nach.

- Streiten ohne scheiße zu sein, Basiskurs.

- …

Solche Dinge eben. Dann würden vielleicht nicht Generationen von jungen Dingern zu Tode erschrecken, wenn sie bemerken, dass ihr Prinz furzt. Bildlich gesprochen. Oder, und das ist das nächste Level: Dass sie selbst, egal, was ihnen ihr Vater immer erzählt hat, keine Prinzessin sind. Davon bin ich nämlich in jungen Jahren immer ausgegangen. Und so glänzte ich vor mich hin und wartete darauf, dass einer kommen, mich auf Händen davontragen und glücklich machen würde.

Mich glücklich zu machen, ist aber ausschließlich mein Job und L. würde mir auch den Schuh aufblasen, wenn ich diesen Anspruch an ihn stellte. Langjährige Partner erfüllen jedoch einen anderen, wie ich finde, außerordentlich wichtigen Part, den sie manchmal für meinen Geschmack etwas zu gut machen: Sie sind Spiegel unserer Macken, Fehler und Defizite. Jede Beziehung, vorausgesetzt, sie hält länger als drei Stunden, manövriert uns unweigerlich an unsere ganz persönliche Sollbruchstelle. Sie zeigt uns, was wir nicht können, wo wir merkwürdig sind und blöd reagieren. Das klingt negativ, ist es aber nicht. Im Gegenteil, unser Partner gibt uns die Möglichkeit, solche Fehler zu erkennen, uns zu fragen, woher sie kommen (falls uns das interessiert), Verhaltensmuster zu ändern und daran zu arbeiten. Sagen wir mal, er gibt uns die Möglichkeit, unsere reizende Erscheinung abzurunden. Der häufigste Fehler ist die Annahme, man müsse nur den Richtigen finden, das fehlende Stück, den, der einen ergänze, damit man eine abgerundete Sache sei:

Das ist natürlich Quatsch. In Wirklichkeit muss man sich als Dreieck irre anstrengen, damit man selbst ein Kreis wird: Nur so wird es eine runde Sache und kann rollen. Und dann kann man sich mit einem anderen Kreis zusammentun. Festgehalten hat diesen Vergleich der wunderbare Shel Silverstein in seinem Buch *MISSING PIECE trifft BIG O.*[54] Damit ist der Ratgeber *Liebe dich selbst und es ist egal, wen du heiratest* erledigt. Unsere Liebsten sind uns, wie gesagt, bei unserer Verwandlung zum runden Ganzen behilflich, weil sie uns immer wieder auf die Ecken, Kanten und Haken hinweisen, an denen es noch hapert. Auch wenn sie uns damit weiß Gott auf die Nerven gehen. Das ist unbequem und anstrengend, aber glauben Sie mir: Den Partner auszutauschen, hilft auch nicht, das habe ich schon probiert. Man stößt immer wieder auf die gleichen Probleme. Das ist das, was mit dem Satz »Liebe ist Arbeit« gemeint ist. Wenn man das mit den Dreiecken

---

54   Shel Silverstein: *MISSING PIECE trifft BIG O*, Junfermann Verlag 1995.

und den Kreisen einmal begriffen hat, ist das schon die halbe Miete. Ich persönlich habe überraschend lange für diese Einsicht gebraucht.

Dass ich L. trotzdem als *Mr. Right* bezeichne, liegt nicht daran, dass wir so gut *zusammenpassen* und sich daher meine Fehler in nichts auflösen. Er hat nur eine sehr nette Art, mich auf selbige aufmerksam zu machen. So arbeiten wir uns langsam vorwärts. Wir haben schon viel erreicht, ich meckere nicht mehr ständig herum, L. verträgt Kritik ein bisschen besser, ich bin geduldiger geworden und L. behält unser Konto mehr im Auge. Nur das mit den dreckigen Socken, das wird nichts mehr. Man muss auch wissen, wo beim anderen die Grenzen sind. Ich bin also alles in allem nicht unzufrieden mit meiner Liebessituation. Ich fühle mich noch mehr zu L. hingezogen als am Anfang und wir lachen viel miteinander, wir überraschen uns immer noch gegenseitig mit kleinen Aufmerksamkeiten,[55] aber manchmal denke ich mir: Da geht noch was.

Als erster Schritt zu mehr Glück in der Liebe möchte ich eine Sache loswerden, die uns schon oft die Stimmung verhagelt hat und die mich ebenso stört wie L.: Ich bin rechthaberisch.

NICHT IMMER RECHT HABEN MÜSSEN

Sie kennen sicher diesen wunderbar weisen Spruch »Der Klügere gibt nach«. Das war mir schon im Kindergarten suspekt. Ich meine, wieso sollte der Klügere nachgeben? Fakt im Sandkasten

---

55 Apropos Aufmerksamkeiten: Falls Sie jemals in Versuchung kommen, Ihrem Liebsten eine Schokopraline aufs Kopfkissen zu legen, so als Nettigkeit: Überzeugen Sie sich davon, dass er sie auch wirklich findet. Falls Sie am nächsten Morgen nicht einen schokoverschmierten Liebhaber auf einem schokoverschmierten Kissen erblicken wollen.

war doch: »Der Schwächere gibt nach.« Weil er nämlich sonst eins mit der Schaufel auf die Omme bekommt. Infolgedessen waren die Versuche meiner Mutter, mit diesem Satz eine Versöhnung zwischen mir und Ines »Mongokopf« zu erreichen, nicht von Erfolg gekrönt. Meine Mutter, genervt: »Jetzt kommt schon, vertragt euch wieder.«

Ines, resigniert: »Na gut, was soll's. Die Klügere gibt nach.«

Alex, bockig: »Ich geb' aber nicht nach!«

An dieser Einstellung hat sich in den letzten Jahren nicht viel geändert. Ich weiß alles und ich weiß es besser. Vor allem besser als L. An den Rand des Wahnsinns treibe ich L. damit beim Autofahren. Ich weiß nämlich immer, wo es langgeht, ich bin das nervigste Navi der Welt. Anders als die Stimme in einem normalen Navi, die den Fahrer 100 Mal geduldig zurück zur Hauptstraße zu lenken versucht, werde ich bei Nichtbeachtung immer lauter und missstimmiger. Meine sanfteste Möglichkeit ist: »Ich glaube, es geht da lang.« Das mit dem »glaube« habe ich geschickt eingebaut, damit es diplomatischer klingt. Ist L. jedoch der Überzeugung, es gehe in die andere Richtung, und schlägt er diese ein, werde ich deutlicher: »Da lang!«, und deute mit dem Finger. Und wenn das immer noch nicht funktioniert? Dann erkläre ich, warum ich zu meinem Schluss komme und wie lange der Umweg sein wird, den wir jetzt machen müssen, nur weil ER nicht auf mich hört. Außerdem kann ich in diesem Moment noch mit den Augen rollen, sodass sie mir fast nach hinten in den Kopf fallen und mit verschränkten Armen beleidigt aus dem Fenster sehen. Stellt sich kurz darauf bedauerlicherweise heraus, dass L. mit seiner Route vollkommen richtigliegt, tue ich so, als wäre nichts, und bleibe misslaunig, damit er nicht auf die Idee kommt, seinen Triumph auszukosten.

Gut gemeinte Ratschläge meiner Mitmenschen winke ich von vornherein ab, und eine andere Meinung bedeutet in meiner Welt nicht die Chance auf einen anderen Blickwinkel, sondern ist eine ganz klare Herausforderung. Nicht, dass Sie glauben, mir macht das Spaß: Das ist sau-anstrengend. Vor allem weil ich permanent das Gefühl habe, ich müsste mich um alles selbst kümmern, weil es sonst niemand hinbekommt. Und so organisiere ich und plane und hetze mich ab und beklage mich, dass alles an mir hängen bleibt. Manchmal, wenn ich wieder etwas ganz besonders gut weiß, sieht L. in meine Blickrichtung und kneift die Augen etwas zusammen: »Ich glaube, warte mal … Ja! Da hinten kann ich die Schlauberge erkennen!«

»Du bist eine alte Besserwisserin, mein Fräulein«, sagt L.

»Ich weiß«, antworte ich.

Aber damit hier kein falscher Eindruck entsteht: Ansonsten bin ich reizend!

Aus welchem Grund ich diese wenig liebenswerte Eigenschaft mein Eigen nenne und nicht stattdessen die wesentlich populärere Güte oder Bescheidenheit – ich habe keine Ahnung. Ich tendiere dazu, meine Mutter dafür verantwortlich zu machen. Das ist klassisch, das kann man praktisch immer tragen. Und sie ist tatsächlich noch rechthaberischer als ich. (Aber ich halte länger durch.) Der Psychologe Michael Thiel führt Besserwisserei hingegen auf ein geringes Selbstwertgefühl zurück. Jemand, der unsicher ist, sucht auf diese Weise Anerkennung – auch wenn er mit der Rechthaberei oft das Gegenteil erreicht. »Ähnlich wie bei einem Drogensüchtigen werden bei einem notorischen Besserwisser Botenstoffe im Gehirn ausgeschüttet, die für Zufriedenheit sorgen«, so Thiel. [56]

---

[56]   Quelle: www.focus.de.

Was ich tun kann, um dieses Verhaltensmuster zu durchbrechen, scheint einfach: Sobald jemand eine andere Meinung vertritt als ich, soll ich zunächst einmal sagen: »Vielleicht hast du recht«, und dann ein paar Minuten den Schnabel halten. Den Schnabel halten – noch so eine Sache, die ich nicht gut kann.

Es dauert nicht lange und ich bekomme die Möglichkeit, meinen neuen Vorsatz in der Praxis auszuprobieren. L. hackt Petersilie in der Küche, ich sitze mit einem Glas Wein am Tisch und sehe ihm zu. »So viel?«, rutscht es mir heraus. L. antwortet: »Ja, für die Knoblauch-Öl-Sauce braucht es viel Petersilie.«

Jetzt kommt mein brandneuer Satz: »Vielleicht hast du recht, aber …«, sage ich und schiebe gerade noch rechtzeitig mit einer Hand das »aber« zurück in den Mund. L. dreht sich zu mir um und zieht die Augenbrauen nach oben. Dann ist Stille. L. hackt deutlich verunsichert weiter. Dass ich sage, er könnte recht haben, wirft ihn völlig aus dem Konzept. Ich sammle gedanklich schon mal alle Gegen-Petersilien-Argumente. Vermutlich platze ich gleich. Na, das wird was, wenn ich in fünf Minuten den Mund wieder aufmachen darf. Aber während die Minuten vergehen, fangen wir an über ein Buch zu reden, das wir beide gelesen haben, und als ich das nächste Mal an die Petersilie denke, erscheint jeglicher Kommentar dazu vollkommen lächerlich. Außerdem kocht L. ganz hervorragend, da brauche ich nicht Rach, den Restauranttester spielen. Ich platze entgegen aller Erwartung nicht. Der Impuls geht einfach vorüber, ohne größere Schäden zu hinterlassen. Nicht schlecht, oder?

Im Auto bin ich noch nicht ganz so erfolgreich. Ich sage zwar schon: »Vielleicht hast du recht«, aber sobald sich herausstellt, dass L. falschliegt, kann ich mir ein kleines »Siehst du« nicht verkneifen. Aber das wird noch. Dafür schaue ich jetzt beim Rückwärtsfahren nicht mehr mit nach hinten, um ihn vor eventuellen Hindernissen zu warnen. Er ist ja schon groß und kann ganz alleine Auto fahren. Es ist sogar eine echte Erleichterung, wenn ich mich überwinde und die Verantwortung abgebe. Durch die Zwangspause nach meinem »Vielleicht hast du recht« hat mein Hirn Zeit, die andere Meinung etwas einsickern zu lassen. Ohne dass ich sofort abwehrend dagegenwirke, als wäre es Gift.

LOBEN, LOBEN, LOBEN

»Männer muss man loben«, singt Barbara Schöneberger und weiter: »Dann bleiben sie stark, dann bleiben sie oben.« Etwas wissenschaftlicher formuliert es die Journalistin und Medizin-journalistin Susan Heat in ihrer Artikelserie *Wahre Liebe*:[57] »Män-ner sind erfolgsorientiert. Fehlt das Lob, fehlt ihnen der Glaube an die Liebe ihrer Partnerin und die Motivation, die Frau auf Händen zu tragen. Wenn Sie Ihren Partner oft und ausreichend loben, haben Sie ziemlich sicher den Himmel auf Erden. Es ist ganz leicht. Sie loben Ihren Mann einfach für alles, was er tut. Egal, ob er sich die Zähne putzt, sich morgens frisch duscht und nett anzieht oder tatsächlich den Rasen mäht, nachdem Sie es ihm zehnmal gesagt haben.«

Ich weiß ja nicht, wie das bei Ihnen zu Hause ist, aber wenn ich L. lobe, weil er sich morgens die Zähne putzt, durchsucht er wahrscheinlich meine Taschen nach Drogen. Und das zu Recht: So ab sieben Jahren ungefähr können Kinder unterscheiden, ob etwas lobenswert ist oder nicht. Wenn man dann wahllos mit Lob um sich schmeißt, wird es wertlos. L. ist nun schon einige Zeit über sieben Jahre alt, da brauche ich ihm nicht damit kommen,

---

57 Außerdem ist sie als *Love & Life*-Beraterin tätig, schreibt Bücher und trägt außerge-wöhnliche Hüte: www.susan-heat.de.

dass er sich schön angezogen hat. Ich meine, was mache ich als Nächstes? Ihm sein Schnitzel in mundgerechte Stücke schneiden und ihn füttern?

Auch widerstrebt es mir zu loben, um auf Händen getragen zu werden, also, um etwas zu erreichen. So wie ein Chef, der einen Kurs zur Mitarbeitermotivation macht. »Sehr gut, sehr gut, jaaa!«, fällt mir da wieder ein und ich muss schmunzeln. Nein, es soll schon echtes Lob sein. Ich müsse noch nicht mal große Reden schwingen, behauptet der Paartherapeut Ulrich Clement: »Es geht um die kleinen Anerkennungen im Alltag: Das hat mich gefreut. Das war sehr witzig. Schön, dass du eingekauft hast. Solche positiven Kommentare machen die Qualität von Paarbeziehungen aus.«[58]

»Schön, dass du eingekauft hast«, empfange ich L., als er mit den Tüten in der Küchentüre steht. L. legt den Kopf schief und antwortet verwundert: »Ich kaufe doch immer ein?« Das war wohl nichts. Etwas später versuche ich es noch einmal: »Du hast schöne – ähm, Haare! Ich meine, einen guten Geschmack, was deine Frisur angeht.« Ich lächle L. krampfhaft ins Gesicht dabei, das nützt aber auch nichts.

»Alex, ich bin nicht gerade zufällig als Laborratte in dein Glücksprojekt geraten?«, rät er völlig richtig. »Doch«, gebe ich zerknirscht zu.

Am nächsten Abend sind wir bei Jana zum Abendessen eingeladen. Außer uns sind noch fünf oder sechs Leute da, wir sitzen recht gemütlich an ihrem großen Esstisch und reden bei Pasta, Salat und Rotwein angeregt durcheinander. L. sitzt auf der mir

---

58 Quelle: *FOCUS* Nr. 40/2008.

gegenüberliegenden Seite am Ende des Tischs. Ich lehne mich zurück und beobachte ihn, wie er entspannt mit Markus' Freundin Sonja plaudert. Wie er lächelt und dabei sein Grübchen zum Vorschein kommt, wie seine Hände beim Reden gestikulieren, als er ihr etwas erzählt und sie damit zum Lachen bringt. Während Sonja lacht und L. nach seinem Glas greift, sieht er kurz über den Tisch zu mir hinüber und lächelt mich an. Dieser vertraute Blick, der mich sucht, der sich immer, egal, wo wir sind, versichert, dass es mir gut geht, das ist ein ganz besonderer Blick, der mich jedes Mal dahinschmelzen lässt. Schweigend und zufrieden gehen wir später nach Hause, es ist nicht weit zu Fuß und die Nacht ist warm. Unter dem Licht einer einsamen Straßenlaterne bleibe ich stehen. »L.?« Er dreht sich um, ich habe ihn aus seinen Gedanken geholt. »Hm?«

»Ich finde dich wundervoll.« L. zieht die Augenbrauen nach oben. »Soso«, sagt er amüsiert und nimmt meine Hand, um mich weiterzuziehen. Ich halte ihn zurück, seine beiden Hände liegen jetzt in meinen. »Nein«, sage ich ernst, denn dies ist kein Spaß. Es ist so ernst, wie es nur sein kann, wenn man sich verletzlich macht. »Ich finde dich wundervoll«, wiederhole ich. L. lächelt mich verlegen an und weicht meinem Blick aus. Ich gebe aber nicht auf. Ich lege seine Hände auf meine Brust. Wir sehen uns in die Augen und L. weicht meinem Blick nicht mehr aus.

»Ich«, setze ich an,

»finde«, und drücke seine Hände,

»dich«, krächze ich heraus,

»wundervoll«, flüstere ich.

Langsam nähert sich L.s Gesicht dem meinen und es folgt ein Kuss, an den ich mich immer erinnern werde. Machen Sie das. Ist viel besser als: »Du hast dich heute aber schön angezogen!«

DÖFF-TAGE

Döff-Tage sind wahre Rettungsleinen. Sobald der Alltag (die Steuererklärung, der Einkauf, der Anruf bei der Mutter) die Romantik zu verschlingen droht, kann diese Leine gerissen werden. Das Tückische ist doch: Selbst wenn man so hervorragende Tipps berücksichtigt, wie zum Beispiel den anderen durch kleine Aufmerksamkeiten zu erfreuen, werden diese bei regelmäßiger Verabreichung selbst Teil des Alltags. Beispiel gefällig? L. ist, wie Sie bereits wissen, bei uns zu Hause für den Einkauf zuständig. Irgendwann hat er damit angefangen, mir von seinen Einkäufen kleine Geschenke mitzubringen. Nichts Großes, mal ein Überraschungsei, mal Blumen oder eine DVD, Kleinigkeiten, die er unterwegs findet. Die ersten paar Mal war ich aus dem Häuschen, die nächsten paar Mal habe ich mich gefreut, inzwischen ziehe ich einen mordsmäßigen Flunsch, wenn ich kein Mitbringsel in den Tüten finde. Was L. wiederum unter Druck setzt, dass ihm auch ja etwas für mich einfällt, irgendwo zwischen Wurst- und Käseregal. Daher der Döff.

Sie mögen sich zu recht fragen, was ein Döff ist. Ein Döff (hochdeutsch: ein *Darf*) ist eine plötzlich auftauchende Erlaubnis. Ein Ja, eine widerspruchslose Zustimmung, ein Glücksfall. Ein Döff kann auftauchen, wenn man gerne den letzten Pudding hätte, das Fernsehprogramm aussuchen will oder das Wohnzimmer himbeerfarben streichen möchte. Tage, an denen sich ein Döff an das andere reiht, sind meist Geburtstage. Das sind fast schon Bestimmertage. Im Gegensatz zu Geburtstagen, an denen die Döffs ziemlich einseitig verteilt sind, nämlich an das Geburtstagskind, werde ich einen gemeinsamen Döff-Tag einführen. An diesem Tag werden wir alles machen, was uns luxuriös, dekadent oder einfach nur erfreulich erscheint. Dinge, die uns Spaß machen und die wir sonst nicht tun. Eine Auszeit, jede Art von Verpflichtung ist verboten. Fast wie ein Fest, nur ohne die nervigen Sachen wie Gäste einladen, Essen vorbereiten, das Aufräumen danach und das Aufräumen davor. Wie *Los Wochos* von McDonald's, nur bei uns zu Hause. Aktionstag *Döff*. So etwas wie ein Hochzeits- oder Kennenlerntag, nur ohne Restaurant und Geschenksuche. Und ohne die Angst, ihn zu vergessen. Und vor allem: Dann, wann wir ihn wollen oder brauchen. Denn wie das so ist mit den besonderen Tagen: Am Jubiläumsmorgen bekommt man sich so derartig in die Wolle, dass abends beide lustlos in ihrem Spargel rumstochern. Da hat dann der Gedanke »bis dass der Tod euch scheidet« so einen leicht drohenden Unterton. L. und ich sind nicht verheiratet, haben aber einen Kennenlerntag, allerdings ist uns das genaue Datum entfallen. Das ist nicht weiter schlimm, bedenklich finde ich hingegen, dass wir sehr verschiedene Erinnerungen an diesen denkwürdigen Tag haben. Aber egal, die Hauptsache ist doch, dass wir diesen Tag immer noch für einen Glückstag halten. Nach sieben Jahren haben wir aber auch die Romantik schon einige Male zwischen all dem Krempel (der Steuererklärung, dem Einkauf, dem Anruf bei der Mutter) suchen müssen. Wenn man nicht immer auf alles aufpasst. Und dafür ist mir der Döff eingefallen.

Für den ersten Versuch beschränke ich den Döff-Tag auf einen Abend, dann sehen wir ja, ob die Idee so großartig ist. L. zumindest ist skeptisch.

»Aber du wünschst dir nicht, dass ich dir vorsinge oder etwas in der Art, oder?«, fragt er beunruhigt. Ich schüttle den Kopf.

»Nein, wir tun nur, was uns beiden Spaß macht. Wie wäre es, wenn wir zum Beispiel mal wieder gemeinsam in die Badewanne steigen?« L. überlegt. »Mit einer Flasche Cava vielleicht?« Ich nicke begeistert. »Ja, und danach könnten wir uns in den Bademänteln vor den Kamin legen!« Jetzt habe ich L. angesteckt. »Und dann gibt es Steak! Und ich besorge einen guten Brandy!«

»Und wir heizen das ganze Haus auf Sommertemperatur!«

»Wir grillen Marshmallows im Kamin!«

»Gegenseitige Massagen!«

»Mensch-ärgere-dich-nicht spielen!«

»Einen Horrorfilm gucken!«

»Wilder Sex!«

Und das haben wir dann alles gemacht. Wenn auch nicht genau in der Reihenfolge. Als wir in unseren Bademänteln vor dem Kamin zwischen Marshmallows und Mensch-ärgere-dich-nicht-Figuren liegen, fühle ich mich so frei und verliebt wie lange nicht mehr. Wir befinden uns zwar in unserem Haus, aber alles ist anders. Normalerweise würden wir jetzt in der Küche sitzen, einer von uns beiden würde kochen und vermutlich würden wir uns von unserem Tag erzählen. Was in der Arbeit passiert ist, ob das Auto angesprungen ist, mit welchem Hundekumpel Schmitz gespielt hat und ob der Computer zum Reparaturservice soll oder ob sich das nicht mehr lohnt. So Zeug eben. Aber weil heute Abend alles anders ist, reden wir über andere Dinge. Man kann nicht mit einem Glas Champagner in der Badewanne liegen, während einem der Liebste die Füße massiert, und über

Kundendienste plaudern. Auch die ewigen Geldsorgen sind kein Thema, und die Überlegungen, was wir L.s Vater zum Geburtstag schenken könnten, auch nicht. Ich fühle mich, als sei ich die Geliebte, die nur die Sternstunden mit ihrem Liebsten teilt. Ich weiß, morgen hat uns der Alltag wieder (die Steuererklärung, der Einkauf, der Anruf bei der Mutter), aber nächstes Wochenende ist wieder Döff-Tag. Da wünsche ich mir Torte zum Frühstück.

»Im Bett! Und mit Zeitung!«, fügt L. hinzu.

MEHR GLÜCK IN DER ARBEIT

- Wo kriege ich *flow* her?

- Nein sagen

- Ein neues Ziel

Arbeit und Glück, das kann unter Umständen ein ziemlicher Widerspruch sein. Wenn man zum Beispiel Dachdecker ist und unter ausgeprägter Höhenangst leidet. Oder als Dozent ungern vor Leuten spricht. Oder denken wir nur an die Heerscharen von Arbeitnehmern, die Menschen hassen und doch alle im Dienstleistungssektor tätig sind. Wenn man keine eklatante Fehlentscheidung hingelegt hat und sich nicht komplett neu orientieren muss, weil man seinen Job hasst, gibt es dennoch Möglichkeiten der Optimierung.

WO KRIEGE ICH *FLOW* HER?

Das Wort, das dabei immer wieder fällt, ist *flow*. *Flow* bezeichnet das Aufgehen in einer Tätigkeit. Wenn man konzentriert bei der Sache ist. Voraussetzung ist, dass uns die Sache gefällt und sie uns im richtigen Maße fordert. Dieses Gefühl ist dann so wunderbar, dass wir es immer wieder haben wollen. Die Hersteller von Computerspielen setzen auf diese Kombination und sind damit recht erfolgreich. So erfolgreich, dass etwa jeder zehnte Computerspieler Suchtkriterien erfüllt, wie sie Alkoholkranke aufweisen. *Flow* erleben auch Kinder beim Spielen, Skifahrer bei der Abfahrt, Motorradfahrer, Klavierspieler und Wildwasserfahrer. Bei all diesen Tätigkeiten sind die Menschen ganz im Hier und Jetzt. Ist *flow* das, was die Yogis mit ihren Meditationstechniken zu erreichen suchen? Um dort zu verweilen? Das Gefühl *flow* wird oft mit den Worten beschrieben: als würde man von Energie durchströmt. Dasselbe berichten erfahrene Meditierer von ihren Sitzungen.

Erich Fromm hat in seinem Buch *Die Kunst des Liebens* die Theorie aufgestellt, dass der Mensch dadurch, dass er ein Bewusstsein hat und sich darüber im Klaren ist, dass er sterben wird, einsam ist.[59] Um diese Einsamkeit zu überwinden, sucht er Erlebnisse, die diese Grenze zwischen ihm und der Außenwelt scheinbar aufheben, damit er sich mit der Welt verbunden fühlen kann. Denken Sie an das überwältigende Gefühl, sich als Teil einer Gruppe zu fühlen. Oder sich bei orgiastischem Sex *aufzulösen*. Oder während des neurotischen Zustands des Verliebtseins *eins zu werden* mit dem Partner. Liebe, Drogen und Rituale, wie zum Beispiel beten, können diesen Zustand herbeiführen. Oder tanzen. Und angeblich auch künstlerisches Schaffen, sagt Herr Fromm. Ein *flow*, also ein Tätigkeitsrausch, scheint den gleichen Effekt zu haben. Die Worte, die zur Beschreibung des *flows* benutzt werden, deuten ebenfalls in diese Richtung. Wikipedia beschreibt *flow* unter anderem so: *Flow* ist »... eine Art digitale, plötzliche Antwort des Körpers: im *Flow* ist man

---

59 »Der Mensch ist mit Vernunft ausgestattet; er ist Leben, das sich seiner bewusst ist. Er besitzt ein Bewusstsein seiner selbst, seiner Mitmenschen, seiner Vergangenheit und der Möglichkeit seiner Zukunft. Dieses Bewusstsein seiner selbst, als einer eigenständigen Größe, das Gewahrwerden dessen, dass er eine kurze Lebensspanne vor sich hat, dass er ohne seinen Willen geboren wurde und gegen seinen Willen sterben wird, dass er vor denen, die er liebt, sterben wird (oder sie vor ihm), dass er allein und abgesondert und den Kräften der Natur und der Gesellschaft hilflos ausgeliefert ist – all das macht seine abgesonderte, einsame Existenz zu einem unerträglichen Gefängnis.« Erich Fromm: *Die Kunst des Liebens*, Ullstein 2005.

in der Hochbeanspruchung des Tuns und Erlebens vollkommen hingerissen. Sie [die Momente, Anm. d. Autorin] sind meist von kurzer Dauer von Augenblicken bis zu wenigen Minuten.«

Ich weiß genau, was die meinen. Im Garten kann mir das passieren, während ich in der Erde buddle – und in der Arbeit? Ja, da gibt es auch solche Momente. Perfekte Momente. Ich nenne sie allerdings wenig wissenschaftlich: Flutsch-Momente. Sie kennen das? Wenn es flutscht? Die meisten Menschen kennen solche Momente, und Studien belegen, dass sie am häufigsten während der Arbeit auftreten. Wenn ich einen oder mehrere solcher Momente habe, fühle ich mich wie die Queen of Currywurst. Ich bin vollkommen zufrieden mit mir und der Welt und mein Selbstbewusstsein dreht fast ein bisschen durch vor Freude. Ich bin noch einige Zeit danach gut gelaunt und wenn ich in dieser Laune unter Menschen gehe, finden mich alle hinreißend. Es ist wie auf Kokain sein, nur dass man nicht so viel Stuss redet. Mit meiner inzwischen recht gut funktionierenden Achtsamkeit finde ich innerhalb einer Woche heraus:

- Ich erledige den Großteil der Arbeit vormittags und baue dann kontinuierlich ab.

- Die Erfolgserlebnisse vom Vormittag gehen nach den quälend langweiligen Stunden am Nachmittag wieder flöten.

- Ich arbeite effektiver, wenn ich nicht gestört werde.

Das sind jetzt keine großartigen Herausfindungen. Die meisten Leute, mit denen ich über ihre Arbeit gesprochen habe, ticken so. So weit, so unlustig. Das Komische daran ist, dass ich nie versucht habe, meinen Arbeitstag danach auszurichten. Es ist ja auch unvermeidbar, dass ich bei der Arbeit gestört werde. Von Kollegen, von E-Mails, dem Telefon oder dem Briefträger. Von dem Gedanken daran, dass in einer Stunde ein Meeting ist, vom Telefon im Büro nebenan, vom Geräusch des Kopierers und von dem Duft von frischem Kaffee. Was kann man dagegen schon tun? Nachts arbeiten?

»Frühmorgens«, sagt L.

Das kommt ja nun gar nicht infrage. Zeit meines Schülerinnendaseins als Morgenmuffel habe ich mich auf den Tag gefreut, an dem ich nicht mehr jeden Morgen vom Wecker aus dem Schlaf gerissen würde. Das war über Jahre mein einziger Anspruch auf meinen zukünftigen Beruf: Ausschlafen können. Andere Menschen haben andere Prioritäten, das war meine. Zielsicher hat sie mich auch prompt in die Welt der Werbung getrieben, wo man vor zehn Uhr sowieso nicht erscheint, und wenn es elf wird, macht das auch nichts. Als wir das letzte Mal in Urlaub flogen, L. und ich, ging unser Flieger zu einer derart unerhört frühen Stunde, dass wir den Wecker stellen mussten. Und wissen Sie, was? Ich habe das Geräusch nicht erkannt! Ich lag im Bett und dachte mir: Was macht da nur so einen Radau? Und das soll ich jetzt freiwillig aufgeben?

Drei Anläufe habe ich gebraucht. Drei Mal hat der Wecker geklingelt, worauf ich ihn sofort wieder ausgeschaltet habe, um friedlich weiterzuschlummern. Am vierten Morgen stand der Wecker auf L.s Seite und der schmiss mich aus dem Bett. Früh aufstehen zu müssen, ist schlimm, aber wenn sich der andere schnorchelnd umdreht und weiterschlafen darf, entsteht Hass. Mit einem großen Minus im Gesicht schlurfe ich ins neonbeleuchtete Bad. Warum haben wir so eine scheußliche Lampe im Bad? Ich dusche mir die Bettwärme ab, danach fühle ich mich ein bisschen besser. Auf dem Weg in die Agentur ist alles anders als sonst. Ich begegne anderen Leuten auf der Straße, manche sind auf dem Weg in die Arbeit, andere sind von der letzten Nacht übrig geblieben und wanken nach Hause. Es ist frisch und still und die Dunkelheit lockert sich langsam, bald wird es Morgen. Ich bin das erste Mal seit Langem dabei, wenn die Natur eines ihrer schönsten Spektakel abzieht, den Sonnenaufgang. Aus Mitternachtsblau wird zartes Blau, der Himmel verfärbt sich in den schönsten Farben, ein kleines Wunder. Als ich die Bürotüre aufsperre, habe ich schon meinen Spaziergang hinter mir. Ich bin genauso wach wie sonst auch, stelle ich fest. So früh war ich noch nie hier – ob überhaupt schon einmal irgendjemand so früh hier war? Ich schalte die Kaffeemaschine an und fahre den Computer hoch, vor dem Fenster singt ein Vogel. Ich genieße die Stille, unterbrochen nur vom »krrrrch« der Kaffeemaschine und mehr noch genieße ich die Gewissheit, dass niemand etwas von mir will. Ich mache mich an die Arbeit und es läuft fantastisch. Es klingelt kein Telefon und kein Handy, keine E-Mail verlangt nach meiner Aufmerksamkeit und als ich mir den zweiten Kaffee hole, habe ich schon mehr geschafft als sonst an einem Vormittag. Nichts unterbricht meinen Ideenfluss, es läuft, es läuft, denke ich mir. Als meine Kollegen eintröpfeln – »Seit *wann* bist du da?« –, schütteln sie mitleidig die Köpfe. Unsere Praktikantin Lena steht müde und mit Augenringen in der Küche und hält sich an ihrem doppelten Espresso fest. Gegenseitig übertrumpfen sie sich, wer länger aus war, wer müder ist und wer am meisten getrunken hat am Abend zuvor. Früh aufstehen ist nicht hipp, so viel ist klar. Drauf geschissen.

Ich erledige noch ein paar organisatorische Kleinigkeiten, verschicke Mails und lege mir alles für morgen zurecht. Da komme ich wieder so früh. Manchmal muss man das Bild, das man von sich selbst hat, gerade rücken.

Was Sie tun können, um den *flow* einzuladen:

- Sich zur Aufmerksamkeit auf die Sache zwingen, bis der Punkt erreicht ist, an dem es von selbst »flutscht«

- Ein großes Ziel in viele kleine Teilziele unterteilen

- Ein Arbeitsumfeld schaffen, in dem Sie nicht gestört werden

- Sich Aufgaben widmen, die Sie fordern

- Den anspruchsvollen Teil Ihrer Arbeit am Morgen/Vormittag erledigen

NEIN SAGEN

Kennen Sie auch so Leute, die nie Nein sagen können? Die sich in Teufels Küche bringen, weil sie überall ihre Hilfe und Unterstützung versprechen und jede Bitte mit einem »Ja, klar« beantworten? Obwohl sie eigentlich gerne »Lieber hacke ich mir einen Arm ab« sagen würden? Ich bin eine von denen. Ich habe in meinem Leben bei so vielen Umzügen geholfen und so viele Gefallen getan, dass ich gar nicht mehr weiß, wohin mit meinen Karma-Punkten. Warum das so ist? Pf, was weiß denn ich. Angeblich haben wir ewigen Ja-Sager Angst, dass unser Gegenüber uns nicht mehr mag, wenn wir ihm seine Bitte abschlagen. Wir wollen gefallen. Das kann schon sein. Für diese Theorie spricht, dass ich bei Menschen, die ich sehr gut kenne und deren Zuneigung ich mir sicher bin, weniger Schwierigkeiten habe, Nein zu sagen. L. kann da ein Lied davon singen. Mein Hirn weiß natürlich, dass ein Nein nicht über Sympathie entscheidet. Ich muss keine Opfer bringen, um gemocht zu werden. Mir ist auch klar, dass jemandem, der Grenzen ziehen kann, mehr Respekt entgegengebracht wird – aber sobald ich in die Situation komme, nützt das Hirn nichts. Da wird mir entsetzlich unangenehm zumute und diesen Zustand beende ich durch ein erlösendes »Ja, klar«. Und beiße mir danach in den Hintern, dass ich es wieder nicht geschafft habe.

Durch meinen neuen Frühstart in den Arbeitstag habe ich plötzlich mehr Zeit, ich kann locker und lässig am frühen Nachmittag nach Hause gehen. Das klappt auch anfangs super. Zumindest bis meine Kollegen merken, dass ich bereits meine Sachen zusammenräume, während sie noch vor Stress am Rad drehen. Besonders einer fängt mich regelmäßig auf halbem Weg nach Hause ab: Markus. Der steht dann plötzlich in meiner Nähe und seine Sätze fangen häufig so an:

• Könntest du mal eben …

• Ich habe da ein Problem …

• Hast du kurz Zeit …

• Da wäre noch eine Sache …

Und hast du nicht gesehen, fange ich nicht viel früher an zu arbeiten und habe darum viel früher frei, sondern ich fange einfach nur viel früher an zu arbeiten. Punkt. Das war ja nun nicht Sinn der Sache und vor allem: Es muss aufhören.

»Was sage ich denn nur am besten«, überlege ich, als ich mit Jana bei einem Martini im Einstein sitze.

»Wie wäre es mit *Nein*?«, schlägt Jana vor. Ich sehe ihr tief in die Augen. »Du bist mir keine große Hilfe, mein Fräulein.« – »Okay«, sagt Jana und kaut auf ihrer Olive. »Und wenn du *Nein, danke* sagst? Als hättest du gerade ein reizvolles Angebot bekommen?«

Das stelle ich mir etwas eigenartig vor:

»Alex, könntest du bitte noch kurz meinen Text hier anschauen?«

»Oh, das ist ein reizvolles Angebot, aber danke, nein.«

Das klingt doch komisch.

Die Fachwelt sagt, die beste Möglichkeit für so rückgratlose Weicheier wie mich ist, um etwas Bedenkzeit zu bitten.

»Alex, könntest du bitte noch kurz meinen Text hier anschauen?«

»Ich sage dir in zehn Minuten Bescheid.«

Finde ich eine super Lösung. Einziges Problem daran ist, dass ich dann in zehn Minuten Nein sagen muss und wieder vor dem gleichen Dilemma stehe. Ein anderer Vorschlag besteht darin, dem Gegenüber ein Kompliment zu machen, bevor man ihm absagt.

»Alex, könntest du bitte noch kurz meinen Text hier anschauen?«

»Oh, deine Texte sehe ich mir am liebsten an, aber dieses Mal kann ich nicht.«

Klingt schon viel besser als Nein.

Am nächsten Tag ist es spannend im Büro. Ich warte auf mein Praxismodell. Das erscheint in Form von Markus pünktlich in dem Moment in der Türe, als ich um drei meinen Computer zuklappe.

»Hey, Alex, bist du schon fertig?«

»Ja.« Gleich kommt's, gleich kommt's, denke ich mir und bin schon ein bisschen aufgeregt.

»Könntest du vielleicht mal über meinen Broschürentext schauen? Irgendwie fehlt da noch was.« Okay, das ist der Moment. »Markus, deine Texte sehe ich mir zwar am liebsten an, aber leider kann ich nicht.« Ich setze mein schönstes Lächeln dazu auf. Habe ich flehend geklungen? Und warum fühle ich mich nicht erleichtert und prima, wo ich es doch endlich geschafft habe, Nein zu sagen? Kurz darauf wird mir klar, wieso. Markus akzeptiert mein Nein nicht. Mein Unterbewusstsein hat das vermutlich viel früher registriert als der Rest von mir, deswegen will keine Freude aufkommen. Markus steht immer noch in der Tür. Vielleicht hat ihm etwas an mir signalisiert, dass da noch Verhandlungsspielraum ist. »Ich muss das aber heute Nachmittag abschicken, komm schon, es dauert ja nicht lange«, dazu legt er den Kopf schief und lächelt. Das ist jetzt aber für Fortgeschrittene, finde ich. Wie kommt er überhaupt dazu, sein Problem mit der Abgabefrist zu meinem Problem zu machen? Noch dazu weiß ich, dass Markus die Dinge immer aufschiebt und dann kurz vor knapp überall um Hilfe ruft. Es stimmt auch nicht, dass es nicht lange dauert! Wenn ich mich da dran setze, dauert das zwischen ein und zwei Stunden. Der nimmt mich einfach nicht ernst, denke ich und es steigt eine kleine Wut in mir hoch. Es erinnert mich an den Moment, als ich mit Kathrin Schluss gemacht habe. Da konnte ich auch ein Gefühl der Wut nutzen, um es kurz über mein Gefallen-Wollen zu legen. Das mache ich jetzt wieder. Nicht the buddha way, aber es funktioniert. Seit acht Stunden bin ich schon im Büro und Markus hat den Nerv, mir noch seinen Scheiß anhängen zu wollen. Ich stehe automatisch aufrechter und gerader, Wut braucht mehr Platz als Empathie.

Und dann dieses blöde Kopfschieflegen – meint er wirklich, er kommt leichter damit durch, wenn er einen auf putzig macht? Für wie blöd hält der mich eigentlich? Na ja – er ist ja oft genug damit durchgekommen, das muss ich zugeben. Ich lege den Kopf genauso schief wir er und sehe ihm in die Augen. Markus' charmantes Lächeln gefriert etwas. »Nein, danke«, sage ich, und jetzt ist es angekommen. Und es taucht von ganz tief unten ein triumphierendes Hochgefühl auf, schwimmt sich nach oben frei und überschüttet mich, wobei es die Wut gleich davonspült. Gut gelaunt klemme ich meine Tasche unter den Arm und klopfe dem verdutzten Markus auf die Schulter.

Markus ist mir übrigens nicht böse. Er hasst mich nicht, er hält mich nicht für unkollegial oder erzählt herum, ich würde stinken oder so etwas. Im Gegenteil, ich habe den Eindruck, er nimmt jetzt generell Sachen, die ich sage, ernster. Wenn es ein Problem gibt, helfe ich, wenn ich kann und vor allem: Wenn ich will. Und ich werde besser. Als Lena mich fragt, ob ich ihr nicht den Praktikumsbericht schreiben könnte, zögere ich keinen Augenblick: »Lieber hacke ich mir einen Arm ab«, antworte ich, dann lachen wir zusammen und die Sache ist erledigt.

EIN NEUES ZIEL

Ich mag meinen Job. Obwohl bestimmte Abläufe sich immer ähneln, ist er sehr abwechslungsreich. Ein neuer Kunde, ein neues Produkt, eine neue Konstellation von Leuten, die zusammenarbeiten. Manchmal recherchiere ich über Dreimast-Segelboote, ein andermal suche ich in einer alten Spinnerei nach einer guten Idee für einen Hintergrund und die Woche drauf habe ich es mit einem wahnsinnig zickigen VIP zu tun. Nicht, dass das was mit dem Spinnen zu tun hätte, dass da kein Missverständnis aufkommt. Trotzdem beschäftige ich mich gerne noch mit etwas anderem, mit Projekten, bei denen ich der Kunde bin und ausschließlich das passiert, was ich will: Ich schreibe lustige Bücher. Das macht mir Spaß und das Schönste ist: Es macht anderen Spaß. Eine Sache wäre da allerdings noch, die ich mir wünsche: Ich will einen Bestseller schreiben. Und ich hätte da auch schon eine Idee, worüber.

Über meine Suche nach dem Glück.

NACHWORT

Während ich die letzten Zeichen tippe, blicke ich auf das vergangene Jahr zurück.

Bin ich ein glücklicherer Mensch geworden?

»Na, was meinst du?«, frage ich Schmitz, der seinen Kopf auf mein Bein legt und seinen Und-was-machen-wir-jetzt-Blick aufsetzt.

Ich bin viel weniger unglücklich, das kann ich mit Sicherheit sagen. Und ich habe zahlreiche glückliche Momente erlebt. Mein Projekt hat mir gezeigt, dass es nicht eine bestimmte Übung gibt, die das Glück *bringt*. Aber in ihrer Gesamtheit zeigen sie alle in die gleiche Richtung, und wenn ich dorthin blicke, steht da:

Willst du immer weiter schweifen? / Sieh, das Gute liegt so nah. / Lerne nur das Glück ergreifen, / Denn das Glück ist immer da.[60]

In diesem Sinne: Ikea, Ikea und toi, toi, toi.

---

60   Johann Wolfgang von Goethe

Sie hat eine Mission

254 Seiten
Preis: 16,90 € [D] | 17,40 € [A] | sFr 28,50
ISBN: 978-3-86882-159-8

Alexandra Reinwarth

MISS SEX
**Wie ich auszog, die beste
Liebhaberin der Welt zu werden**

Es ist das letzte große Abenteuer der Menschheit. Alexandra Reinwarth hat sich ein fast unerreichbares Ziel gesetzt: Sie will die beste Liebhaberin der Welt werden. Um diesen Titel zu erreichen, gibt sie wirklich alles: Sie lernt beim besten Callgirl der Welt, lässt sich in die Kunst der Lingam-Massage einweihen, schluckt Aphrodisiaka aller Art und macht Dinge, die nicht auf die Außenseite eines Buches gehören.

Lesen Sie, welche unbezahlbaren Erkenntnisse Alexandra Reinwarth gewonnen hat, warum ihr Schlafzimmer nun diverse Bohrlöcher größeren Ausmaßes sowie ein Brathuhn seine Unschuld verloren hat und was Sie über den farblichen Zusammenhang von Dessous und Handtaschen lernen können.

Dies ist nicht einfach nur ein Buch, dies ist eine Offenbarung.

Dies ist kein Haushaltsratgeber

200 Seiten
Preis: 12,90 € [D] | 13,30 € [A] | sFr 22,50
ISBN: 978-3-86882-171-0

Detlef Dreßlein | Laila Kühle

ICH HABE MICH VERSEHENTLICH AUF DEN STAUBSAUGER GESETZT

Aberwitzige Sex-Unfälle

Mit Staubsaugern, Glühbirnen, Gartenschläuchen und Co. kann man noch ganz andere Sachen machen als den Haushalt in Schuss halten. Leider läuft dabei nicht immer alles so reibungslos ab wie geplant. Diagnose: Sexunfall!

In der Notaufnahme bekommt das Krankenhauspersonal dann oft absurde Erklärungen aufgetischt. Was für die Betroffenen peinlich ist, ist für Außenstehende umso komischer. Die unglaublichsten Geschichten haben die Autoren exklusiv für dieses Buch zusammengestellt.

Sie werden Ihren Staubsauger ab jetzt mit anderen Augen sehen!